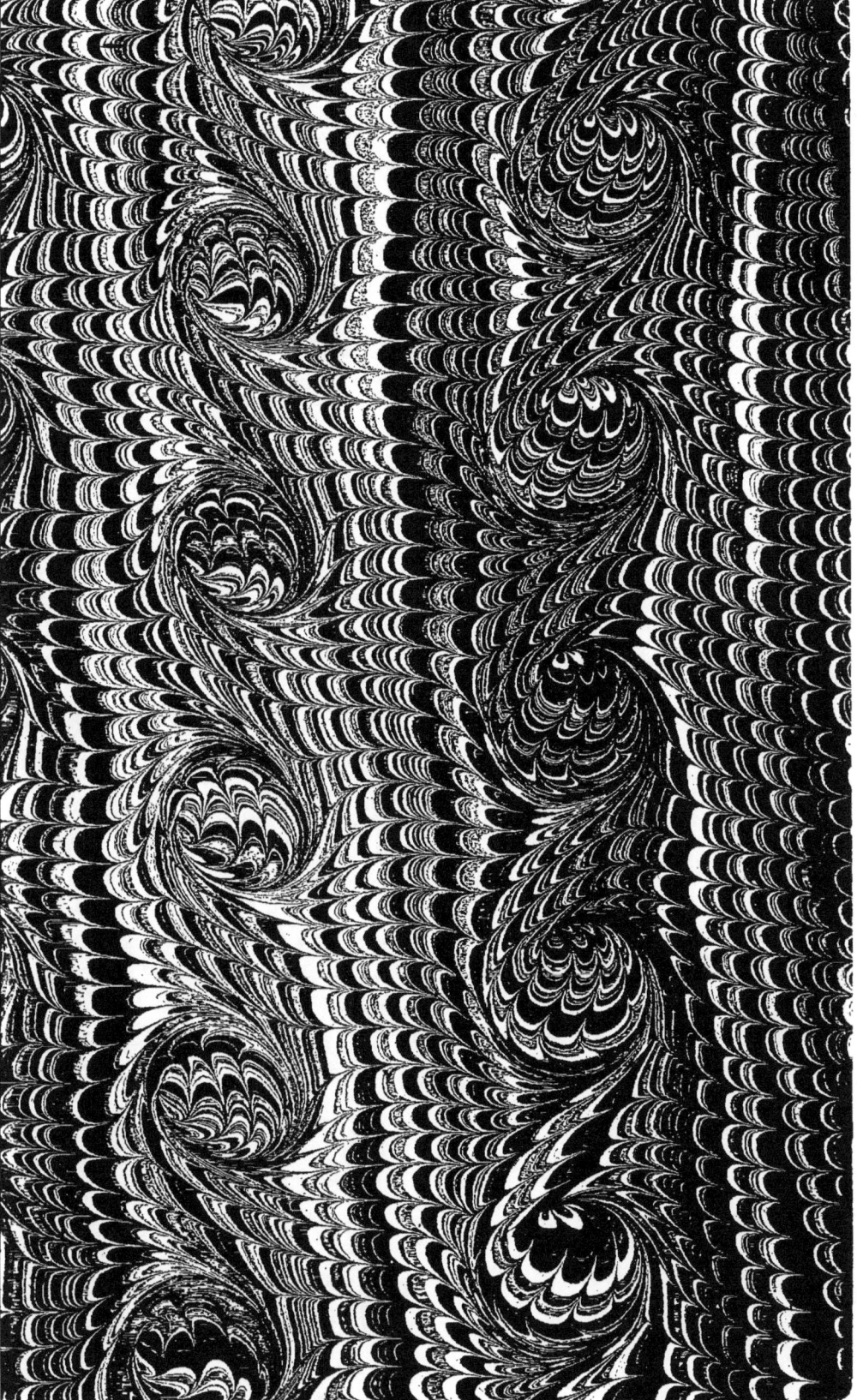

MÉMOIRES
DU
COMTE HORACE DE VIEL CASTEL
SUR
LE RÈGNE DE NAPOLÉON III
(1851-1864)

PUBLIÉS D'APRÈS LE MANUSCRIT ORIGINAL
ET ORNÉS D'UN PORTRAIT DE L'AUTEUR

AVEC UNE PRÉFACE
PAR
L. LÉOUZON LE DUC

III
1854-1859

PARIS
CHEZ TOUS LES LIBRAIRES
1883

Tous droits réservés

MÉMOIRES

DU

COMTE HORACE DE VIEL CASTEL

SUR

LE RÈGNE DE NAPOLÉON III

(1851—1864)

TOUS DROITS RÉSERVÉS

Imprimerie B.-F. Haller, Berne.

MÉMOIRES

DU

COMTE HORACE DE VIEL CASTEL

SUR

LE RÈGNE DE NAPOLÉON III

(1851 — 1864)

PUBLIÉS D'APRÈS LE MANUSCRIT ORIGINAL
ET ORNÉS D'UN PORTRAIT DE L'AUTEUR

AVEC UNE PRÉFACE

PAR

L. LÉOUZON LE DUC

III
1854 – 1856

PARIS
CHEZ TOUS LES LIBRAIRES
1883

SOMMAIRE.

ANNÉE 1854.

JANVIER.

Déclaration de guerre — Baisse de la rente — Conversation de M. de Las Cases sur Napoléon 1er, singulier aveu de Napoléon — Mort d'Armand Bertin, son athéisme — Entrée des flottes dans la mer Noire — Intrigues de Laborde et Maxime Ducamp — Aveu à l'éloge du comte de Nieuwerkerke — Conversation de l'Empereur avec le général Bosquet — Préparatifs d'un bal à la cour — Les trois opinions du ministère . . . 6

FÉVRIER.

Départ de l'ambassadeur de Russie — Visite du prince Napoléon au roi des Belges — Embarquements à Toulon — Lettre du comte de Reiset mandant la maladie du Czar — Lettre de l'Empereur au Czar — Accusations portées sur le préfet de la Seine par la Princesse Mathilde — Refus du Czar aux dernières propositions de l'Empereur — Les généraux commandant l'armée d'Orient — Lettre du prince Napoléon à l'Empereur — Mariage du jeune Murat — *l'aristocratie* de la cour — Attitude des gouvernements allemands — La noblesse de Persigny — Espérance de paix — Le procès Véron et la vente du *Constitutionnel*; Morny exonéré, Véron condamné — Fould et le théâtre français, Mlle Denain 13

VI

MARS.

Lettre affectueuse du Czar à la Princesse Mathilde — Révolte militaire en Espagne — On voudrait s'emparer des mémoires de l'auteur — L'Impératrice et les tables tournantes, l'Empereur interroge la table — L'évêque de Nancy et la table tournante — Procès de Mlle Denain — Graves nouvelles politiques — L'armée placée sous le commandement du maréchal St-Arnaud — Annonce officielle de la guerre — Le duc de Parme, son caractère, *ses goûts* — Ultimatum à l'Autriche — Les cent mille francs de rente de Chevalier — Mort du duc de Parme — Cadeaux de l'auteur au Musée . . 13 à 20

AVRIL

Opinions des bourgeois sur la guerre — Définition du bourgeois — Départ du prince Napoléon pour l'Orient Arrivée du duc de Cambridge — Le père Ventura, son sermon sur l'Eucharistie — Lionel de Moreton, Chabrillan, son histoire — Mogador, ses mémoires . . . 20 à 23

MAI.

Bombardement d'Odessa — La garde impériale — La jeune princesse de Bauffremont, sa disparition, son mari — Le comte Lazareff, son expulsion — Le général Randon accusé par Couët de Laury — Longpérier se présente à l'Académie, intrigue de M. Fortoul, Fould s'en mêle — Visite de l'Empereur au Louvre, la nouvelle rue de Rivoli — Dîner aux Tuileries — L'Impératrice et les souvenirs de Marie-Antoinette — Les courtisans — Correspondance de l'auteur et du comte de Laborde — Nomination de Longpérier à l'Académie — Le toast de Fortoul — Une prophétie — Le vote de M. Guizot — Nieuwerkerke et ses protégés . . 23 à 33

JUIN.

Présentation à l'Empereur par M. de Salvandy de deux nouveaux académiciens, amabilité de l'Empereur — Une expédition à Madagascar, Sarda Garriga — Colère de M. de Fortoul — Jules Lecomte à la société des gens de lettres . . . . 33 à 36

JUILLET.

Le choléra à Paris — Soulèvement à Madrid, le pronunciamiento d'O'Donnel — La guerre d'Orient — Les dettes de M. de Noë — Les dettes du général Rochefort — Roqueplan directeur de l'Opéra — Déclaration de l'amiral Napier sur Cronstadt — Le choléra dans la flotte — Complot contre l'Empereur, quarante personnes arrêtées — Lettre du prince Napoléon à son père, réponse de l'Empereur — Départ de LL. MM. pour Biarritz — Révolution en Espagne, Espartero, Christine, Isabelle — Visites des ministres à Saint-Gratien, l'orage, un propos de Mme Drouyn de Lhuis — La Guéronnière et le prince Napoléon — La généalogie du comte de Goyon . . . . 36 à 43

AOUT.

Complications en Espagne — La reine Christine soufflète sa fille en plein conseil — Les ministres, Baroche sollicite son entrée au sénat, réponse de l'Empereur — Persigny — Pietri — Invasion des ouvriers allemands — L'auteur décoré — Le sculpteur Droz — Un roman de Théophile Gautier — Retour de l'Empereur — Cadeau du Padischa à Mme de St-Arnaud — Le choléra en Orient — L'abbé Coquereau — Le culte de la Vierge, la religion d'aujourd'hui . . . . . 43 à 52

SEPTEMBRE.

Départ de l'Empereur pour Boulogne — Le capitaine Excelmans, la prise de Bomarsund — Faute du général Espinasse — Christine sort d'Espagne — Agitation en Italie — Roqueplan, MM. de Béhague et Vigier — La vie de Jules Lecomte — Réceptions au camp de Boulogne, le roi des Belges, le duc de Brabant — Restitution aux princes belges — Histoire d'un matelot et d'un gendarme à Boulogne — La marquise de Belbœuf et la comtesse de Gouy à Dieppe — Opinions politiques de la Princesse — L'abbé Coquereau, Mme Desprez — Aveuglement de la Princesse — Arrivée de la reine Christine en France — La Guéronnière conseiller d'Etat — La presse gouvernementale — Le journal *l'Artiste*, Paul Boiteau, ses articles — Marche de l'armée sur Sébastopol — Napier — Baraguay d'Hilliers — Les fournisseurs des palais, les concussions, les pots de vin — Engagement devant Sébastopol . . . . 52 à 69

OCTOBRE.

Reddition de Sébastopol, les illuminations — On attend le canon des Invalides — Le prince Napoléon perd 1400 hommes dans une embuscade — La grande nouvelle est démentie — Prise de Balaclava — Lettre patriotique de Barbès, sa mise en liberté — Chaix d'Est-Ange et les Bonaparte Patterson, grave question — Mort de St-Arnaud, son héroïsme — Le général Canrobert — Complot contre l'Empereur, une machine infernale, douze arrestations — Funérailles du maréchal St-Arnaud — Mesures prises à l'Opéra contre les filles et femmes entretenues — Un médaillon de Jean Goujon — Les cadeaux faits au Louvre par le comte de Viel Castel — Le roi de Prusse et l'empereur d'Autriche — Rapport du général Canrobert — Mort de l'amiral Korniloff — Fould souffleté par Mme Cruvelli, départ de la cantatrice avec le baron Vigier — La collection Viel Castel, comment elle se forma, prière de l'auteur à ses enfants . . . . 69 à 80

NOVEMBRE.

Les ravages du choléra en Crimée — Biographie de M. Soulé, refus de le laisser entrer en France, ses menaces — L'Amérique — Bulletin du général Canrobert, une victoire — Soirée chez la Princesse Mathilde, discussion sur l'œuvre de G. Sand — Mort de la mère de Nieuwerkerke — Legouvé perd son procès contre la Comédie Française — Une comédie de M. Bellox interdite par Fould — Les voleurs de la maison de l'Empereur — La Princesse Mathilde raconte l'histoire d'une robe de dentelles — Les accapareurs d'affaires —

La victoire d'Inkerman — Mort du général de Lourmel — Le prince Napoléon à Constantinople — Les zouaves — Aucun Bonaparte à l'armée — Les engouements de la Princesse — Perte d'une corvette et d'un vaisseau dans la mer Noire — Paroles du général Canrobert au prince Napoléon . . . . 80 à 92

DÉCEMBRE.

Lettre confidentielle du général Forey — *La promotion des bâtards* — Poniatowski — Le comte de Flamarens, son histoire — De Rougé au conseil d'Etat — Signature du traité avec l'Autriche — Discours de l'Empereur au Corps législatif — Un nouvel emprunt — Baisse à la Bourse . . . . 92 à 96

(Fin de l'année 1854.)

ANNÉE 1855.

JANVIER.

Un cadeau de l'Impératrice à l'auteur — Réconciliation du prince Jérôme avec sa fille — Revue des bataillons partant pour la Crimée — Ovations faites à LL. MM. — Lettres de Sébastopol — La femme de chambre de Mme de Nansouty — Mot de l'Empereur au comte de Loëwenhielm — Retour du prince Napoléon, ses discours — Dissolution du ministère anglais — Nominations de chambellans et dames du Palais — Manifestations contre le prince Napoléon — Chroniques scandaleuses — L'abbé Coquereau et le marquis de Custine . . . . 99 à 105

FÉVRIER.

Hostilité de la Prusse — La légitimation de Morny — Le bal de la cour — Le prince Napoléon, l'opinion publique et la presse — Le jeune prince de Metternich — Vallombroso et la correspondance de la marquise de Bethisy — Importance et ignorance des Murat — Le départ de l'Empereur — Mme de Malaret et les cancans du faubourg Saint-Germain — Bal chez les Tascher — Le parti Mazzinien, le comte de Maussion — Mort du libraire Ladvocat, sa vie — Soirée chez la comtesse Lehon — Le conseil de régence — Le général Forcy — Le bal costumé chez Mme Lehon — Les conspirations, les partis politiques — Une lettre du Czar à la Princesse Mathilde — Le prince *craint-plomb* — Une brochure anonyme — Réception de Berryer à l'Académie — La Guéronnière et l'Empereur   105 à 120

MARS.

Mort de l'empereur Nicolas — Mort du grand duc Michel — De Romans et la brochure de Bruxelles — Les nouvelles constructions du Louvre — Le mariage du peintre Muller — Le duc de Broglie et Legouvé élus à l'Académie — La politique académique — Incertitudes sur la question d'Orient — Une lettre du roi de Prusse — Encore la brochure de Bruxelles — Projets de voyage de LL. MM. — Les mémoires de Véron et les polémiques qu'ils soulèvent . . . . 120 à 126

AVRIL.

Les conférences de Vienne — Le ministre Ducos — Aveuglement de la famille impériale sur les courtisans — LL. MM. en Angleterre — Un nouvel emprunt — Le bombardement de Sébastopol — Le comte de Nugent surpris dans sa distribution de cartes anonymes — Trois morts regrettables — Ovations faites en Angleterre à l'Empereur et à l'Impératrice — Les Articles du *Journal des Débats* — Rupture des conférences de Vienne — Vigoureuse reprise des hostilités — Les socialistes — Fureur des Orléanistes au sujet de la réorganisation de l'Institut — Récit de Maleville sur M. Mocquart et les dépêches télégraphiques — Autre anecdote sur Louis de Noailles et le comte d'Orsay — Les plaintes des artistes refusés à l'exposition, protestations de Gallimard et Guérard — L'amour propre de Diaz, scène comique — Courbet Delaroche et Scheffer — La confraternité artistique — Un trait de la bonté de l'Empereur — De La Rochejaquelein et ses nouvelles, la lettre du 14 — Compétence de la Princesse Mathilde sur les questions d'art — Tentative d'assassinat sur l'Empereur par Pianori — Découverte d'un vaste complot — Réponse de l'Empereur au sénat . . . . 126 à 141

MAI.

Instruction criminelle sur Pianori, puissance et influence de Mazzini — Démission de Drouyn de Lhuis — M. Bourré, sa nomination — Mariage du jeune de Grammont, sa femme — Curieux détails sur la cour d'Espagne — Inquiétudes et précautions de la reine Isabelle — Les soirées du Louvre — Article du *Journal des Débats* sur les scènes dont la cour d'Espagne est le théâtre — Walewski remplace Drouyn de Lhuis — Nouveaux ministres — Une nouvelle revue littéraire patronnée par l'Empereur — Les motifs de la retraite de Drouyn de Lhuis — Lettres d'Espagne sur les ignobles procédés d'O'Donnel et d'Espartero — Ouverture de l'exposition universelle, la cérémonie, discours du prince Napoléon — La neutralité de l'Autriche, notre diplomatie — Démission du général Canrobert — La tolérance singulière de l'Empereur envers le prince Napoléon — Les inimitiés du prince — Le nouvel empereur de Russie — La famille Bonaparte — Les hostilités chez la Princesse Mathilde — Conversation de La Guéronnière avec le prince Napoléon — Victoire sous les murs de Sébastopol — Le ministre de la guerre et le maréchal Pelissier — Le roi de Portugal et son frère . . . . 141 à 155

JUIN.

Visite du roi de Portugal au Louvre — Une dépêche de M. de Turgot — Bonnes nouvelles de la

XII

Crimée — Polémique au Parlement anglais — Les
Carlistes en Espagne — Le comte de Schleswig-Holstein — Un drame du comte d'Assas — Les portraits
charges de Giraud — Préparatifs à l'Hôtel de Ville
— Alexandre Dumas père chez la Princesse Mathilde
— Les écrivains de notre époque, Georges Sand —
Soirée chez le roi de Portugal — Prise de Malakoff
— Victoire du ministère anglais — Singulière demande
faite à l'Empereur par le maréchal Magnan — La
restauration des tableaux du Louvre — Une visite
chez Godefroy — Etrange confusion du maréchal de
Castellane, mot de l'Empereur à ce sujet — Mariage
du colonel Fleury — La marquise de Contades . . 155 à 164

JUILLET.

Dîner chez la Princesse Mathilde — Mort de
Mme de Girardin — La réclame, le journalisme —
Voyage en Périgord, le clergé — Un évêque ultramontain — Le département de la Dordogne — Le
curé de la Gonterie — Les préfets — L'évêque d'Angoulême — Les familiers de la Princesse — Le fils
américain de Jérôme . . . . 164 à 177

AOUT.

Grossesse de l'Impératrice — La Princesse Mathilde et Patterson — Récit du général Sauboul sur
les événements de 1848 — Mort héroïque et édifiante
du jeune de Villeneuve — Mort du fils Romieu —
Le mariage de La Roche-Pouchin, mort de la comtesse — Duel de La Roche-Pouchin et du prince X***
— Arrivée de la reine d'Angleterre — La Sainte-
Hélène — Deux victoires — Les fêtes, le séjour de
la reine d'Angleterre, son départ — Le roi Jérôme
— La famille Murat . . . . 177 à 180

SEPTEMBRE.

Le prince Napoléon et Arago — La Marianne —
Un dîner aux frères Provenceaux — Alphonse de Rothschild — L'attentat de Beltimore — Prise de Sébas-

XIII

topol — Brouille du roi de Naples avec la France et l'Angleterre — Le sénateur La Rochejaquelein . . 180 à 183

OCTOBRE.

Les soirées du Louvre — Visite du duc et de la duchesse de Brabant — Annonce officielle de la grossesse de l'Impératrice — Les réfugiés français à Jersey — Les légitimistes – Les médailles d'honneur — M Dennières, la fabrication des bronzes — Les commissions des Beaux-Arts . . . . 183 à 185

DÉCEMBRE.

Le prince Napoléon et les jurys de l'exposition — Mensonge du prince Napoléon — Le président du tribunal de Paimbœuf — Le favoritisme — Arrivée du roi de Piémont, sa grossièreté — Le marquis de Castelbajac en Russie, ses bévues — Rentrée de la garde impériale — Les agitations socialistes — Une *modèle* de la Princesse Mathilde, dénonciation — Mécontentement du comité des récompenses contre le prince Napoléon — Démission d'Henriquel Dupont — Justes griefs d'Horace Vernet — Le jeu du prince Napoléon — La paix — L'Allemagne et la Russie Projet d'expédition sur les côtes de Finlande — Accueil fait à l'armée et à l'Empereur par la population — Mauvaise attitude de l'école polytechnique — Froideur des clubs Union et Jockey — Les parlementaires . . , ... 185 à 190

(Fin de l'année 1855.)

XIV

ANNÉE 1856.

JANVIER.

Mécontentement contre leurs Majestés au sujet des étrennes — Prodigalités de l'Impératrice envers sa famille — La layette du Prince Impérial — Bouderie des princes — Les promotions — Les mésalliances — Opinion de Jeanron sur Soulié — Martinet — Deux promotions passées sous silence au *Moniteur* — Inimitié contre l'Impératrice — La duchesse d'Albe — La comtesse de Montijo — Les Jérôme — La Princesse Mathilde, son entourage, ses opinions — Le général Bosquet, ses récits — Enterrement de David d'Angers — Récit de Morny sur le 2 décembre — Paroles de la Princesse Mathilde sur la pénurie du Prince Président — Acceptation des propositions par la Russie — M. de Zébach — Bal chez l'Impératrice, impertinence faite au prince Murat — Le prince Napoléon et Rachel — L'Etat et les journaux — Les mariages scandaleux . . . . 193 à 205

FÉVRIER.

Arrivée des plénipotentiaires — Tapage des étudiants — L'Impératrice insultée — Ouverture de la conférence — Promotions dans l'armée — Les favoris — Les ministres — L'entourage impérial — L'armistice — Le comte Orloff — Alex. Dumas chez la Princesse Mathilde — Réponse d'Alex. Dumas fils à l'abbé Duguerry — Jules Lecomte à l'*Indépendance Belge* — Le baron de Bazancourt . . . . . . 205 à 211

MARS.

Ouverture de la session du Corps législatif — Dissentiments entre la Russie et l'Autriche — Un roman d'Eug. Sue — Immoralité d'Eug. Sue — Naissance du Prince Impérial — Dépit du prince Napoléon — Le manifeste du comte de Paris — Bosquet, Canrobert et Randon faits maréchaux — Un dîner chez l'Empereur — Bouderie du prince Napoléon — Faveur de la famille Reiset — M Metzinguer — Signature de la paix . . . . 211 à 220

AVRIL.

Les illuminations — Expédition en Kabylie — Une revue — Bal costumé chez la comtesse Pozzo di Borgo — Réception du duc de Broglie à l'Académie Les Mazziniens — Insolence de l'ambassadeur anglais à Madrid — Bal chez la Princesse Mathilde — Renvoi de Mme Desprez — La comtesse Litta — Récit de la guerre de Crimée — Un mot de Changarnier — Indisposition de l'Impératrice — Départ du prince Napoléon . . . . 220 à 231

MAI.

Le traité de paix — L'affranchissement de l'Italie — Le roi de Piémont — Le protestantisme et la papauté — Visite du roi de Wurtemberg au Louvre — Le baron de Mortemart Boisse — Sévérité de l'Empereur contre les faiseurs d'affaires — La duchesse d'Albufera — Les amours de la Princesse d'Essling — Une lettre du prince Gortchakoff — Circulaires contre les faiseurs d'affaires — L'Impératrice prend des tableaux du Louvre pour ses appartements — L'Angleterre et la question italienne — Projet d'impôt sur les voitures de luxe — Visite de l'archiduc Maximilien au Louvre — Les grands hommes — Paul Delaroche — Fould et le tableau des Girondins — Brouille entre l'Angleterre et l'Amérique — Le flibustier Walker — Agitation Mazzinienne — Le comte de Cavour . . . . 231 à 243

JUIN.

L'archiduc Maximilien offre une tabatière à l'auteur — Voyage de l'Empereur dans les localités inon-

XVI

dées par le Rhône — La générosité impériale — Mariage de Mlle Lehon et du prince Poniatowski — Préparatifs pour le baptême du Prince Impérial — Conflits d'étiquette — Le cardinal Patrizzi — Le Prince Régent de Bade — Récit de Toulongeon sur le duc de Brabant — Singulière annonce par la Gazette de Milan du mariage de Mlle Lehon — Le manifeste du comte de Paris — Visite à Saint-Gratien — Le service des cérémonies au Tuileries — M. Feuillet de Conches — Départ de l'Empereur pour Plombières — L'affaire anglo-américaine — Un article du journal La Pénéloppe — Les Contemplations de Victor Hugo 243 à 251

JUILLET.

Visite du Cardinal légat au Louvre — Irritation de la Princesse Mathilde contre l'Impératrice — Les pots de vin — Une arrestation dans les galeries du Louvre — Le communisme en Espagne — Le rapport des Cortés contre la reine Christine — Clôture de la session législative — Les récompenses de l'Etat — Opposition de 36 membres — Disgrâce du directeur de l'Opéra — Une émeute ouvrière à Dantzig — Une précieuse découverte de M. Boulomié chimiste — Opposition de l'académie de médecine — Mort de M. Fortoul — L'Empereur à Plombières — Les socialistes à Valladolid — Le nom de Bonaparte accordé à Patterson — L'amendement du marquis de la Valette — L'ultramontanisme de l'Impératrice — L'opinion publique à l'égard de Nieuwerkerke — L'irritation de l'Empereur — L'intérieur conjugal de la Princesse — Un dîner chez de Reiset — Une lettre de La Guéronnière au général Fleury, réponse de Nieuwerkerke — Une brochure de Véron — Un mot de Fould — L'insurrection en Espagne — Les candidats au ministère — Mac Mahon — La Guéronnière et l'Empereur — Le procès de Jules Lecomte — M. Villain — La comtesse Castiglione, dépit de l'Impératrice — Chaumont Quitry et l'Impératrice — Le portrait du duc de

XVII

Pages

Morny — Un pamphlet — La Marianne en Bretagne
— Billault . . . . 251 à 277

AOUT.

Texte de la lettre au général Fleury, réponse de
l'Empereur — La santé de l'Impératrice — Le personnel administratif — Les promotions — M Roulland ministre — Les fautes, la cour, les intrigues —
Les avocats — L'agitation italienne — Réponse du
roi de Naples aux notes anglaises — Réponse des
étudiants français aux étudiants piémontais — Réunion des universalistes de New-York . . . . . 277 à 289

SEPTEMBRE.

Mme de Silveyra et M. de Louvencourt — Le
prince de la Moskova — Histoire scandaleuse, le
chanteur Dupont, l'acteur Hervé et le violoniste Hermann — Les tarifs douaniers — Le système protecteur — Les partis — La libre concurrence — L'avocat
Crémieux — Une plainte anonyme — La souscription
Manin — Ambassade des Birmans, le général d'Orgoni — Plusieurs arrestations — Une circulaire russe
— La question napolitaine . . . . 289 à 302

OCTOBRE.

Walewski perd à la Bourse, l'Empereur paie —
Discours de M. Verhægen — Les commérages à Saint-Gratien — Lettre de M. de Decker aux universités
de Gand et de Liège — Rappel des ambassadeurs
de Naples — Importante nouvelle d'Espagne — Les
courtisans *au bouton* — Trois mariages extraordinaires
— Annonce officielle de la rupture napolitaine —
Mariage de la duchesse de Gênes, son renvoi — Insulte à l'Empereur au faubourg Saint-Antoine — La
réunion de Compiègne — Alfred de Vigny et autres
— Une note au Moniteur — L'alliance anglaise —
Orléanistes et socialistes . . . . 302 à 313

XVIII

NOVEMBRE.

Pages

Difficultés de la situation politique — Hostilité de la presse anglaise — Chute du ministère turc — Les fêtes de Compiègne — Le communisme — Les révolutions — Réponse de l'Empereur à l'ambassadeur de Russie — L'alliance anglaise — Le maréchal Canrobert — Opinion de Manin sur la France et l'Angleterre — Lettre de Louis-Philippe au roi de Naples — Réponse du roi de Naples — L'Amérique et l'Angleterre . . . . , ... 313 à 321

DÉCEMBRE.

La Révolution en Sicile — La flotte anglaise dans la mer Noire — Walewski et Morny insultés par la presse anglaise — L'Académie rappelée au jury des expositions — Le marquis de Chennevières — Martinet — L'Angleterre et la Sardaigne — La politique française — Le prince de Prusse — L'Angleterre dans l'Inde — Opinion de la Princesse sur les affaires d'Italie — Opinion de l'auteur — La crise européenne — Le professeur Michelet . . . . . 321 à 328

(Fin de l'année 1856.)

ANNÉE
1854

MERCREDI 4 JANVIER.

Fould, en recevant la commission des monuments historiques, lui a dit qu'il ne partageait pas ses vues sur la nécessité de doter nos musées de nouveaux monuments antiques ou modernes, en un mot d'augmenter nos collections, qu'il importait peu que les œuvres d'art fussent à Londres ou à Berlin. Mérimée a objecté l'ancienne renommée de la France d'être le grand sanctuaire où toute l'Europe venait étudier et qu'alors, dans un avenir prochain, les Français iront étudier à l'étranger au lieu de voir les étrangers affluer chez eux.

Fould a repris sa phrase : *je ne partage pas vos vues!*

Que voulez-vous, les Juifs ne produisent pas de Colbert.

Le Juif Strauss disait, ces jours derniers, au Vicomte de Rougé : *Fould y fera tant de bêtises qu'on nous chassera tous de France.*

La guerre est décidée, un manifeste doit paraître demain ou après-demain dans le *Moniteur* et il est arrêté que 30,000 Français et 20,000 Anglais s'embarqueront pour Constantinople.

DIMANCHE 8 JANVIER.

Les préparatifs de guerre continuent, la rente baisse et tout le monde est fort préoccupé des éventualités de cette crise. Hier, je dînais chez la Princesse Mathilde, j'y dîne encore aujourd'hui. Il a été fort question de Russes et de Turcs ; tout le monde a déraisonné, le gros La Rochejaquelein plus que personne. Il voulait être envoyé comme ambassadeur à Pétersbourg, et quoiqu'il ne l'articule pas précisément, il laisse entendre que *lui* aurait tout arrangé.

J'ai beaucoup causé de l'Empereur avec M. de Las Cases. Il m'a dit qu'à St-Hélène Napoléon parlait quelquefois de *sa faiblesse* dans le déduit amoureux, c'était fort peu de chose. Il ne regardait pas le Comte Léon comme son fils ; il attribuait à Murat la paternité de cet enfant.

VENDREDI 13 JANVIER.

Nous sommes toujours à la guerre, les flottes ont reçu l'ordre d'entrer dans la mer Noire, on arme de nouveaux vaisseaux. La Turquie accepte la note des quatre puissances, mais la Russie ne l'acceptera pas.

Armand Bertin, le directeur du journal des *Débats*, est mort hier d'une attaque d'apoplexie. Son remplacement est toute une affaire, car il faut que son successeur soit agréé par le gouvernement. Qui, parmi ses ennemis courtois, le gouvernement choisira-t-il ?

L'orléanisme perd dans Bertin un de ses hommes les plus habiles. Ce gros journaliste représentait bien son parti. Il était d'un tel athéïsme qu'après un dîner chez Véron le vieux valet de chambre du gérant du *Constitutionnel* dit à son maître : « Si M. Bertin doit encore dîner « ici et y tenir les propos qu'il a tenus ce soir, je deman- « derai à Monsieur la permission de ne pas servir à table ! »

Bertin était cynique d'irréligion, son éloge devrait être prononcé par le sénateur Mérimée, qui n'est d'aucune religion et n'a jamais été baptisé.

SAMEDI 21 JANVIER.

Les flottes anglaise et française sont entrées dans la mer Noire. La flotte russe, à la notification qui lui a été faite par les deux amiraux de leur mission de s'opposer sur mer à toute hostilité de la Russie contre la Turquie, a répondu en sortant de Sébastopol pour croiser sur les côtes de la Turquie. Un grave conflit peut naître de cette situation.

De Laborde a dit ce matin à Longpérier qu'il a rencontré : « *Je ne rentrerai jamais au musée avec M. de Nieuwerkerke pour directeur et M. de Viel Castel pour collègue.*

Ed. Delessert, son neveu, tourne décidément contre nous ; il est conduit par Maxime Ducamp. Je me suis laissé un moment entraîner par cette intrigue voilée sous les dehors d'un froissement que je comprenais. J'ai cru à de la franchise là où il n'y en avait pas, c'est bien jeune pour moi !

On en voulait à Nieuwerkerke pour installer de Laborde à sa place et inaugurer toute la faction Ducamp. Certainement Nieuwerkerke m'a froissé quelquefois, mais j'ai été injuste pour lui et léger dans beaucoup de mes appréciations. Je m'étonne de m'être laissé entraîner et je le regrette. Il y a dans le fond de son cœur de la fidélité à ses amitiés et s'il se laisse séduire par certaines cajoleries des intrigants, par certains sourires de la faveur, il garde malgré tout sa bonne et amicale nature.

Je tiens à faire cet aveu dans mon livre noir, pour montrer combien, même avec l'expérience des hommes et du monde, on peut se laisser prendre aux pièges qui sont tendus.

Il m'est démontré aujourd'hui que Delessert voulait supplanter Nieuwerkerke, il y a eu lutte entre eux, Delessert a été vaincu et rendu furieux par Maxime Ducamp qui le poussait.

Nieuwerkerke est léger en beaucoup de circonstances, mais il a des qualités qui compensent ce travers, il est ambitieux, tout le monde l'est plus au moins par le temps qui court.

LUNDI 23 JANVIER.

On commence à douter de la neutralité de l'Autriche, et les affaires d'Orient prennent une tournure de plus en plus sérieuse. Ces jours derniers, le général Bousquet a eu une entrevue avec l'Empereur et lui a demandé à servir dans un corps expéditionnaire en Turquie. L'Empereur a répondu que pour le moment il ne pouvait que l'autoriser à servir chez les Turcs. Le général a refusé.

Puis l'Empereur a exprimé des doutes sur la neutralité de l'Autriche. Le général a dit alors : Vous avez, Sire, un corps expéditionnaire à Rome, prévenez l'Autriche en le renforçant et emparez-vous de Trieste et de Venise.

La conférence en est restée là.

Les nouvelles parvenues hier par la voie de Vienne sont peu favorables aux Turcs. Les Russes auraient forcé le passage devant Silistrie et occupé cette ville.

Ces bruits ont encore besoin de confirmation.

J'ai dîné hier chez la Princesse Mathilde, à laquelle l'Empereur avait dit le matin qu'il n'était encore parvenu aucune nouvelle d'engagements entre les flottes combinées et la flotte russe.

On s'occupe toujours beaucoup du grand bal costumé qui doit avoir lieu à la cour le 18 février prochain. Dieu sait combien d'événements graves peuvent intervenir d'ici là !

Ce soir, je conduis ma fille au bal de la cour, je verrai les physionomies.

MERCREDI 25 JANVIER.

Rien de décidé sur la question orientale ; il y a des gens qui se bercent toujours de l'espoir de la paix.

Dans le Conseil des ministres, il y a trois opinions.

MERCREDI 25 JANVIER.

Persigny voudrait que la Prusse et l'Autriche fussent contraintes de se joindre à la France et à l'Angleterre. Si elles refusaient, on se servirait contre elles de l'élément révolutionnaire.

Drouyn de Lhuys voudrait que nos flottes dans la mer Noire soient un avertissement à la Prusse et à l'Autriche et que le soin de peser sur l'obstination de la Russie au moyen d'une armée leur soit abandonné, car elles auront les premières à souffrir de l'agrandissement de la Russie. Cette opinion conclut tout bonnement au *laissez faire*.

Enfin, la troisième opinion, qui est la seule juste, est de secourir la Turquie en envoyant 50,000 Français et 20,000 Anglais. Les Russes, dans la prévision de cette éventualité, se hâtent de franchir le Danube. La diplomatie russe amuse le tapis et les armées russes s'avancent. La Turquie, qui a depuis le commencement de la guerre dépensé six cents millions, est épuisée. Non secourue, elle passera sous les Fourches Caudines. Si cela arrivait, la France et l'Angleterre auraient joué un triste rôle et les deux cabinets auraient peine à se soutenir devant l'opinion publique. La réponse du Czar à la notification des quatre puissances est encore évasive, dit-on; se laissera-t-on leurrer une fois de plus ? Les faiseurs d'affaires veulent la paix à tout prix !

La Bourse a monté hier.

SAMEDI 4 FEVRIER.

L'ambassadeur de Russie part ce matin. Brunow a également quitté Londres, nous marchons donc à la guerre.

Vely-Pacha, l'ambassadeur Turc, était inquiet hier soir. Une bataille, dont on n'a pas encore de nouvelles, a eu lieu devant Kalafat et les Russes avaient reçu un renfort de 46,000 hommes.

Si nous voulons soutenir la Turquie, il faut plus d'énergie et de décision que nous n'en avons montré jusqu'ici.

Le prince Napoléon est allé faire une visite au roi des Belges. Quelle plaie que ce Napoléon, tous les rouges tarés trouvent protection et emploi près de lui.

DIMANCHE 12 FÉVRIER.

Les ambassadeurs russes sont partis de Londres et de Paris. Le comte Orloff envoyé en mission à Vienne par le Czar n'a pu, dit-on, rien obtenir, et l'Autriche aurait déclaré qu'en cas de passage du Danube ou d'occupation prolongée des Principautés, elle regarderait la conduite de la Russie comme une déclaration de guerre.

Notre flotte de Brest est en route pour Toulon, où elle va embarquer des troupes.

Une lettre du comte de Reiset notre premier secrétaire à Pétersbourg mande que l'empereur Nicolas a pour la première fois gardé sa chambre pendant deux jours. Les médecins prétendent que c'est un premier accès de goutte, mais l'empereur ne veut pas en entendre parler. Il se répandait même dans le public que les médecins avaient reconnu les premiers symptômes de la maladie dont est mort Alexandre.

DIMANCHE 12 FÉVRIER.

En allant à Bruxelles, le prince Napoléon avait écrit au réfugié rouge Marc Dufraisse pour lui dire qu'il le verrait avec plaisir, mais le farouche exilé n'a pas voulu voir le prince.

MERCREDI 15 FÉVRIER.

Il a paru hier au *Moniteur* une belle lettre de l'Empereur adressée au Czar. C'est un *ultimatum* du 29 janvier dont la réponse négative est connue d'avance.

L'Angleterre embarque ses soldats, et les nôtres vont l'être prochainement.

La Princesse Mathilde vient de me dire que Pietri, le préfet de police, l'avait suppliée de ne pas aller dîner chez Haussmann, le préfet de la Seine, qui est un voleur. Les preuves de ses vols sont déposées chez un avoué de Paris que Pietri connaît.

On commence même, dans le Conseil municipal, à être instruit des infamies du préfet?

DIMANCHE 19 FÉVRIER.

Le *Moniteur* de ce matin contient l'annonce du refus du Czar aux dernières propositions de l'Empereur. J'avais toujours pensé que ce refus serait promulgué après le bal costumé qui a eu lieu hier.

Ainsi voilà la guerre.

Au bal d'hier, l'Empereur portait le costume d'un nouveau corps militaire qu'il institue pour sa garde ; ce corps de grosse cavalerie portera l'uniforme blanc et or.

VENDREDI 24 FÉVRIER.

Hier, on a aperçu rue Neuve de Rivoli des soldats anglais de passage.

Ces derniers jours, on a arrêté un assez grand nombre de démagogues qui préparaient pour aujourd'hui, anniversaire de la révolution de février, une manifestation.

Le maréchal Saint-Arnaud commandera l'armée d'Orient ; parmi les généraux sous ses ordres, il aura :

Les généraux Bosquet
     Pélissier
     Espinasse
     Canrobert
     Bonah etc.
et, dit-on, le prince Napoléon !

DIMANCHE 26 FEVRIER.

Avant-hier, anniversaire de la révolution de 1848, quelques rassemblements autour de la colonne de juillet ; des arrestations y ont été faites ; les troupes ont été consignées jusqu'à 5 heures $\frac{1}{2}$ du soir. Mais tout cela n'a causé aucune émotion dans la ville, les ouvriers travaillaient, personne ne se doutait de la ridicule tentative.

Notre troisième escadre est prête, elle a dix vaisseaux de ligne, quatorze frégates ; les noms des commandants sont ce matin au *Moniteur*.

On embarque les troupes. Le prince Napoléon a fait ce matin insérer au *Moniteur* une lettre à l'Empereur dans laquelle il réclame une part dans les dangers auxquels l'armée va s'exposer !.... il est, dit-on, nommé au commandement de la réserve ! ...

La Russie continue ses armements, le printemps arrive et les coups décisifs vont être portés.

Le jeune Murat lieutenant aux guides épouse la fille du Prince de Wagram, l'Empereur dote richement le futur. L'*aristocratie* de la cour Impériale se gonfle de plus en plus !... il y a de quoi ! Vachon de Belmont a juré de devenir plus gros qu'un bœuf, et plus bardé de croix qu'un calvaire.... Et puis dites après cela que la fréquentation des bordels ne mène à rien.

On a vu, ces jours-ci, dans les rues de Paris des militaires anglais qui vont à Marseille rejoindre l'escadre. Les Russes nous quittent tous les jours.

Du côté de l'Allemagne, l'attitude des gouvernements n'est pas encore très parfaitement dessinée, cependant on répète officiellement qu'ils agissent de concert avec nous. L'Espagne, dit hier la correspondance Havas, vient d'être mise en état de siége et de nombreuses arrestations ont été faites à Madrid.

Persigny se croit positivement le descendant des Dauphins d'Auvergne et il regarde comme un parent Guy de la Tour du Pin, qui a la même prétention. Ces deux gaillards-là sont bien capables de réclamer la Limagne comme apanage. Le fameux duc de Beaufort était jadis roi des Halles ; pourquoi ces deux messieurs ne seraient-ils pas rois des *porteurs d'eau?*

LUNDI 27 FÉVRIER.

L'Empereur a dit hier à la Princesse Mathilde que le Czar, trompé par les faux rapports de Kisseleff, qui ne voyait et n'entendait que le club *l'Union*, club légitimiste, commençait à reconnaître son erreur depuis le retour à Pétersbourg du comte Orloff. Il sait maintenant quelle est la situation de l'Europe et l'opposition qu'elle manifeste à ses projets ambitieux. Il y a donc, de nouveau, espérance de paix.

Quelle sera cette paix ? Le Czar dit qu'il a été trompé, mais alors si l'Europe eût été divisée il eût profité de cette division ; par conséquent ses projets ne sont que différés. Il est urgent de ne traiter que moyennant de fortes garanties.

Le *Moniteur* contenait hier une lettre assez mal rédigée du prince Napoléon. Ce *valeureux guerrier* demandait à partager les dangers de nos soldats, le jour où son cousin déclarait qu'il y a des chances de paix. L'Empereur a dit à la Princesse : Cette malheureuse guerre m'empêche de diminuer l'impôt cette année, ce que m'eût permis sans cela l'état de nos finances.

Sommes-nous encore joués par la Russie ? Je le crains, et dans tous les cas le Czar ne cède que devant son impuissance, il est très important de le lier très fort pour le mettre hors d'état, d'ici à longtemps, de troubler la paix de l'Europe.

L'Empereur Napoléon est toujours le seul homme de son gouvernement, au-dessous de lui il y a bien des tripotailleries, j'en vais rapporter deux.

Le procès intenté à Véron pour la vente du *Constitutionnel* touche à sa fin. L'avocat de Véron a été interrompu par Belleyme qui lui a dit: la cause est entendue; ce qui donnait lieu de penser que la cause était gagnée pour Véron. Hébert, avocat des actionnaires, s'est beaucoup résumé et on lui a dit: « Vous perdrez votre procès, car vous attaquez Monsieur de Morny, l'homme qui a fait le 2 décembre, et nous ne pouvons pas le condamner. Morny se trouvait dans la même position que Véron: copropriétaire de la gérance, il avait comme Véron vendu sa part cinq cent mille francs. » Qu'a fait Hébert, il a représenté la position aux actionnaires et, pour gagner le procès, on a abandonné la poursuite contre de Morny en la concentrant contre Véron. Maintenant qu'ont fait deux ministres? je vais le dire.

Mercredi dernier, Véron reçoit un des employés supérieurs de Fould qui vient de sa part lui apporter, dit-il, de bonnes nouvelles. Le ministre me charge, ajoute-il, de vous assurer du gain de votre procès. Tout est arrangé, le jugement est libellé, ne vous inquiétez plus et ne vous dérangez pas pour visiter vos juges.

Véron remercie, puis il va chez Abbatucci, le garde des sceaux, qui lui donne les mêmes espérances.

Le vendredi, arrivent les conclusions du procureur impérial et ces conclusions sont contre Véron. Le pacte était conclu. Morny est exonéré, mais Véron, vendredi prochain, peut être condamné même à rembourser les cinq cent mille francs reçus par de Morny !

Fiat justitia aut pereat mundies.

Seconde histoire ministérielle.

Il a plu à Fould de retirer à M{{lle}} Denain le rôle qu'elle joue dans le *Verre d'eau* pour le donner à Madeleine Brohan.

M{{lle}} Denain obtient une audience de Fould et réclame contre cette décision.

Fould lui répondit :

Mademoiselle, je suis l'interprète du public, qui vous trouve insuffisante et même mauvaise dans ce rôle.

M{{lle}} Denain

J'avoue, Monsieur le Ministre, que j'étais loin de m'attendre à ce compliment ; d'ailleurs ce qui se fait est contraire à mon droit et aux usages.

Le Ministre

Votre droit... les usages... sachez Mademoiselle qu'il n'y a que ma volonté ; les sociétaires du Théâtre Français sont des serviteurs soldés, ils n'ont qu'à obéir.

M{{lle}} Denain

Alors vous me placez dans la nécessité de faire reconnaître mon droit par les tribunaux.

Le Ministre (en riant)

Faites reconnaître votre droit par les tribunaux, gagnez votre procès, ma volonté ne s'en exécutera pas moins !!!

Qu'on est fier d'être Français quand on voit un Juif banqueroutier Ministre des Beaux-arts !

MERCREDI 1er MARS.

J'ai dîné hier chez la Princesse Mathilde; dans la soirée le consul général de Russie est arrivé porteur d'une lettre du Czar en réponse à une lettre que lui avait écrite la Princesse.

Le Czar lui dit qu'il est très touché des témoignages d'affection qu'elle lui donne, d'autant plus que depuis quelque temps il a eu beaucoup de déceptions. Il l'assure que, quelle que soit la tournure des affaires, elle peut être certaine de son affection. Il lui parle aussi des fausses idées répandues en Occident sur son compte, mais rien dans cette lettre n'indique une tendance plus pacifique, ainsi que s'en flattait il y a peu de jours l'Empereur Napoléon.

Ainsi, tous les délais, toute la diplomatie n'auront servi qu'à rendre plus grave la lutte prochaine, qu'à donner le temps à la Russie de soulever les Grecs sur les frontières de la Grèce et d'amener un plus grand nombre de Russes sur les bords du Danube.

En Espagne, une échauffourée militaire a eu lieu à Saragosse; on la dit apaisée.

La Princesse Mathilde est toujours fort Russe et ne s'en cache malheureusement pas assez.

Madame Desprès, sa lectrice, fort en faveur, cherche à me nuire dans son esprit, elle aurait voulu qu'on s'assurât de mon livre noir. C'est une honte que cette femme·

VENDREDI 3 MARS.

Simon, le médecin du musée, est venu me voir. Il m'a raconté, il y a une heure, la petite histoire de tables tournantes que voici :

Simon soigne le marquis de Galvo, frère du duc d'Albe, qui s'est cassé le bras aux Tuileries, comme je l'ai dit en son lieu, et il voit assez fréquemment l'Empereur et l'Impératrice auprès du malade, qui habite au Palais.

Dernièrement, l'Impératrice s'occupait à faire parler une table dans la chambre de Galvo ; elle l'interrogeait sur la question d'Orient et lui demandait si le Czar serait longtemps à répondre à la lettre de l'Empereur ? La table répondit que la réponse arriverait dans vingt heures.

Elle arriva en effet le lendemain.

Puis elle lui demanda encore si on brûlerait beaucoup de vaisseaux russes ? L'Empereur entra en ce moment.

« Arrive donc, Louis », lui dit l'Impératrice, « je cause politique avec ma table. »

La table affirma qu'on ne brûlerait point de vaisseaux russes, qu'il n'y aurait pas de combat, que ce ne serait qu'une guerre de plume.

« A la bonne heure », dit l'Empereur en souriant, « s'il y a des flots d'encre versés, il n'y aura pas de flots de sang. »

La table, continuant, assigna une durée de sept mois à la guerre.

« Cela vaut mieux qu'une guerre *de Sept ans* » reprit l'Empereur.

Puis il prit à part l'Impératrice, lui parla bas, et l'Impératrice fit à la table une question secrète dont Simon ne connut point la solution.

L'Empereur se tourna du côté du docteur et lui dit :
« Que pensez-vous des tables tournantes, docteur ? »
« Je ne sais qu'en penser, Sire, ce que je vois seulement me paraît très curieux. »

Cela est en effet fort curieux, fit l'Empereur, et ne savoir que penser est l'opinion la plus raisonnable.

Le lendemain, l'Impératrice amena l'évêque de Nancy qui, après quelque résistance, posa à la table la question suivante : *Que devient l'âme après la mort ?*

Mais la table resta muette et rien ne put l'obliger à répondre en présence d'un évêque. J'oubliais que la table avait dit à l'Impératrice qu'elle n'aimait ni l'Empereur ni l'Impératrice. Pourquoi s'est-on moqué des sorciers du moyen-âge et de la crédulité de nos pères ?

SAMEDI 4 MARS.

Véron perd son procès, Morny est mis hors de cause et Véron devra rembourser les cinq cent mille francs que Morny a touchés.

Mlle Denain a plaidé pour dson rôle ans le *Verre d'eau*. Le préfet de la Seine a élevé un conflit, le tribunal s'est déclaré incompétent !

Ces deux décisions font peu d'honneur à la justice. Belleyme aujourd'hui rend des services et ne rend pas d'arrêts.

MERCREDI 8 MARS.

Les nouvelles sont graves aujourd'hui, la Prusse se lie, dit-on, avec la Russie et reprend son ambassadeur. L'Autriche prend décidément parti pour nous. Ce n'est plus une guerre circonscrite, c'est une guerre européenne !

Nous sommes à la veille de très-graves événements et d'une situation difficile.

MARDI 14 MARS.

La politique de l'Autriche et celle de la Prusse sont toujours incertaines. Notre armée s'embarque. Le maréchal Saint-Arnaud la commande. Le maréchal Vaillant le remplace au ministère de la guerre.

MARDI 28 MARS.

Mon déménagement m'a fait négliger mon livre ; j'ai quitté la sombre petite cour du musée, mon entre-sol obscur et mon cabinet plus obscur encore, pour venir habiter le second étage du Louvre, côté du pavillon de l'horloge. Ma chambre à coucher prend son jour par la quatrième fenêtre à partir de la partie des bâtiments qui longe la rue de Rivoli. Mon cabinet vient ensuite.

La guerre a été annoncée hier officiellement au Sénat et au Corps législatif. Nous avons perdu bien du temps qui a permis à la Russie d'ourdir toutes sortes d'intrigues.

La Grèce fait cause commune avec le Czar.

La Prusse et l'Autriche ne suivent pas une marche bien nette. Enfin, à la volonté de Dieu !

Les journaux annoncent qu'un assassin a donné un coup de poignard au duc de Parme. La blessure est grave; elle est faite au bas ventre. S'il mourait, la perte ne serait pas grande; c'est un homme sans valeur d'aucune sorte, qui se grise comme un crocheteur et qui rend fort malheureuse la sœur de M. le duc de Bordeaux, qu'on lui a fait épouser. Je l'ai vu à Londres, où il révoltait par ses façons toute l'aristocratie. Le duc de Parme est un poltron comme son père; on le soupçonne fort d'être un peu p...... comme son père et comme l'était aussi le feu roi de Hollande, à qui ce goût a coûté des sommes folles; une bande de brigands le faisaient *chanter* en le menaçant d'un scandale public.

La cavalerie anglaise va passer par Paris, les grands coups seront frappés avant peu.

VENDREDI 30 MARS.

Les Russes ont passé le Danube, l'Empereur presse le départ des troupes françaises; à la fin d'avril nos 50,000 hommes seront en Orient.

VENDREDI 30 MARS.

Un ultimatum va être envoyé à l'Autriche pour qu'elle ait à se prononcer sous huit jours.

Hier le consul d'Autriche est venu consulter Beaume avocat, fils du peintre Beaume, sur la question suivante :

En cas de guerre de l'Autriche avec la France, mon bail est-il résilié par force majeure ?

Je tiens le fait de Beaume le père.

Chevalier, l'ancien chef du secrétariat de la présidence, remercié par l'Empereur à cause de ses tripotages financiers, s'est retiré avec cent mille francs de rente ; il en est convenu devant Nieuwerkerke.

Béville, préfet du palais, marche sur ses traces.

Le duc de Parme est mort de sa blessure trois heures après l'avoir reçue. Sa femme est déclarée régente pendant la minorité du nouveau duc, né en 1848.

Singulière destinée que celle de la duchesse de Parme, son père et son mari sont morts assassinés.

Nieuwerkerke présente aujourd'hui à l'Empereur les premières livraisons de mon livre sur les statuts de l'Ordre du Saint-Esprit au droit désir.

Comme exécution, ce livre est je crois le plus beau qui ait été publié depuis longtemps.

J'ai donné, mardi dernier, au Musée, une collection de peintures provenant d'anciens manuscrits italiens, espagnols, flamands et français des XIIe, XIVe, XVe et XVIe siècles ; parmi ces peintures il y en a de fort belles. Je désirais depuis longtemps qu'une collection de ces peintures fût adjointe à notre collection de dessins. On s'y refusait ; alors je l'ai recueillie et je l'ai donnée. Elle va être exposée par les soins de Reiset. Ce sera là un commencement ; la collection s'augmentera peu à peu.

Le cadeau me coûte cher pour ma modeste fortune : mais je tenais à fonder une collection que je considère comme très-précieuse pour l'histoire de l'art.

J'ai déjà donné beaucoup d'objets au musée ethnographique ; j'ai donné des fayences au musée des émaux ; mais les peintures de manuscrits me préoccupaient, et après avoir imprimé mon opinion sur leur utilité dans l'*Histoire de l'art*, je devais les donner.

SAMEDI 8 AVRIL.

La guerre en est toujours à sa préface, du moins quant aux puissances occidentales.

Le stupide bourgeois parisien et français, cet éternel gobe-mouches, croit encore au désir du Czar d'arriver à une solution pacifique, et cette race couarde et inintelligente est prête à l'abdication de l'importante politique de la France, pourvu qu'on ne la trouble plus par des bruits de guerre.

« L'Empereur Nicolas, disent tous ces niais, ne de-
« mande rien que de très-raisonnable : l'évacuation de la
« mer Noire, l'émancipation des chrétiens en Turquie, et
« alors il repassera le Pruth ! »

C'est cependant ce bourgeoisisme-là qui a longtemps conduit nos affaires. C'est lui qui est tout le parti parlementaire et qui sape éternellement tous les pouvoirs pour avoir le plaisir de donner des leçons.

Si la proposition du Czar était acceptée, nous en serions, ainsi que l'Angleterre, pour nos frais, pour l'énorme dépréciation subie pendant un an par toutes nos valeurs. La Turquie, déconsidérée aux yeux de ses populations, serait ruinée pour longtemps. L'influence seule de la Russie aurait grandi et demain elle pourrait recommencer.

La race bourgeoise est une race bâtarde qui est impuissante pour construire ou conserver, c'est une espèce d'insecte rongeur qui ruine la charpente de tout édifice social. Deux mots la résument.

Ignorance, envie.

Les bourgeois ont guillotiné Louis XVI, fait tomber Charles X et chassé Louis-Philippe; s'ils le pouvaient ils détrôneraient Louis-Napoléon; mais ils produisent des hommes comme Berger, l'ancien préfet de la Seine, aujourd'hui commandeur de la légion d'honneur et sénateur, que j'ai connu très-sale et méchant avoué, organisateur des banquets de 1848. Je ne veux pas reculer devant une expression peu *propre* qui rend toute ma pensée sur les bourgeois.

Ce sont des *pets* qui font un bruit désagréable et sentent fort mauvais.

JEUDI 13 AVRIL.

Le prince Napoléon est parti pour l'Orient; ce serait un grand bonheur pour nous s'il y pouvait rester.

Le duc de Cambridge est de passage à Paris; il y a eu hier en son honneur une grande revue au Champ-de-Mars. Le duc s'embarquera dans quelques jours.

On ignore encore l'attitude positive que prendront l'Autriche et la Russie. On se bat toujours dans les provinces danubiennes ; mais on ne sait que bien vaguement les résultats de ces combats.

Dimanche dernier, j'ai entendu à la Madeleine le père Ventura ; je ne comprends pas sa réputation comme prédicateur, ce n'est à mon sens qu'un polichinelle ridicule. Voici une phrase de son sermon sur l'Eucharistie :

« Lorsque nous aimons bien une chose de tout notre « cœur, lorsque nous l'aimons avec amour, nous la con- « voitons du regard, nous l'appelons de nos vœux, nous « la saisissons, nous l'embrassons, nous l'approchons de « nos lèvres, nous la dévorons de nos baisers.

« De même pour l'Eucharistie, mes frères, nous l'ai- « mons d'amour, nous la convoitons, nous l'approchons de « nos lèvres, nous la saisissons, nous la dévorons de nos « baisers et nous l'avalons !! »

Toutes ces sottises sont débitées et bien d'autres encore avec le plus effroyable accent de pasquin et des gestes à l'avenant.

JEUDI 20 AVRIL.

Rien encore d'important depuis la déclaration de guerre. On a pris aux Russes quelques vaisseaux chargés de salpêtre et de soufre.

La Russie argue d'une prétendue légitimité à la succession de l'empire grec au moyen d'un acte signé au

XVIᵉ siècle par les évèques et papes grecs et même par le patriarche. Donc Constantinople lui appartiendrait par droit de succession.

VENDREDI 21 AVRIL.

Pour bien peindre notre époque, il n'est pas inutile de rapporter l'anecdote suivante.

M. Lionel de Moreton Chabrillan, petit-fils par sa mère du comte de Choiseul, ancien ambassadeur à Constantinople et auteur du *Voyage en Grèce,* après avoir dissipé une belle fortune de la façon la plus déplorable, a épousé une fille qui était sa maîtresse. Cette fille, nommée Céleste Vainard, était connue sous le nom de *Mogador* dans les bals publics et au cirque, où elle a été écuyère.

Lionel de Chabrillant, mauvais sujet ruiné, s'est fait envoyer comme consul français en Autriche. A peine installé, la librairie parisienne nous remet son nom en mémoire ainsi que sa vie crapuleuse. Les deux premiers volumes des mémoires de Mᵐᵉ de Chabrillant (Céleste Vainard) viennent de paraître !

Mogador raconte ses débuts au bordel, dépeint les hommes avec lesquels la m..... l'envoyait pour vingt francs, etc. etc.

La police, sans doute pour faire honneur à notre corps consulaire, laisse paraître ces sales mémoires.

Les réflexions sont inutiles.

SAMEDI 6 MAI.

Odessa a été bombardé, les batteries sont détruites, les poudrières ont sauté, treize bâtiments de guerre incendiés, un nombre à peu près égal de bâtiments de transport chargés de munitions sont pris; les bâtiments français retenus dans le port sont délivrés.

Par décret impérial d'hier la garde impériale est rétablie, le général Regnault de St-Jean d'Angely la commande.

Le monde s'entretient beaucoup depuis dix jours de la disparition de la jeune princesse de Bauffremont (fille d'un ancien banquier nommé Leroux); dix versions circulent sur les causes de la fuite de cette jeune femme qui n'est pas encore retrouvée. On parle de scènes violentes, de coups donnés, etc. Bauffremont est bête comme une canne, sans éducation, vaniteux et insupportable; voilà ce qu'il y a de mieux à en dire.

Le comte Lazareff, russe fort riche, qui a épousé une Byren de Courlande, avait obtenu, malgré l'état de guerre, de continuer à habiter la France. Lazareff a fait tous les métiers, vendu des diamants et prêté à usure. Cet honorable monsieur est laid à ce point qu'aucune description ne peut le faire comprendre.

Le comte Lazareff en restant ici était un peu espion, il ne dérogeait pas; puis il tenait des propos hostiles, des conciliabules avec les légitimistes, entre autres avec le duc de Dino; ses correspondances avec l'extérieur étaient des plus probantes. On lui a envoyé un agent supérieur pour l'engager, s'il voulait rester en France, à plus de retenue. Lazareff a injurié l'agent, a vomi cent sottises contre l'Empereur, etc. Instruit de ces faits, Pietri, le préfet de police, l'a fait arrêter et amener devant lui.

Lazareff a injurié le magistrat, l'Etat, l'Empereur ; alors Pietri l'a fait mettre à Mazas.

On dit ce matin que l'Empereur s'est contenté de le faire conduire à la frontière, au lieu de le déférer aux tribunaux.

JEUDI 18 MAI.

Un certain Couet de Laury, dans deux mémoires envoyés au Sénat, accuse le général Randon, gouverneur de l'Algérie, de vol, d'abus d'autorité, etc. Il demande l'autorisation de le poursuivre.

Couet de Laury n'a pu jusqu'à présent obtenir de réponse.

Mon collègue Longpérier, conservateur des antiques, un des hommes les plus savants que je connaisse et le plus modeste que je sache, se présente à l'Académie des Inscriptions et Belles-lettres. Depuis dix jours ses visites étaient faites, et il est inscrit sur la liste des candidats, d'où on ne peut retirer son nom qu'en renonçant à se présenter jamais, lorsqu'il a plu à M. Fortoul, ministre de l'Instruction, d'entrer aussi dans cette académie; il est donc allé solliciter des voix, même celle de M. Guizot! Mais comme il s'est aperçu de l'avantage que Longpérier gardait sur lui, et qu'en calculant il a su l'impossibilité de l'emporter sur mon ami par des moyens honnêtes, il a eu recours au mensonge : il a dit que Longpérier se retirait, puis que Longpérier se retirerait au moment du vote. Aux orléanistes il a présenté sa candidature comme appuyée par M. Guizot, etc.

Toutes ces manœuvres n'ébranlant point la candidature de Longpérier, le ministre a menacé ceux des académiciens qui, par des places de professeurs, dépendent de son ministère ; il leur a formellement fait dire qu'ils seraient destitués. Aux autres il a envoyé des présents, des livres édités sous les auspices du ministère, etc.

Cela n'a pas suffi. Fould s'en est mêlé ; il a dit à Nieuwerkerke qu'il fallait que Fortoul fût nommé et que Longpérier se retirât, que c'était la volonté de l'Empereur.

Nieuwerkerke a répondu qu'il doutait, d'après ce que l'Empereur lui-même lui avait dit, que telle fût sa volonté, que Longpérier ne pouvait pas se retirer et ne se retirerait pas, et que quand bien même il aurait pu se retirer, le ministre ne serait pas nommé.

Fould a prié Nieuwerkerke de voir Fortoul ce matin, l'affaire en est là.

L'Empereur a envoyé, il y a deux jours, son premier chambellan m'inviter à dîner pour aujourd'hui.

Lundi, l'Empereur est venu au Louvre, où j'étais seul ; j'ai eu l'honneur de l'accompagner pendant deux heures ; il n'avait avec lui qu'Edgar Ney.

En regardant la rue nouvelle de Rivoli, il nous a demandé si nous ne pensions pas que les arcades nuiraient à la beauté de la rue comme aspect. Nous avons répondu affirmativement, alors l'Empereur a dit: « *Ce n'est pas encore fait.* »

Demain j'écrirai les détails de mon dîner d'aujourd'hui, qui va me faire quelques ennemis de plus.

VENDREDI 19 MAI.

L'Empereur et l'Impératrice m'ont reçu à merveille hier. L'Impératrice m'a fait dire de venir causer avec elle, et comme après vingt minutes de conversation je m'étais éloigné en voyant s'approcher le ministre du Brésil, elle m'a dépêché le comte Tascher de la Pagerie, son chambellan, pour m'engager à revenir à notre conversation, qui cette fois a duré près d'une heure.

L'Impératrice m'a remercié de la bague de Louis XVI que je lui avais donnée et j'ai profité de cette occasion pour joindre à la bague le canif saisi par les gardiens du Temple parmi les effets de Louis XVI. L'Impératrice attache un vif intérêt à tout ce qui vient de ce malheureux roi, et surtout à ce qui est un souvenir de la reine. Je lui ai promis de chercher les moindres reliques de Marie-Antoinette. « Ce que je voudrais retrouver », a-t-elle ajouté, « *c'est le portrait d'elle qui a été fait à la Conciergerie.* »

J'adresse à Tascher, pour être remis à l'Impératrice, le dessin fait par Guervelot de la carte d'invitation au bal donné à Versailles pour le mariage de Louis XVI et de Marie-Antoinette.

Après mes deux conversations avec l'Impératrice, j'étais un homme bien posé ; les gens qui me connaissaient à peine venaient causer avec moi. Rothschild y est venu deux fois et il a fait l'aimable, enfin le *servum pecus* a été aussi *servum* que possible et qu'il le sera toujours.

L'Impératrice m'a dit qu'elle comptait beaucoup sur sa mère pour rapprocher mon frère.

VENDREDI 26 MAI.

Rien d'important de la mer Noire ou de la mer Baltique ; du moins rien d'officiel.

J'ai toujours oublié d'inscrire sur mon livre la seule correspondance qu'il y ait jamais eu entre le comte de Laborde et moi, et qui est, dit-on, la cause de la haine qu'il me porte.

Le comte de Laborde était à Londres en qualité de commissaire français pour l'exposition universelle et il m'écrivait pour me remercier d'un très-beau costume que je lui avais prêté pour aller au bal costumé donné par la reine Victoria.

Au lieu de m'écrire des choses intéressantes à propos de l'exposition, ce monsieur s'avise de m'écrire une lettre de balivernes et de légèretés, comme il aurait pu en écrire une à un freluquet du boulevard. Voici sa lettre, qui porte imprimé en tête avec armes d'Angleterre.

VENDREDI 26 MAI.

*Great Exhibition of the works of Industry
of all nations 1851.*

Président
His Royal Highness Prince Albert, etc.

le 14 juillet	office of the executive committée
19 Bury Street.	Exhibition Building
	Kensington road, London.

J'espère bien que vous n'avez pas besoin, mon cher Viel Castel, du costume que vous m'avez prêté avec tant d'obligeance, autrement je vous le renverrai immédiatement. Je serai de retour à Paris dans les premiers jours d'août et je vous remettrai le tout avec mes sincères remerciements.

La vie de Londres, que vous bien connaissez, n'a rien de plus jovial que les années précédentes.

C'est toujours ce courant d'invitations, de déjeuners, de dîners et de soirées, c'est toujours l'ennui poursuivant le plaisir au milieu des dépenses fabuleuses que s'imposent les grandes fortunes pour tenir leur rang. De gaîté peu, de galanterie point et de la morale à contre-cœur. Et n'êtes-vous pas de l'avis de cet Anglais qui disait qu'à Londres la vertu des femmes tenait à l'architecture. On voit de la rue dans les appartements du rez-de-chaussée, et si vous baissez les stores, tout le quartier est révolté. Au premier les portes s'ouvrent sur vous, et les tapis de l'escalier conspirent avec les maris. Ceux-ci au reste ont raison de rendre impossible ce qui serait par trop facile. Je n'ai jamais rencontré, pas même en Allemagne, de femmes aussi faciles à brusquer que dans ce pays; elles n'ont pas de défense; ce n'est pas précisément le tempérament qui les domine, mais une sorte de pamoison qui s'empare d'elles, et la personne la plus étonnée de tant de facilité, après le vainqueur, c'est la victime . . . .

Le reste de la lettre, quelques lignes, contenait des regrets d'avoir abandonné ses travaux au Louvre.

Voici ma réponse :

Le Vicomte de Valmont au Chevalier de Faublas

Mon cher Faublas,

Je me dégage avec peine des bras de la petite présidente pour répondre quelques mots à votre charmante et aimable lettre. Ne me sachez pas gré de ce sacrifice, car je commence à avoir par-dessus les oreilles de la femme du Robin, qui lui, ne conspire pas avec les tapis et donne à sa douce moitié liberté pleine et entière.

Laissez-moi vous gronder un peu, mon cher Faublas, ou de moins laissez-moi m'étonner de vous trouver si changé, si différent de ce que je vous ai connu. Comment, vous, le héros de vingt romans; vous, le faiseur de charades, le vainqueur de la marquise de B***, vous pensez à un tapis, vous songez à un mari ?... mais quel plaisir y aurait-il à vaincre une femme, si les maris étaient aveugles et si les tapis étaient sourds ?! Revenez à vous, secouez le brouillard anglais qui vous refroidit, en un mot, soyez Faublas.

Je conçois tous vos succès ; le *veni, vidi, vici* ne m'étonne pas dans votre bouche.

Que vous soyez las des Anglaises comme vous l'étiez déjà des Allemandes, rien de mieux !... Que vous pensiez que la vertu des femmes dans la perfide Albion tient seulement à l'architecture, je me rends à cette idée archéologique, comme diraient nos messieurs des académies. Mais, mon cher Faublas, vous vous promenez dans les jardins publics, vous suivez les sentiers foulés par tous... pouah! cela sent le bourgeois en diable.

Laissez toutes les ladies et leurs jupes goudronnées, puisque vous séduisez à Londres, attaquez résolument, bravement une de ces bonnes quakeresses, une de ces douces et blondes créatures ensevelies dans des flots d'étoffe brune et de batiste, cachées sous un auvent qu'elles nomment un chapeau.

Faublas, mon cher Faublas, compromettez une quakeresse et j'abdique en votre faveur. Ce sera beau, prodigieux, inconcevable!

Palsambleu! cette victoire vous manque pour vous égaler à moi; j'ai sur vous l'avantage d'une présidente.

Songez-y et ne dormez plus.

Lauzun et Letorière vous disent mille choses.

(4 heures du soir.)

Malgré les intrigues de Fortoul, aidé de De Laborde, Longpérier vient d'être nommé membre de l'Académie des Inscriptions et Belles-lettres. Fortoul a eu dix-sept voix, Longpérier dix-neuf.

Lagrenée, notre ancien ambassadeur en Chine, raconte à qui veut l'entendre, qu'en 1837, Fortoul, dans un dîner rouge, a porté le toast suivant:

« *A la dernière incarnation de Jésus-Christ à Alibaud!* »

Il offre de fournir des témoins oculaires, entre autres Yvan, actuellement député.

Fortoul est aujourd'hui ministre de l'Instruction et des Cultes!

SAMEDI 27 MAI.

La prophétie suivante se trouve dans le livre qui a pour titre:

Quarennii Elucid. terræ Sanctæ,
Antuerp 1639. T. I, f. 265.

« Hoc regnum (Turcicum) et secta penitus destructa et abolita erunt anno Domini 1854 vel 1856. »

LUNDI 29 MAI.

M. Guizot a voté vendredi dernier à l'Académie des Inscriptions et Belles-lettres pour M. Fortoul, et voici la raison qu'il en donne:

« M. Fortoul m'a promis de prendre très-prochainement des mesures favorables aux protestants. Je sais bien, a dit le ministre, quels ennemis je vais me faire dans le clergé catholique, mais n'importe, je suis décidé à favoriser le protestantisme! »

M. Fortoul a tenu à Nieuwerkerke les mêmes propos en lui expliquant pourquoi il comptait sur le vote de M. Guizot.

Nieuwerkerke a été homme de cœur et très-amical dans toute cette affaire, sa bonne nature reprenait le dessus, il s'est laissé aller à son premier mouvement. C'est le meilleur garçon du monde lorsqu'il met son amour-propre à la porte.

Je ne le comprends pas, par exemple, lorsqu'il écrit une longue lettre à notre ambassadeur à Rome, pour appuyer la demande que fait Galoppe d'Onquaire de la croix de Saint-Grégoire.

Galoppe est un sauteur sorti de la boutique du journal *Le Corsaire,* où il avait pour mission celle d'insulteur du prince Napoléon et du régime actuel. Il fait des vaudevilles et des livres religieux ou plutôt de mauvaises poésies prétendues religieuses.

Nieuwerkerke l'a nommé, il y a deux ans, secrétaire de la direction des musées; aujourd'hui, il en est mécontent, il veut s'en débarrasser, et il l'appuie avec chaleur pour lui faire avoir une croix!... J'avoue que je ne le comprends pas.

DIMANCHE 4 JUIN.

L'Empereur a reçu, ces jours derniers, le chancelier de l'Académie française, qui est venu lui présenter les deux derniers immortels nommés: l'évêque d'Orléans et M. de Sacy.

Le chancelier était Salvandy.

L'Empereur les a reçu à merveille avec cérémonial et solennité. Il a exprimé à Salvandy le plaisir qu'il éprouvait à le voir aux Tuileries, à quoi Salvandy a répondu que les opinions politiques ne mettaient aucun obstacle aux devoirs littéraires. L'Empereur a aussi félicité l'Académie d'avoir fait un choix dans les rangs du clergé, qui méritait cette distinction par ses talents et ses lumières; puis il a complimenté également M. de Sacy, dont la polémique dans le *Journal des Débats* a toujours été si pleine d'atticisme. Il a appuyé également sur les travaux de M. de Sacy comme écrivain correct et dont la place était marquée à l'Académie.

« Je vous lis assidûment », a-t-il ajouté, « et je suis « charmé de trouver en vous le continuateur des bons « prosateurs français. »

L'Empereur s'est montré parfaitement aimable pour les trois académiciens.

L'Empereur ira vers le commencement d'août prendre le commandement du camp de cent mille hommes que l'on forme dans les départements du nord.

LUNDI 5 JUIN.

Il se prépare dans le plus grand secret et avec l'approbation du gouvernement une expédition dont le but est de détrôner la reine de Madagascar au profit de son fils Tamatave. Sarda Garriga, ancien gouverneur de Bourbon, est à la tête de cette expédition; les voies ont été en grande partie aplanies par M. Rantonei, banquier fort riche, qui possède de vastes établissements à Bourbon et à Madagascar. Quelques anciens officiers, entre autres MM. de Montferrier et du Planty, et une douzaine de sous-officiers de spahis composeront le personnel de l'expédition. Le prince Tamatave a pour lui une grande partie de la population; ses hommes ont des fusils, mais pas de canons; on lui porte de l'artillerie et de la poudre.

Sarda Garriga part samedi pour terminer les derniers arrangements avec Tamatave et signer les conventions. L'iman de Mascate fournira des approvisionnements. Sarda apporte à Tamatave le portrait d'une jeune personne de bonne famille qu'on veut lui faire épouser. Le projet, d'ailleurs bien conçu et conduit par de hardis aventuriers, m'a été communiqué ce matin. Il s'agit de faire de Madagascar une sorte de colonie française administrée par des agents français sous le nom de Tamatave, fantôme de roi qu'on dorera sur toutes les coutures.

C'est un beau rêve ; se réalisera-t-il ?

DIMANCHE 18 JUIN.

Nous sommes aujourd'hui au 39ᵉ universaire de la bataille de Waterloo ! et nous sommes de nouveau en guerre, mais cette fois nous marchons avec l'Angleterre contre la Russie.

J'ai vu hier un Français qui arrive de Pétersbourg. L'empereur Nicolas a vieilli de plusieurs années en quelques mois. Les Russes sont mécontents et accablés d'impôts ; ils s'attendent à des revers. Le commerce est mort en Russie ; le trésor est comme le tonneau des Danaïdes : la guerre l'a percé de tous côtés et la richesse de la Russie s'écoule à travers les fentes.

Mardi, je dînerai chez le comte de Morny ; peut-être y aura-t-il d'importantes nouvelles soit de la mer Noire soit de la Baltique.

Ici, nous sommes plus préoccupés du mauvais temps que de la guerre; depuis plus d'un mois il pleut tous les jours, les récoltes souffrent et nous sommes menacés d'une année de disette.

M. Fortoul, ministre de l'Instruction publique, fait retomber sur moi tout le poids de sa colère, il cherche les occasions de me la prouver.

L'ancien rouge de 1837, l'admirateur d'Alibaud, l'insulteur de Louis XVI et de Marie-Antoinette dans son ouvrage sur Versailles, joue au *Jupiter* tonnant!... c'est risible!

Jules Lecomte a été reçu à l'unanimité membre de la société des gens de lettres après un rapport louangeur de Léon Gozlan!....

DIMANCHE 2 JUILLET.

Paris est envahi par l'influence cholérique dont j'ai subi une assez forte atteinte.

Hier, la nouvelle est arrivée d'une levée de boucliers d'O'Donnell qui se tenait caché à Madrid. Il est parti pour l'Arragon à la tête de deux régiments de cavalerie qu'il a insurgés.

Depuis longtemps la reine est tombée dans un discrédit complet à Madrid. Toute la population est soulevée contre elle; quand elle se montre au théâtre on la siffle presque.

Si le *pronunciamento* d'O'Donnell réussit, il en peut survenir de graves complications pour la politique européenne et nous aurions à nous préoccuper de l'Espagne et du Portugal, que la Russie ne manquerait pas d'aider dans une voie de révolutions.

Quant à la guerre d'Orient, le siége de Silistrie est levé par les Russes, l'Autriche entre en ligne, le cabinet français paraît compter sur la fermeté de son alliance.

L'Empereur, suivant sa libérale habitude, vient de payer les dettes de M. de Noé, fils de l'ancien pair de France, assez mauvais officier et piètre sujet, qui a fait retentir les tribunaux de ses procès contre sa femme. De Noé est envoyé comme colonel en Turquie pour organiser les Badji Bouzouks. Tout ce que l'Empereur a payé des dettes de son entourage et de quelques officiers est inconcevable.

Avant de nommer Rochefort (gendre de M. Mauguin) général et commandant de l'école de cavalerie de Saumur, il a payé ses dettes. Rochefort, malgré cela, en fera toujours. Seymour (Lord Henri) l'a tiré une fois des mains des recors; d'Oraison, dont il était le lieutenant-colonel, a payé les huissiers qui allaient vendre ses meubles; c'est toujours à recommencer, car Rochefort n'a pas la moindre délicatesse.

Le lieutenant-général Grouchy constata dans une inspection le scandale de sa position financière personnelle. Rochefort, mis en demeure de s'expliquer, remit au général un état de sa fortune, état explicatif qui lui donnait une valeur de *cinq cent mille francs*. Il est inutile de dire que tout cela était de pure invention.

Je tiens le fait de Grouchy, avec lequel j'ai dîné hier et qui m'a dit avoir encore en sa possession cet état fabuleux.

DIMANCHE 2 JUILLET.

Par décret inséré ce matin au *Moniteur*, l'Opéra, comme au temps de la Restauration et sous l'ancienne monarchie, redevient la propriété de la liste civile, qui paie ses dettes. Roqueplan passe à l'état de directeur subventionné, il aura 25,000 francs de traitement ! Le voilà encore une fois à flot, mais 25,000 francs ne lui suffiront pas; Mlle Marquet doit lui coûter à peu de chose près cette somme.

Le conseil choisi pour éclairer le ministre sur les questions d'art qui touchent à l'Opéra est curieusement composé :

Le président du Sénat.

Le président du Conseil d'état.

Le futur président du Corps législatif, etc.

Pauvre Opéra, pauvre liste civile ! Tous ces présidents et ministres d'état sont des coureurs de danseuses, de vieux libertins qui vont régner entre les coulisses avec l'argent de l'Empereur.

Thibaudeau du Vaudeville est en faillite.

On commence à parler de la possibilité du remplacement du ministre des Affaires étrangères, le fameux Drouyn de Lhuis, qui a reçu, il y a huit mois, le grand cordon de la légion d'honneur, pour avoir, dit le *Moniteur*, mené à bonne fin la question d'Orient !!!

Persigny a donné sa démission, il y a quelques jours, il est parti pour la Suisse.

MARDI 11 JUILLET.

L'amiral Napier a écrit au ministre de la Marine que dans l'état actuel de nos armements maritimes, Cronstadt n'était pas prenable.

MARDI 11 JUILLET.

Le ministre en lisant cette dépêche a dit :

« La campagne prochaine je fournirai à l'amiral une « telle flotte de chaloupes canonnières qu'il n'y aura plus « rien d'imprenable. »

Le choléra a éclaté dans notre flotte ; un de nos vaisseaux a perdu onze marins en cinq heures, un autre a eu quarante morts de la petite-vérole.

J'ai passé avant-hier la journée à Breteuil chez la Princesse Mathilde et j'y ai dîné avec son frère, fils du premier mariage de Jérôme.

J'ai visité dans la journée la manufacture de Sèvres où j'ai acquis les meilleures preuves de l'ignorance du ministre Fould en fait d'art.

SAMEDI 15 JUILLET.

Un complot contre la vie de l'Empereur vient d'être découvert. Quarante personnes sont arrêtées, leurs papiers relatifs au complot sont saisis, ainsi que leur correspondance.

Une bien singulière coïncidence que je dois signaler, c'est qu'il y a quelques jours, le prince Jérôme reçut de son fils, le prince Napoléon, une lettre par laquelle au moment où les grandes hostilités vont commencer en Orient, ce futur héros priait son père d'obtenir qu'un bâtiment à vapeur fût mis à sa disposition.

« Si l'Empereur était assassiné », disait-il, « il serait de « la dernière importance que je revienne en toute hâte. »

L'Empereur a répondu : « s'il revient à Paris sans « mon ordre, je l'abandonne et ne le revois jamais. »

SAMEDI 15 JUILLET.

Le prince Napoléon est au plus mal avec le maréchal Saint-Arnaud, qui s'en plaint amèrement. Ce prince est un mauvais homme, sournois, sans bravoure, sans reconnaissance et sans générosité. Il a de l'esprit, mais du mauvais esprit; tripotailleur avec les partis extrêmes; son grand conseiller est Girardin.

Usé par la débauche, il paraît plus vieux que son âge.

Si jamais il arrive à régner (ce dont Dieu nous préserve), la France connaîtra de bien mauvais jours. Il ressemble physiquement à Napoléon 1er moins l'expression. Tout ce qui était grandeur chez l'*Oncle*, est astuce et bas instinct chez le neveu.

Ennemi acharné de Napoléon III, les bons procédés ne l'ont pas désarmé; il les attribue à la crainte qu'il inspire. Les hommes qu'il a auprès de lui sont pris parmi les moins favorables au régime actuel; les gens qu'il reçoit sont encore plus prononcés.

Ses maîtresses, quand elles ne sont pas actrices, sont prises dans des rangs plus bas. La première impression, produite par le prince Napoléon, ne lui est pas favorable et lorsqu'on le connaît mieux, on le méprise profondément.

S'il était brave, on prierait les boulets de nous l'enlever, mais on n'a pas cette ressource.

L'Impératrice devrait mettre au monde un fils âgé de trente ans!

VENDREDI 21 JUILLET.

L'Empereur et l'Impératrice sont partis pour Biarritz. Le dernier mot de l'Impératrice à Nieuwerkerke, lorsqu'elle était déjà en wagon, a été:

« Remerciez bien Viel Castel, il m'a fait grand plaisir. »

Je lui ai fait envoyer, il y a huit jours, le portrait de Marie-Antoinette, dessiné d'après nature en 1791 par Dumon son peintre en miniature. La reine est représentée en pied dans le petit temple du jardin de Trianon, tenant un vase sur lequel est le médaillon de Louis XVI.

L'Espagne est en révolution, elle s'est prononcée contre la reine-mère et les ministres. Espartero est à la tête de tout. La reine Christine par sa rapacité, la reine Isabelle par son immoralité ont amené ce résultat qui peut avoir de bien sérieuses conséquences.

Si les progressistes prennent la direction des affaires, cela peut être fâcheux pour nous, car nos progressistes verront dans ce fait un appui à leurs rêveries. Une conspiration militaire est ce qu'il y a de plus mauvais.

L'Amérique espagnole ne peut, depuis trente ans, sortir des conspirations militaires.

LUNDI 31 JUILLET.

J'arrive de St-Gratien, la campagne achetée par la Princesse Mathilde. C'est joli et bien arrangé. Mon petit appartement y est très confortable.

Hier soir, le ministre d'Etat, le ministre des Affaires étrangères et le ministre de la Marine y sont arrivés pendant un violent orage qui les avait forcés de s'arrêter dans une auberge pour permettre à M. le ministre des Affaires étrangères de se remettre de son émotion en buvant un verre d'eau sucrée qu'il a fait payer au ministre de la Marine, car il est ladre comme un vieux bohème.

Mᵐᵉ Drouyn de Lhuis lui a dit en arrivant, avec un accent de dédain : *« c'est étonnant à quel point vous manquez de fermeté. »*

Tout le monde a tortillé sa figure pour réprimer un fou rire, car le ministre passe pour quasi-impuissant.

Il est question du blocus des ports prussiens par la flotte anglaise !

La situation en Espagne prend une attitude très révolutionnaire.

J'ai dîné samedi à Madrid chez La Guéronnière, nous avons beaucoup causé du prince Napoléon.

Quelques jours avant son départ pour l'Orient, le prince a dîné chez un quart d'agent de change avec tous les journalistes les moins connus de l'opinion la plus avancée et l'un d'eux disait à La Guéronnière : *« Il nous « a révoltés par le cynisme de son ingratitude envers son « cousin. »*

Deux jours après, La Guéronnière dînait au Palais-Royal chez ce même prince, qui lui a dit devant Collet-Maigret, directeur de la sûreté générale :

« Belle guerre que nous allons entreprendre, pas d'ar-
« mée, pas de marine !... la France n'a qu'une manière de
« faire la guerre et l'on ne veut pas me croire... c'est de
« chanter la *Marseillaise !...* »

Ce prince Napoléon est de la pire espèce des hommes ! lâche, cruel, sans scrupule, sans conscience, voluptueux ... c'est un très mauvais homme ; ce serait, comme monarque, un effroyable tyran.

Dieu nous en préserve !

Je connais maintenant la généalogie du général de division, comte de Goyon, qui prend le titre de *prince de*

Mortagne. Ce prince de Mortagne est le fils d'un bourgeois de Nantes qui se nommait Goujon ; il était donc dans son enfance un petit goujon, mais :

> Petit poisson deviendra grand
> Pourvu que Dieu lui prête vie !

Petit Goujon en grandissant a découvert qu'en Bretagne il y avait une famille d'honorables gentilshommes connus sous le nom de Gouïon ; petit Goujon a gratté la queue de son *j* et il est ainsi devenu Gouïon.

Cependant, ce nom de Gouïon ne suffisait pas à son ambition. Les Matignon possédaient, parmi les leurs, celui très illustre de Goyon. Qu'a fait mon ancien Goujon ? Il a abandonné les Gouïon, il a supprimé un jambage à son *u* de goujon, a réuni le second jambage à son *j* pour fabriquer un *y* ; il est ainsi devenu Goyon et il a épousé Orianne de Montesquiou Fezensac, puis enfin arrivé au grade de général de division sans avoir jamais vu le feu, aide de camp de l'Empereur, au moment où la guerre éclate, il a soin de se faire envoyer loin du bruit des canons pour commander sa division de Metz ! Mais il inscrit sur ses cartes le titre de *prince de Mortagne*.

Dites, après cela, que les *goujons* sont sots comme des carpes !

MERCREDI 9 AOUT.

Les nouvelles d'Espagne sont toujours mauvaises. Les généraux se font nommer maréchaux et proscrivent leurs adversaires. Ils ne sont déjà même plus d'accord entre eux, mais les barricadeurs sont une puissance. Les barricadeurs comptent parmi eux sept à huit mille démagogues français, polonais et italiens, car c'est ainsi que se font les révolutions avec un personnel de chevaliers errants du pillage et du désordre.

Le peuple armé ne veut, dit-on, pas laisser sortir la reine Christine sans lui faire payer une forte rançon. Voilà le brave peuple auquel l'*invincible* duc de la Victoire prodigue les titres de héros et de libérateurs des Espagnes.

Mazzini aurait voulu révolutionner aussi l'Italie, mais le coup a manqué.

La reine Christine, après avoir lu la proclamation de sa fille aux Espagnols, l'a souffletée au palais en plein conseil en lui disant : « *Vous dégradez la royauté !* » Il y a malheureusement trop longtemps que la mère et la fille dégradent la royauté en Espagne. La branche des Bourbons de Naples n'a fourni que des p.... aux trônes européens.

Ici, l'Empereur est toujours absent, il tient à prouver à l'Europe qu'après deux ans de règne et même pendant la guerre il peut être absent de sa capitale et gouverner la France du fond de la province la plus reculée.

J'aime sa confiance et sa fierté, mais je lui voudrais d'autres ministres et un autre entourage. Je lui voudrais surtout un autre héritier !

Le prince Napoléon revient, dit-on, de l'Orient; est-il rappelé ou revient-il, je l'ignore, mais ce que je n'ignore pas, c'est la répulsion générale qu'il inspire. En Orient, il rassemblait autour de son quartier général tous les mauvais démagogues, tous les réfugiés, à ce point que le duc de Cambridge refusait de le voir.

Le grand conseiller, le futur ministre du prince Napoléon est Girardin. Le journal *La Presse* est le dépositaire de la pensée du prince et du ministre. Il est inconcevable qu'on laisse ce journal écrire ce qu'il écrit. Capo de Feuillade, ex-transporté, sans moralité, sans conscience, est le second personnage de *La Presse*.

Ce Capo est l'auteur de l'article pour lequel Armand Carrel s'est battu avec Girardin. Après la mort de Carrel, Capo dit adieu au *National* et signa des articles dans *La Presse*.

Ministres et dignitaires actuels ménagent l'avenir et tiennent à ne pas se mettre trop mal avec le prince Napoléon ; voilà pourquoi on tolère *La Presse* et sa polémique hostile.

Drouyn de Lhuis caresse les rédacteurs du *Siècle*. Drouyn trahira l'Empereur le jour où il pourra gagner treize deniers en le trahissant.

Billaut, ministre de l'Intérieur, retrouvera son éloquence démagogique des beaux jours de 1848.

Fortoul, l'admirateur d'Alibaud, est à qui veut l'acheter le plus cher. Le luxe lui est nécessaire, et il dit qu'à aucun prix il ne veut retomber dans une position au-dessous de celle qu'il occupe. Avant d'être ministre, il était comme une sorte d'espion des ministres à la Chambre.

Baroche, que je voulais estimer pour son passage au ministère de l'Intérieur, est une canaille. Cette *Excellence* touche 120,000 francs d'appointements comme président du Conseil et elle a 80,000 francs de rente, ces deux sommes additionnées donnent 200,000 francs par an au bourgeois vaniteux.

Le dit bourgeois *excellentifié* après de profondes réflexions et méditations sur l'inconstance des fortunes humaines et le peu de solidité des empires, surtout en France, a découvert que la position la plus solide depuis cinquante ans a été celle de sénateur ou de pair dont les pensions ont été et sont toujours payées.

Donc avec l'audace d'un portier qui sollicite des étrennes, le Baroche est venu trouver l'Empereur et lui a dit : «Sire, j'ai le plus violent désir d'entrer au Sénat.» L'Empereur lui a répondu : «cela est impossible, mon cher Baroche, à moins que vous n'abandonniez la présidence du Conseil d'Etat.»

Baroche, pâle de terreur, s'est empressé de certifier que cet abandon était loin de sa pensée (lâcher 120,000 francs de traitement). «Alors vous ne pouvez être sénateur», a repris l'Empereur, « les fonctions de conseiller d'état et de sénateur sont incompatibles. Le premier prépare les lois que le second discute et adopte.» Baroche tournait son chapeau entre ses doigts, il l'a bravement tendu sans vergogne, il a pris une voix d'aveugle et une attitude de donneur d'eau bénite.

«Si j'éprouvais le désir d'être sénateur, Sire,» a-t-il chevroté, « ce n'est certes pas pour l'honneur qui m'en reviendrait, et si Votre Majesté me connaissait mieux, elle saurait combien je suis détaché des vanités de ce monde; mais j'ai des enfants qui ne sont pas beaux et qui sont trop grands seigneurs pour être très intelligents. Je suis orné d'une femme difficile à digérer. Donc, pour soutenir ma famille, mon nom et mon rang, je me trouve fort pauvre, les trente mille francs de sénateur m'auraient très bien accomodé !... Sire, un petit sou, s'il vous plait.

L'Empereur a regardé le Baroche de son regard terne et il a laissé tomber dans le chapeau du président du Conseil d'Etat trente mille francs de frais de représentation.

Persigny est, dit-on, appelé à Biarritz; celui-ci est honnête à ce qu'on assure; peut-être demain apprendra-t-on le contraire.

Pietri, le préfet de police, est, je le pense jusqu'à preuves contraires, un homme sur lequel l'Empereur peut compter; mais il n'est pas bien servi par tous ses agents: Ainsi, une chose à laquelle il ne donne pas l'attention qu'elle mérite, est l'envahissement de certains quartiers de Paris par les Allemands des bords du Rhin. Le Marais et le faubourg St-Antoine sont pleins de ces sauvages démagogues, soldats d'émeute prêts au pillage, le souhaitant, et qui ne reculeraient pas devant les massacres.

Ce sont des ouvriers allemands, que connaît Crozatier le fondeur, qui en 1830 et 1848 sont entrés les premiers dans les palais, ont brisé les beaux meubles et les beaux vases pour avoir les bronzes.

Depuis deux mois, il est arrivé dans le Marais et dans le faubourg St-Antoine, un déluge de ces mauvais Allemands à moitié Juifs. La fabrication de l'ébénisterie de luxe est entre leurs mains.

A ces Allemands, il faut joindre les ouvriers tailleurs et cordonniers, presque tous Allemands et démagogues de la pire espèce.

Il serait grandement temps de faire attention à cette population.

J'ai oublié de citer, en parlant de Baroche, une phrase de *Son Excellence* après la révolution de février.

MERCREDI 9 AOUT.

A la suite de nombreuses déclamations, de plus nombreuses flagorneries adressées au peuple des barricades et en rappelant comment il l'invoquait depuis des années contre Louis-Philippe, il a imprimé :

J'ai devancé la justice du peuple.

MARDI 15 AOUT.

Demain, jour de ma naissance, ma cinquante-deuxième année sera révolue, et hier Fould m'a écrit que par décret du 5 de ce mois, l'Empereur me nomme chevalier de la légion d'honneur.

La Princesse Mathilde a mis le ruban à ma boutonnière en disant : « embrassez moi donc ! » Il paraît que j'ai été très gauche en l'embrassant, et que j'avais l'embarras d'un écolier.

Je reçois beaucoup de compliments sur cette faveur et tout le monde veut bien me dire que c'est une justice qui m'est enfin rendue.

Cette croix fait plaisir à ma famille et à mes enfants, alors tant mieux pour eux. Je suis reconnaissant à l'Empereur et à l'Impératrice de s'être souvenus de moi.

La Guéronnière m'a écrit une lettre très amicale et très flatteuse.

Ce qui m'a fait un grand plaisir, c'est la promotion de mon ami Droz, sculpteur distingué et le plus honnête homme du monde.

Nieuwerkerke s'est bien conduit, il m'avait placé en tête de sa liste et s'est très employé d'une façon tout amicale à faire réussir sa demande.

Enfin j'ai la croix, on ne me tourmentera plus pour m'obliger à la solliciter, c'est quelque chose.

SAMEDI 19 AOUT.

Théophile Gautier, écrivain de la bande d'Emile de Girardin, est un des écrivains du *Moniteur* avec Fiorentino et d'autres Bohèmes. Didier l'éditeur a publié, il y quelques mois, un roman de T. Gautier; lequel roman est aussi polisson que ceux de Crébillon, aussi abondant en scènes et en détails obscènes; je viens d'y lire la phrase suivante :

« Depuis St-Joseph personne n'a été cocu de meilleure grâce. »

Celle-ci ou celle-là, ou la jeunesse passionnée. Par Théophile Gautier.

Eug. Didier, éditeur
1853
Bibliothèque de l'Esprit français.

Cette lâche insulte aux croyances du culte chrétien se trouve à la page 54, lignes 6 et 7.

Voilà les littérateurs que paie l'Etat pour rédiger le journal officiel de l'empire; telle est leur moralité.

L'Empereur est bien mal servi par ses ministres qui ne sont pas heureux dans le choix des hommes qu'ils chargent de missions.

Le journal *La Presse* est favorisé d'une tolérance sans nom. Depuis quelques jours on laisse Girardin établir dans d'interminables feuilletons, que l'armée est une lourde charge qu'il faut supprimer et que l'impôt, pour être juste, doit être proportionnel et ne frapper que sur les *riches!*

MARDI 29 AOUT.

L'Empereur est revenu hier à 6 heures du soir de Biarritz où l'Impératrice est restée. L'Empereur ne fera à Paris qu'un très court séjour, il se rend au camp de Boulogne.

Depuis la prise de Bomarsund rien de neuf; les nouvelles mises en circulation sont démenties le lendemain.

Ce qui est certain c'est que la Prusse ne marche pas avec les puissances occidentales.

Baraguay d'Hilliers est fait maréchal.

Si St-Arnaud prend Sébastopol qu'en fera-t-on?

En attendant, sa femme et les Françaises qui ont suivi leurs maris en Orient, s'agitent beaucoup trop à Constantinople.

Mme de St-Arnaud a reçu du Padischa un collier de cent mille francs, ce qui prouve qu'un militaire doit être marié, car sa femme a pour mission de ramasser les fruits qu'il ne pourrait honorablement cueillir.

Les pertes occasionnées par le choléra en Orient sont pour l'armée française d'un dixième de l'effectif à peu près. On disait ces jours derniers que le prince Napoléon était mort du choléra, mais il paraît qu'il a eu seulement une indisposition qui lui a permis d'abandonner momentanément sa division pour se faire soigner à Constantinople!

Ce mauvais Juif de Mirès a fait imprimer pendant trois jours en tête du *Constitutionnel* une lettre dans laquelle Lamartine le traite de: *mon excellent ami!*

Lamartine reçoit le coup de pied de l'âne.

Le duc de Mouchy, le plus *fiérot* de tous les Noailles, est intime avec Mirès.

Auri sacra fames!

Il y a huit jours, l'abbé Coquereau déclamait beaucoup chez la Princesse contre l'extension donnée en France au culte de la Vierge. Il y a du vrai dans ce que disait l'abbé, mais il n'aurait pas dû traiter ce sujet. Il aime à blâmer les évêques parce qu'il ne l'est pas ; l'abbé est un intrigant qui assiége plus les ministères que les asiles de la méditation. Le culte de la Vierge remplace peu à peu le culte des trois personnes de la Trinité, c'est un amolissement du christianisme, c'est un nouveau molinisme que l'esprit inquiet et rêveur du siècle adopte avec empressement. La tendresse du nouveau chrétien a des élans d'amour presque mondains. Comme femme on suppose la Vierge plus facile à l'indulgence, on lui confie ses espérances ou ses peines avec plus de liberté. Le christianisme a d'ailleurs toujours eu une tendance féminine. Le Christ lui-même a en quelque sorte reconnu la force de la faiblesse des femmes. Toutes les fois qu'il s'est trouvé en communication avec elles, il a manifesté pour les juger une charité, une indulgence plus empreintes des affections humaines.

Il accueillait les parfums de Madeleine, il souffrait que ses pieds fussent essuyés par sa chevelure. Mis en présence d'une femme adultère, il ne peut la condamner, il lui dit seulement : *allez et ne péchez plus*. Ce furent les saintes femmes qui mirent le Christ au tombeau, ce fut à elles que l'Ange annonça la résurrection du Maître. Ce fut enfin la Vierge, confiée par le Christ à l'apôtre favori qui depuis la mort du Rédempteur demeura le lien des disciples. Le Saint Esprit descendit sur elle et sur les apôtres et le Christ a enseigné qu'il aimerait ceux qui s'adresseraient à lui par l'intercession de sa mère. Le culte de la Vierge ne m'étonne pas, nous ne sommes plus au temps où le chrétien avait d'austères vertus, ce qui reste aujourd'hui de religion dans les cœurs, est une tendresse inquiète et rêveuse qui cherche le cœur d'une femme pour interpréter près de Dieu son inquiétude et sa rêverie.

VENDREDI 1er SEPTEMBRE.

L'Empereur est parti hier pour le camp de Boulogne.

J'ai passé deux jours à Saint-Gratien chez la Princesse Mathilde.

Excelmans le capitaine de frégate, qui était à la prise de Bomarsund, est venu le vendredi soir voir la Princesse. Je ne saurais dire avec quel dégoût je l'ai entendu parler de notre armée de terre et du général Baraguay d'Hilliers, aujourd'hui maréchal.

C'est une sotte et puérile vanité, un amour propre insensé, qui poussent cet officier d'ailleurs fort nul. Selon lui, la marine a tout fait, le général n'a eu la peine que d'accaparer la gloire des marins. Il m'a avoué qu'il n'avait d'autre but que de décrier le général. Après avoir allongé outre mesure sa narration dénigrante, il a glissé dans l'oreille de la Princesse qu'il avait le temps voulu par les réglements pour être promu au grade de capitaine de vaisseau ! La partie curieuse de sa narration a été la sortie de la garnison de Bomarsund après la reddition de la place.

Les troupes russes défilaient entre deux rangs de soldats français et anglais dont la musique jouait des airs nationaux. Lorsque les Russes ont entendu une gigue écossaise, ils se sont mis à danser comme des ours.

C'est une triste chose que cet esprit de jalousie dont Excelmans donnait la preuve. Officier sans illustration, soutenu seulement par le nom de son père, chargé de la mission de venir apporter une glorieuse nouvelle pour la France, il ne sait que dénigrer l'officier général, élevé par l'Empereur au rang de maréchal.

Le général Espinasse a commis une lourde faute dans la Dobruschka ; il a épuisé sa brigade par des marches forcées et il a perdu 500 hommes en un jour par le choléra. Cette cruelle maladie a décimé notre armée.

Christine a pu sortir d'Espagne. Cette reine a fait bien du mal à son pays. Les Espagnols commencent à avoir assez des barricadeurs et des démocrates, ils ferment les clubs et suppriment les journaux rouges.

Mazzini veut encore une fois agiter l'Italie. En Suisse on a saisi des convois d'armes. Quand en aurons nous fini avec messieurs les réfugiés de tous les pays et avec les ménagements dont on use envers eux ?

En France, après les succès les plus avantageux, le mauvais esprit qui nous anime, esprit d'étroite et stupide opposition, amène toujours une réaction. En ce moment cet esprit est occupé à rabaisser l'importance de la prise de Bomarsund !

Hier je dînais au Café de Paris à côté de Roqueplan, le directeur de l'opéra, et nous causions de la réouverture de ce théâtre. Deux freluquets, deux gamins, MM. de Béhague et Vigier, locataires de loges, sont arrivés, inquiets pour la continuation de leurs entrées sur le théâtre. Roqueplan leur a dit: Le ministre veut qu'on sache que ces entrées ne sont pas de droit, mais qu'elles constituent une faveur, il faut donc les demander.

Béhague et Vigier se sont récriés, ils ne veulent pas des faveurs du gouvernement et ces deux gamins sont partis pour le bal Mabille où ils délibéreront sur cette grave situation.

Béhague et Vigier fils de pères peu bien notés.

Vigier, fils du batard d'un baigneur et de Mlle Frère, fille d'un général de l'empire. Vigier, coureur de filles, cela est vraiment joli.

Ces beaux petits messieurs veulent imiter les boudeurs de 1830; ils espèrent par ce moyen constituer une opposition qui les fera admettre dans les rangs de la vieille aristocratie.

On nomme cette coalition *la fusion !!*

Embrassez vous, MM. Vigier et de Montmorency, la France vous contemple.

MERCREDI 6 SEPTEMBRE.

Il n'est pas inutile de stigmatiser pour l'avenir tous les gredins qui se pavanent aujourd'hui au soleil. J'ai déjà parlé de M. Jules Lecomte, rédacteur de l'*Indépendance*, reçu dernièrement avec un grand éclat et à l'unanimité membre de la société des gens de lettres. J'ai même dit comment le procès verbal de sa réception a été imprimé et envoyé à tous ceux qui doutent de l'honorabilité du dit Jules Lecomte, condamné pour faux en 1847 par la cour d'assise de Rouen. Le procès verbal est signé Léon Goslan, Louis Lurine, etc. etc.

Si Jules Lecomte se montrait modeste dans son infamie, je le passerais sous silence comme tant d'autres, mais il est couvert de croix, de plaques et d'*honneurs*, mais il va partout et je l'ai vu aux Tuileries, donc il est licite de le *redégrader*.

Je dînais hier au Café de Paris à côté de Fatio le banquier, frère de Morel Fatio, conservateur du musée de la marine, et je vais rapporter succintement ce qu'il m'a dit sur Lecomte.

« Le faux pour lequel il a été condamné en 1847 n'est
« pas le seul qu'il ait fabriqué. J'ai de lui entre les mains
« un faux billet de 300 francs, au bas duquel se trouvent
« des signatures de son invention. Il y a dix ou douze
« ans, il m'avait prié de le faire escompter par mon père,
« qui par complaisance pour moi lui en remit les fonds

« sans prendre ni escompte ni intérêts. A l'échéance la
« fausseté des signatures fut reconnue et le billet m'est
« resté avec le volumineux dossier qui le concerne, plus
« une longue correspondance de M. Lecomte qui jusqu'à
« ce jour n'a pas jugé utile de retirer ce faux de mon
« portefeuille. J'ai rencontré Lecomte à la bourse et je
« l'en ai expulsé en le menaçant du commissaire de police.
« Lecomte un moment a voulu se poser vis-à-vis de moi
« en duelliste ; je lui ai ri au nez en lui disant : *allons*
« *donc, Monsieur Lecomte, on ne peut pas se commettre*
« *avec vous.* Pendant quelques mois Jules Lecomte signait
« des articles dans le Journal *Le Siècle ;* vingt fois je l'ai
« reproché à des rédacteurs de ce journal qui évitaient
« de me répondre. Enfin poussé à bout par les accusations
« dont je flétrissais leur collègue, ils m'ont dit : *Lecomte*
« *nous est imposé par la police comme surveillant.* »

La société des gens de lettres l'a admis.

Toutes ces sociétés Taylor se ressemblent ; elles servent à quelques filous qui s'y faufilent et font marchepieds, des sots et des niais qui les composent.

La reine Christine doit à l'heure qu'il est être arrivée en Portugal.

L'Empereur reçoit au camp de Boulogne les rois de Belgique et de Portugal et le prince Albert.

Je regrette l'absence de l'Impératrice, car les mal intentionnés prétendent qu'on doit à son éloignement la faveur de ces visites.

Il parait décidé que Sébastopol sera attaqué ce mois-ci ; l'expédition est partie.

LUNDI 11 SEPTEMBRE.

J'arrive de Saint-Gratien où j'étais allé hier dîner chez la Princesse Mathilde.

L'Empereur se plait au camp de Boulogne. Le roi des Belges avait dès l'année dernière désiré une entrevue avec l'Empereur, c'est la Princesse qui me l'a affirmé comme le tenant de l'Empereur.

Pendant la visite du roi des Belges et du duc de Brabant au camp de Boulogne, le duc de Brabant, profitant d'une sieste à laquelle se livrait son père, est venu trouver l'Empereur, avec qui il a eu une conférence d'une heure. L'Empereur et le prince se sont séparés avec des témoignages de satisfaction réciproques.

On parle d'une restitution aux princes belges de la fortune de leur mère qui se monte à quatorze millions.

En arrivant à Boulogne, l'Empereur a chargé Monsieur Ducos, ministre de la marine, de s'informer s'il existait encore dans cette ville quelques uns des gens qui l'avaient arrêté en 1840 lors de son expédition malheureuse.

Ducos découvrit un matelot qui s'était jeté à la mer pour atteindre le prince qui cherchait à regagner à la nage le bâtiment qui l'avait amené; lequel susdit matelot avait *empoigné* le prétendant par les cheveux ; puis Ducos découvrit encore le gendarme, aujourd'hui douanier, qui sur le rivage avait pris du matelot livraison du prince vaincu et lui avait mis la main sur le collet. Ces deux hommes furent conduits chez Ducos qui leur demanda s'ils étaient bien les hommes qu'on lui avait désignés. Ces deux pauvres diables répondirent non sans hésitation qu'ils étaient les deux arrestateurs du prince et Ducos leur enjoignit de revenir le lendemain à neuf heures du matin. Après une nuit d'anxiétés, les deux gaillards, fort peu gaillards pour le moment, se présentèrent chez le ministre à l'heure précise, qui leur avait été indiquée. Ducos les conduisit chez l'Empereur et le matelot fut le premier admis en sa présence.

L'Empereur tortillait entre ses doigts sa longue moustache, il marcha vivement vers le matelot et lui dit:

« C'est donc toi qui en 1840 est venu me prendre « dans la mer en me saisissant par les cheveux ? »

Le matelot:

« Majesté, . . . je . . . je . . . »

L'Empereur:

« Voyons, est-ce toi, oui ou non ? »

Le matelot (reprenant son assurance):

« Eh bien oui, Majesté ; les autres tiraient, vous pou- « viez être blessé et vous noyer, c'est moi qui me suis « lancé à la mer pour vous sauver . . . c'est moi qui vous « ai sauvé . . . »

L'Empereur et le ministre avaient peine à garder leur sérieux en écoutant cette version singulièrement embellie par ce matelot, d'une arrestation changée en sauvetage.

« C'est bien, mon garçon, » reprit l'Empereur, « voilà « la croix que tu as gagnée en faisant ton devoir, et voici « 500 francs pour te souvenir de moi. »

Au matelot succéda le gendarme devenu douanier, mais son imagination moins inventive que celle du matelot ne lui suggéra point de merveilleuse transformation, il balbutia longtemps, puis prenant bravement son parti, répondit :

« Oui, Sire, c'est moi, vous étiez en contravention, « j'étais de service et je vous ai arrêté. »

L'Empereur :

« Et cette croix que tu portes, d'où te vient elle, qui « te l'a donnée ? »

Le gendarme :

« Sire, c'est le roi Louis Philippe. »

L'Empereur :

« A l'occasion de mon arrestation ? »

Le gendarme :

« Je suis un ancien militaire... j'avais de bons ser-« vices... je... mais c'est vrai, Sire, c'est à l'occasion « de votre arrestation que je l'ai enfin reçue. »

L'Empereur :

« J'en suis fâché parce que je ne peux pas te la donner « puisque tu l'as, mais voici la médaille militaire » (et l'Empereur, détachant celle qu'il portait, la mit sur la poitrine du gendarme) « tu es un brave soldat. »

Le gendarme reçut comme le matelot une somme de cinq cents francs.

A propos des expéditions de l'Empereur comme prétendant, Barot, le frère d'Odillon, racontait qu'après l'insuccès de Strasbourg il avait vu à la Conciergerie le prince qui y avait été déposé et qui ignorait encore de quelle façon on disposerait de lui.

Le prince examinait les gendarmes et après quelques secondes de silence il dit avec le plus grand calme à Ferdinand Barot :

« Quand je serai le maître ici, je changerai telle chose « à l'uniforme de ces gendarmes, et je réviserai leur or-« ganisation. »

L'Empereur ne doutait point, il parlait toujours de l'avenir comme d'une chose certaine.

On se bat maintenant autour de Sebastopol, on attend des nouvelles avec anxiété, la prise de cette ville serait une grande chose !

On affirme d'une manière très positive que l'amiral Napier a reçu de l'amirauté anglaise l'ordre de ne rentrer en Angleterre qu'après avoir accompli quelque fait d'arme plus important que la prise de Bomarsund.

Les immenses préparatifs faits par la France et l'Angleterre, et la susceptibilité de l'opinion publique ne se contenteront pas d'aussi peu de chose.

Le prince Napoléon et le duc de Cambridge, à peu près rétablis, ont rejoint le corps expéditionnaire, lancé contre Sébastopol.

Mme la marquise de Belbœuf et la comtesse de Gouy scandalisent Dieppe par leurs façons. La Princesse prétend qu'elles se grisent, qu'elles cassent des carreaux, dansent le cancan et font enfin un tel tapage qu'elles font honte aux lorettes. La Princesse exagère peut-être, mais cependant il y a du vrai !

LUNDI 18 SEPTEMBRE.

L'Empereur est revenu avant hier à cinq heures du camp de Boulogne. Il part dans deux jours pour aller chercher l'Impératrice à Biarritz.

J'arrive de Saint-Gratien où j'étais depuis Vendredi. La Princesse Mathilde a été très-aimable pour moi, elle m'a fait venir de Londres un très bel écritoire de voyage en cuir de Russie; cet écritoire est garni de tous ses instruments en ivoire.

La Princesse prétend que l'Autriche a saisi les principautés comme un gage, et que la France avant deux mois entrera en Italie et s'en emparera. Elle a donné cette nouvelle au vieux général Armandi qui ne s'en tenait pas de joie.

Je ne me fie pas précisément aux nouvelles données par la Princesse; elle prend facilement ses rêves pour des réalités et comme elle déteste l'Autriche, qu'elle a en horreur la domination papale, les cardinaux et les prêtres, une révolution accomplie par la France lui semble une merveille. Elle dit haut et volontiers qu'autant la guerre d'Orient lui inspire peu de sympathie, autant le révolutionnement de l'Italie et la chute de la Papauté lui causeraient de joie.

La Princesse ne voit pas loin en politique; elle ne peut pardonner à l'Empereur l'alliance anglaise, elle préférerait l'alliance russe; elle trouve mauvais tout ce qui se fait en Angleterre ou vient des Anglais.

Walewski et moi nous nous sommes efforcés, il y a peu de jours, de lui démontrer qu'elle était dans l'erreur; elle ne veut pas le reconnaître et la Desprez l'entretient dans ces idées.

L'intrigant Coquereau est à Saint-Gratien où il fait un peu le Pasquin et lit avec prétention des vers amoureux de Victor Hugo. Coquereau, chanoine de Saint-Denis, aumônier en chef de la flotte, abonde dans le sens de la Princesse sur le compte du pape, des prêtres romains et même de nos évêques français, parce qu'il ne peut accrocher un évêché. La Desprez prend maintenant chez la Princesse un ton de domination et d'importance impayable. Samedi nous jouions la poule au billard avec les deux Bonaparte américains, frères de la Princesse, et que l'on traite maintenant de princes. La Desprez vint au milieu de la partie s'appuyer sur le billard et y étaler une gravure qu'elle montrait à je ne sais qui. Coquereau l'avertit à plusieurs reprises qu'elle empêchait le jeu, elle ne parut pas d'abord entendre l'abbé, puis enfin elle lui dit d'un ton sec et en prenant ses grands airs:

« Vous êtes inconvenant, l'abbé, vos observations sont « de la dernière inconvenance. »

La Desprez est à Saint-Gratien toute la maison de la Princesse: elle y taille, rogne et jabotte en maîtresse. Elle est parvenue à faire loger à Paris dans l'hôtel de la Princesse, Gontran, son fils bâtard, quant à sa bâtarde Margot, elle ne quitte pas la Princesse.

Cette société fait le plus grand tort à la Princesse et Nieuwerkerke n'a pas de plus grands ennemis que la famille Desprez; je m'en suis convaincu en faisant bavarder Gontran. La Desprez aspire à faire renvoyer tout le monde. Sa fille et son fils sont toujours mis avec une recherche extrême de toilette, et quand elle parle de son père, on croirait qu'il est question du connétable de Montmorency.

Pauvre et aveugle Princesse!

MERCREDI 20 SEPTEMBRE.

Pas encore de nouvelles de la Crimée.

Le bourgeois de Paris s'impatiente; il aurait fallu, dit-il, faire ceci, faire cela, et il dresse des plans de campagne, et il se met à la place de la diplomatie qu'il traite de vieille gauache.

Le marchand, dans son *patriotisme*, consentirait volontiers à abandonner Constantinople à la Russie, pourvu que la France pût encore jouir de la paix pendant quelques années jusqu'au moment où sa fortune serait faite.

Chacun ne songe qu'à ses intérêts personnels; le bourgeois de Paris en est encore au 24 février, rien ne l'éclaire, rien ne l'instruit, c'est un enfant indocile qui a besoin d'être fouetté tous les matins.

L'Empereur et l'Impératrice sont à Bordeaux, leur retour est imminent, car le voyage de Compiègne est fixé au mois prochain.

La reine Christine est arrivée en France.

La Guéronnière est nommé conseiller d'état; je l'avais entraîné vers l'Empereur trois mois avant le 2 décembre et j'avais discuté avec lui le manuscrit de son portrait du président. Au 2 décembre je n'avais pas peu contribué à le séparer des opposants. Depuis je l'avais toujours accompagné et je déplore que ce publiciste soit enlevé à la presse gouvernementale que l'on abandonne à Mirès pourvu de Cucheval Clarigny et de Granier de Cassagnac.

Ces deux journalistes sont à qui les paie, et quant à Mirès, mauvais juif enrichi, protégé par tous les tripotailleurs, c'est un petit scélérat qui a passé en cour d'assise pour avoir donné deux coups de couteau à son frère, et qui a été condamné plus tard pour insulte à des magistrats.

Je ne connais rien de plus vil en ce moment que le personnel de la *Presse* et de plus mal dirigé que la presse gouvernementale. On ne sévit pas contre Girardin, on ne réprime pas ses intempérances; il ne fait que saper l'ordre de choses établi, cela n'en vaut pas la peine, mais on interdit de critiquer la nouvelle administration de l'Opéra et on fait insérer *par ordre* des louanges sur Mme Stolz.

Le journal *L'Artiste*, qui ne vit que de la subvention que lui accorde la direction des beaux arts, le journal *L'Artiste,* propriété d'Arsène Houssaye, commissaire du gouvernement auprès du théâtre français, imprimait dans son dernier numéro les phrases suivantes, signées Paul Boiteau, rédacteur du *Moniteur* sous le nom de Paul d'Ambly :

« On pourrait trouver bizarre que les quarante sei« gneurs suzerains de la haute éloquence et de la poésie « noble, jugent également digne d'éloge des livres comme « le *Devoir* de M. Jules Simon où les conquêtes de la ré« volution sont énergiquement glorifiées, et des rapsodies « plus que médiocres comme le Louis XVII de M. de Beau« chesne où de tristes souvenirs et d'inutiles regrets se «trouvent gonflés jusqu'aux prétentions d'un réquisitoire.

. . . .

« M. de Salvandy, laissez les Veuillot, les Nicolardet, les
« Dulac et les Coquille décrotter des bottes ou crotter du
« papier blanc. . . . .

. . . .

« Quand on a l'honneur d'être comme M. de Salvandy, le
« fils d'un prêtre et d'une religieuse. » etc. etc.

Puis, dans un article nécrologique sur M. Ancelot, enterré seulement depuis deux ou trois jours, article nécrologique, signé par le frère de Houssaye.

« Vers ce temps là, M. Ancelot prit un collaborateur
« qui s'appelait Mme Ancelot. Parmi les œuvres de Mon-
« sieur et de Madame, la seule qui soit restée au théâtre
« du monde, est une belle fille qui est devenue une belle
« femme sous le nom de Madame Lachaud. . . . . .

. . . .

« M. Ancelot se retira du monde littéraire, toujours pré-
« occupé de bien dîner et d'avoir de l'esprit, il faisait bien
« la moitié de la chose. . . . .
« De temps en temps on entendait encore parler de M.
« Ancelot dans les catacombes de l'académie. . . . . .
« D'autres laissent des volumes sous prétexte d'œuvres
« complètes, Monsieur Ancelot laisse Madame Ancelot.

« Ainsi soit-il ! »

Pour en finir avec Paul Boiteau ou Paul Dambly nous citerons dans le même numéro son appréciation de la cour de Louis XIV :

« La cour de Louis XIV était un composé de filous.
« Quelle cour ! »

Et, pour donner une juste idée de la rédaction de *L'Artiste,* nous dirons que toujours dans le même numéro on trouve un pompeux éloge de l'abbé de Voisenon. Nous citerons la phrase qui le termine.

« Pleuré par les muses, il mourut avec toute la fermeté
« d'un philosophe chrétien ! »

L'avenir est bien gros d'événements et la plupart des hommes, qui prétendent nous conduire, sont bien misérables.

Nous vivons dans un siècle, où personne n'est certain d'être enterré dans le cimetière de sa ville, où les souvenirs et les tombeaux disparaissent en peu de temps, où la famille n'est qu'un vain mot ; nous vivons dans un temps triste !

VENDREDI 22 SEPTEMBRE.

Hier, la nouvelle suivante a été affichée à la bourse :

« 25,000 Français, 25,000 Anglais et 8,000 Turcs ont
« été débarqués le 14 à Eupatoria sans résistance, et ont
« marché immédiatement sur Sébastopol. Les transports
« sont repartis sur le champ pour Varna afin d'y prendre
« la réserve composée de 14,000 Français.

« de Bourqueney »

Voilà donc enfin les grandes opérations commencées ; nous sommes engagés dans une grave affaire, et le public a la fièvre de l'impatience. Il faut espérer que cette expédition sera mieux conduite et mieux commandée que celle qui a eu pour résultat la prise de Bomarsund. Le maréchal Baragay d'Hilliers et l'amiral Napier sont gravement accusés par tous les officiers de terre ou de marine, qui ont pris part à cette campagne.

Napier, on le reconnaît aujourd'hui, n'est qu'une réputation usurpée, une sorte de charlatan, qui a su imposer en captant l'opinion publique en Angleterre par des roueries de *Figaro*.

Quant au maréchal, c'est un officier brusque, rude, grossier même, tellement imprévoyant qu'à son débarquement il s'est égaré pendant une heure et demie dans un bois avec ses officiers d'état major et six matelots, une patrouille russe de cent hommes, placés en vedette, aurait pu prendre tout ce monde-là.

Le corps expéditionnaire, qu'il commandait, a été à la lettre décimé par le choléra.

Baraguay n'est pas allé une seule fois visiter les ambulances. Enfin il a mécontenté tout le monde. Morel Fatio, qui est arrivé avant-hier de Bomarsund, m'a dit toutes ces choses et bien d'autres que je ne rapporte pas. Baraguay n'a que des jurons à la bouche et il accueille tout le monde par des grossièretés. Il a été très mal pour notre marine; aussi est-il plus qu'en froid avec l'amiral Parceval Deschennes.

Voilà ses titres au maréchalat!

Hier, à huit heures et demie, on a arrêté sur la place de la bourse un monsieur, qui portait écrit en gros caractères sur son chapeau :

Si l'Empereur le savait!

SAMEDI 23 SEPTEMBRE.

Rien de nouveau de la mer Noire; le public est très impatient; il crierait volontiers comme au théâtre: « *la toile... la toile !* »

J'ai acquis ce matin la certitude que l'Empereur est très volé. Nous faisons rendre gorge de quatre à cinq mille francs au fournisseur de bois des musées, qui était parvenu à se faire payer 35 francs la mesure de bois que, par son marché, il s'est engagé à fournir à 31 francs; toute l'administration du ministère d'état lui paie cette mesure 35 francs. Les tailleurs, qui se présentent pour habiller les hommes des musées, sont très étonnés qu'on ne leur réclame pas de pots de vin et ils disent à notre agent: « *mais cela se fait partout !* » ... et ils citent des noms.

Nos troupes, en quittant Bomarsund, ont embarqué des malades. Le maréchal Baraguay d'Hilliers a fait embarquer avec eux des boulets. Les mêmes chaloupes conduisaient aux vaisseaux boulets et malades. Le soldat bien portant, qui transbordait ses camarades cholériques et les susdits boulets, avait trouvé dans sa jovialité une charmante plaisanterie pour reconforter les malades.

« Vois-tu, mon vieux, quel soin le général prend de
« vous autres, tu n'as plus de craintes à avoir, le général
« vous munit de boulets pour que ceux qui passeront par
« dessus le bord, soient certains d'aller au fond de la mer;
« ainsi, camarade, tu ne surnageras pas.... c'est tout de
« même une fameuse consolation !...

MARDI 26 SEPTEMBRE.

Le ministre de la marine attend la confirmation d'une dépêche reçue hier, et d'après laquelle une affaire aurait eu lieu en avant de Sébastopol entre l'avant-garde anglo-française et l'avant-garde russe. Cette dernière a, dit-on, été mise dans une déroute complète.

LUNDI 2 OCTOBRE.

Après une brillante affaire, qui a eu pour résultat la prise d'un camp retranché, défendu par 50,000 Russes en avant de Sébastopol, la ville elle-même, la flotte qui était dans son port, et l'armée russe, chargée de garder cette importante position, se sont rendues.

La nouvelle nous est parvenue hier chez la Princesse Mathilde comme nous allions nous mettre à table.

La puissance russe dans la mer Noire est anéantie. L'armée russe a refusé la liberté de rejoindre les autres corps d'armée, elle a préféré venir en Occident comme prisonnière de guerre.

L'empereur de Russie est démonétisé, tout son prestige s'est évanoui. Cet homme a cru à l'impossibilité pour la France d'entreprendre une grande guerre; il a cru à l'existence d'un puissant parti légitimiste.

Ses ambassadeurs lui avaient persuadé qu'une alliance entre la France et l'Angleterre n'aurait jamais lieu, et que Napoléon III serait renversé le jour où la guerre éclaterait. De là viennent les insolences de Mentchikoff, l'entêtement du Czar, qui a forcé Napoléon à la guerre. Un an s'est écoulé, la France est plus grande et plus respectée qu'elle ne l'a jamais été; l'alliance anglaise est consolidée et la Russie perd cent ans d'intrigues, d'efforts, de machinations; elle perd surtout son prestige. Il n'est plus permis de croire à sa puissance; ses plus redoutables forteresses tombent sans être défendues, ses troupes ne se battent qu'à contre cœur, ses flottes sont ou bloquées ou capturées dans les ports; la Russie était un colosse de carton!

Paris est dans la joie. Hier soir, les théâtres ont été illuminés.

Si l'insolent Mentchikoff est pris, il devrait être remis aux Turcs.

MERCREDI 4 OCTOBRE.

Nous sommes toujours sans nouvelles positivement officielles de la prise de Sébastopol, aussi l'impatience des Parisiens est-elle grande. Les bons bourgeois se livrent à mille conjectures plus absurdes les unes que les autres. Ils ne veulent rien croire jusqu'à ce que le canon des Invalides ait tonné. Les lampions encombrent les boutiques des épiciers, l'enthousiasme a besoin pour éclater du canon des Invalides.

Avant d'arriver à Sébastopol, nos troupes ont une seconde fois battu les Russes, qui s'étaient ralliés. Cette seconde affaire a été aussi sanglante que la première.

MERCREDI 4 OCTOBRE.

Il se répand que le prince Napoléon avec sa division a donné dans une embuscade, d'où il ne s'est tiré qu'en perdant 1400 hommes. Il n'avait pris, dit-on, aucune précaution pour éclairer la marche de sa division.

Londres et les provinces françaises font éclater de la manière la plus vive les transports de leur joie sans attendre, comme les Parisiens, la voix du canon des Invalides.

VENDREDI 6 OCTOBRE.

Sébastopol n'est pas prise, les nouvelles venues par Vienne étaient fausses ; le bourgeois parisien triomphe, il est heureux d'avoir une fois prévu juste. Les légitimistes laissent éclater leur joie, ils vont même plus loin, ils prétendent en se frottant les mains que l'armée anglo-française a été battue.

Voilà, où en 1854 en est le patriotisme !

Cependant les nouvelles véritables officielles sont bonnes ; l'armée alliée s'est emparée de Balaclava, très bon port près de Sébastopol. Nos vaisseaux y trouveront un abri, et l'artillerie de siége pourra y être débarquée facilement.

Le prince Mentchikoff tient la campagne avec 20,000 hommes.

On affirme que les flottes de la Baltique ont reçu l'ordre de rentrer en expédition ; personne ne sait quelle serait leur destination.

VENDREDI 6 OCTOBRE.

Barbès, dont une lettre écrite avec des sentiments très patriotiques avait été communiquée à l'Empereur, vient par son ordre d'être mis en liberté.

Barbès fait des vœux pour le succès de nos armes; les légitimistes fondent leur espoir sur nos revers!!! Ils perdent le sens moral.

Chaix d'Est Ange vient de venir me trouver dans une grande perplexité.

Il a dîné, il y a trois jours, chez la Princesse Mathilde, avec les Bonaparte d'Amérique, fils et petit-fils issus du premier mariage du prince Jérôme, et hier, l'ex-roi de Westphalie l'a fait appeler pour lui demander une consultation sur le fait de savoir si ces enfants-là peuvent être reconnus, en un mot, si le premier mariage avec Mlle Paterson, cassé par un décret impérial, peut être reconnu bon par un décret de Napoléon III.

Chaix s'est prononcé avec la loi pour la négative, mais il a peur en donnant sa consultation, qui doit être remise demain, de déplaire à l'Empereur et peut-être à la Princesse.

Il paraît que l'Empereur veut faire examiner cette question. Il pencherait en faveur des Bonaparte Paterson.

Jérôme et son fils, cela se conçoit, défendront le terrain pied à pied.

MERCREDI 11 OCTOBRE.

Le maréchal Saint-Arnaud est mort des suites de la maladie qui le minait depuis longtemps. Aux souffrances que son énergie seule le mettait en état de supporter, il s'était joint, il y a peu de temps, une attaque de choléra. A la bataille de l'Alma, pendant laquelle il est resté douze heures à cheval, deux cavaliers se tenaient à ses côtés et le soutenaient dans les crises douloureuses, qui revenaient presque à chaque moment.

Le maréchal a fait une belle fin; il est mort en soldat chrétien sans forfanterie, il est mort jeune, à 53 ans, en vue de Sébastopol et en tête d'une armée victorieuse. Depuis plus d'un an, il ne se faisait aucune illusion sur le terme prochain de sa vie. Le maréchal avait eu une existence très agitée, un peu aventurière, mais c'était un homme d'action, de cœur et d'esprit. Ses dernières années font plus que racheter des égarements de jeunesse; il est regretté de tout le monde.

Le général Canrobert lui succède dans le commandement de l'armée.

J'ai reçu quelques détails sur la machine infernale, disposée dans un tunnel du chemin de fer de Boulogne pour broyer le wagon de l'Empereur à son retour du camp.

Cette machine infernale avait été placée dans une cachette pratiquée dans l'épaisseur de la maçonnerie du tunnel et aboutissait au moyen d'un fil de fer à une batterie électrique fort éloignée, dont le choc devait la faire éclater au passage de l'Empereur.

Un employé de chemin de fer, dans une tournée d'inspection, remarqua une place nouvellement maçonnée dans la muraille; il examina attentivement et découvrit la machine.

On dit que douze personnes sont arrêtées, mais on tient l'affaire secrète.

MERCREDI 11 OCTOBRE.

Avant-hier, jour d'orage, il y a eu un assez grand nombre de cas de choléra.

LUNDI 16 OCTOBRE.

Le canon tonne, le corps du maréchal Saint-Arnaud arrive aux Invalides, accompagné par l'armée, les corps constitués etc. Toute la population de Paris est sur pieds. Les administrations publiques sont fermées, les théâtres font relâche.

On espère pour demain des nouvelles de Sébastopol. J'ai passé hier la journée à Saint-Gratien chez la Princesse Mathilde ; on n'y savait rien.

J'ai vu un diplomate saxon, qui arrive de Pétersbourg ; il m'a dit que depuis six mois l'empereur Nicolas avait vieilli de trente ans, ses cheveux sont devenus entièrement blancs, il a des accès de goutte et il est dans une perpétuelle colère contre toutes les personnes, qui l'entourent contre sa femme même et contre ses enfants.

JEUDI 19 OCTOBRE.

Pas de nouvelles de la Crimée, le bombardement de Sébastopol est pourtant commencé.

Par une mesure récente, les filles et femmes entretenues sont exclues des premières loges de l'opéra, où jusqu'à ce jour elles étalaient leurs charmes, leurs diamants et leur impudeur au grand scandale des femmes honnêtes; il y a des gens qui réclament le droit du libre raccrochage !

Je reçois depuis quelques jours de nombreuses visites des amateurs d'art qui viennent admirer dans mon cabinet un fort beau médaillon que m'a donné mon ami le sculpteur Droz.

Ce médaillon, jadis placé dans le cimetière des innocents sur la tombe de Marie Goujon, fille de Jean Goujon, est un des plus remarquables ouvrages de ce grand sculpteur français. Il est exécuté en une sorte de granit gris, très fin et très dur.

Le père de Droz, ancien graveur des monnaies du roi Louis XVI, l'avait acquis en 1793 des ouvriers qui démolissaient le cimetière des Innocents.

Ce médaillon d'une jeune fille de douze ans est modelé avec une grande finesse; il peut rivaliser avec les plus beaux médaillons antiques, et les Italiens du XVIe siècle n'ont jamais rien exécuté de plus parfait. Reiset et Sauvageot en sont dans l'admiration.

Les amateurs, qui ne donnent jamais rien au musée, prétendent que je devrais le donner au Louvre. Je lui ai déjà donné bien des choses à ce Crésus :

Des miniatures du moyen-âge à la collection des dessins ;

des fayences à la collection de fayences ;

des objets étnographiques au musée etnographique, etc. etc.

J'aime à donner, mais j'avoue que je tiens à mon médaillon.

JEUDI 19 OCTOBRE.

J'ai donné à l'Empereur une boite de stratégie de son oncle et un dessin revêtu du sceau de Florence, représentant la pierre tombale d'un Bonaparte enterré à San Miniato et mort en 1421.

A l'Impératrice la bague donnée le 21 janvier 1793 par Louis XVI à l'abbé Edgeworth, la plaque d'un bracelet de la reine Marie Antoinette, le canif enlevé au Temple par la commune de Paris au roi Louis XVI, le dessin original de Marillier pour la carte d'invitation au bal du mariage du roi Louis XVI.

A la Princesse Mathilde j'ai offert tant de petits et précieux objets, qui garnissent ses étagères que je ne saurais les nombrer,

Au duc d'Hamilton une boucle en argent, qui servait aux officiers de l'armée de Montrose à attacher leur *plaid*. Dans le milieu de cette boucle il y a un beau profil frappé en argent du roi Charles Ier; on le croirait dessiné par Van Dyck. La boucle ovale est formée par une guirlande en argent que surmonte la couronne royale d'Angleterre en argent doré.

Je puis tenir à mon médaillon sans être taxé d'avarice.

VENDREDI 20 OCTOBRE.

Rien de nouveau de l'Orient. En Allemagne, l'Autriche se prononce de plus en plus pour la politique de la France et de l'Angleterre et elle doit s'applaudir de sa résolution, qui lui rallie tous les petits Etats allemands et isole la Prusse, dont les tergiversations affaiblissent l'importance.

La Prusse a perdu depuis un an toute l'influence qu'elle avait mis un demi siècle à conquérir; elle ne représente plus les intérêts allemands et le gouvernement prussien par son obstination et sa partialité pour la Russie se fait de jour en jour plus détester par les Prussiens.

En ce moment l'empereur d'Autriche est le véritable empereur d'Allemagne.

Le roi de Prusse se grise tous les soirs et il amasse contre lui bien des haines.

JEUDI 26 OCTOBRE.

La séparation de l'Autriche et de la Prusse paraît chaque jour faire un pas de plus. Les derniers manifestes de ces deux puissances sont empreints d'un ton d'aigreur significatif.

Un rapport du général Canrobert inséré ce matin au *Moniteur* annonce le commencement du bombardement pour le 17 et les nouvelles postérieures de Saint-Pétersbourg avouent qu'il a en effet commencé ce jour là. Les Russes accusent 500 tués dans cette première journée, entre autres l'amiral Korniloff, le héros de Sinope! Cette mort est une sorte de justice divine.

L'affaire de la Cruvelli, enlevée à l'opéra par le jeune Vigier, occupe encore Paris.

Fould a voulu triompher amoureusement de la chanteuse, elle l'a très vigoureusement soufflété et elle est partie emportant des lettres à elle adressées et fort compromettantes pour le ministre d'état.

Les journaux ont reçu l'injonction de ne point parler de toute cette affaire.

Il est curieux de voir en 1854 un mauvais juif banqueroutier tenter la résurrection des mœurs de la régence.

La Carlotta Grisi, la danseuse, est actuellement la maîtresse de l'empereur Nicolas.

Je dîne ce soir chez la Princesse Mathilde, de retour à Paris depuis trois ou quatre jours.

Peut-être y aura-t-il quelques nouvelles nouvelles.

Comme distraction je m'occupe depuis quelques mois de collectionner les gravures, qui à partir du règne de Henri IV peuvent servir à l'histoire des mœurs, des costumes et des événements politiques. J'ai déjà réuni huit cents pièces à peu près, parmi lesquelles il y en a de curieuses.

Je possède aussi quelques dessins originaux, classés dans la même collection. Un des plus précieux est celui de l'arrestation de Louis XVI à Varennes. Ce dessin est contemporain ; l'artiste inconnu a écrit sur la marge une chanson révolutionnaire composée pour la circonstance. La vue de Varennes est exacte.

Mes enfants tiennent beaucoup à cette collection dont ils suivent avec plaisir le développement. J'ai fait ou commencé dans ma vie bien des collections que l'état de ma fortune ne m'a pas permis de garder ! Cette collection et moi serons-nous plus heureux ?

J'ai abandonné à mes enfants et à leur mère une masse de curiosités, laques de Chine et du Japon, porcelaines, tableaux miniatures, dessins, ivoires, bronzes, etc.

JEUDI 26 OCTOBRE.

Cette collection orne leur appartement et je vois avec joie qu'ils la conserveront religieusement. Chaque fois que je me suis trouvé en argent, j'ai acquis des choses curieuses ; j'ai fait beaucoup de cadeaux outre ce que j'ai conservé et ce que possèdent mes enfants. Souvent j'ai mal vécu, mal dîné et me suis mal vêtu pour subvenir à ma passion, je ne m'en repens pas et j'agirai toujours ainsi. Mes enfants ne sauront jamais ce que m'a coûté ce qui orne leur demeure et ce qui les charme. Ils devraient le conserver par respect seulement pour la mémoire de leur père.
Mes gravures m'occupent chaque jour une heure ; je sors après mon déjeuner et je vais fouiller tous les vieux portefeuilles des marchands du quai.

Lorsque ma moisson est bonne, je suis heureux pendant toute la journée.

Aujourd'hui j'ai pu me procurer des lambeaux de tentures en papier des chambres de Louis XVI, de Marie Antoinette et de Mme Elisabeth à la Tour du Temple.

Je vais faire encadrer ces pauvres reliques.

VENDREDI 27 OCTOBRE.

La Princesse Mathilde revenait hier du château de Saint-Cloud, où il était question comme partout de la guerre de Crimée.

Voici ce que la Princesse en a rapporté :

Après la victoire de l'Alma le général Canrobert voulait que sans s'arrêter on se précipitât à la suite de l'armée russe sur la ville de Sebastopol ; selon ce général, la démoralisation de l'armée vaincue aurait livré presque sans coup férir cette place importante. Lord Raglan s'opposa à l'avis du général français, et c'est à cette opposition que nous devons le siége actuel et les lenteurs qu'il entraîne.

JEUDI 2 NOVEMBRE.

Pas de nouvelles de Sébastopol, aussi fait-on courir les bruits les plus contradictoires. Les légitimistes ornent de lauriers le front de Mentschikoff ; voilà comme nous sommes bons Français en l'année 1854.

Le choléra a fait d'affreux ravages dans notre armée. J'ai vu une lettre d'un officier, datée de la Crimée, qui accuse un chiffre énorme.

« J'ai perdu, dit-il, quinze de mes amis parmi les « officiers embarqués avec moi. »

Une nouvelle affaire, qui peut prendre des proportions graves, est celle de Soulé, le ministre des Etats Unis près la cour d'Espagne.

Ce monsieur, ancien journaliste français, condamné sous le gouvernement de la Restauration, pour ses articles révolutionnaires, se réfugia alors aux Etats Unis, où il acquit la nationalité. Monsieur Soulé devint un ardent démagogue et se fit remarquer parmi les citoyens américains qui professent la maxime du vol politique. Il figura parmi les promoteurs les plus ardents de l'annexion de l'île de Cuba à la république américaine. Le gouvernement du président Pierce ne pouvait négliger un tel homme. Il fut donc choisi, avec autant de convenance que de raison, pour représenter l'Amérique auprès du royaume qu'il s'agissait de dépouiller de sa plus belle colonie.

J'ai déjà dit comment le dit Soulé s'est conduit à Madrid, son duel avec notre ambassadeur, etc. etc.; mais ce dont je n'ai pas encore parlé, c'est de la suite de toute son affaire.

Soulé s'est mis en relation à Madrid avec les agitateurs de tous les pays; il s'est fait leur appui, leur conseil, leur chef: avec eux il a trempé dans les complots révolutionnaires de ces derniers temps; avec eux il a préparé les mouvements insurrectionnels dont l'Espagne est encore agitée.

Soulé est aussi venu en France pour visiter, disait-il, sa famille qui habite, à ce que l'on m'assure, le midi. Là il s'est répandu en propos injurieux contre la personne de l'Empereur, et il s'est livré à une ardente propagande socialiste. Depuis lors il est retourné à Madrid, et de Madrid il est venu en Angleterre, toujours agent du socialisme.

Le gouvernement français surveillait M. Soulé; il savait ses intrigues, ses propos, ses espérances à peine dissimulées. Ordre avait été donné de refuser l'entrée de la France à l'agitateur, et cet ordre a été exécuté, il y a peu de jours, à Boulogne, lorsque M. Soulé a voulu y débarquer. Soulé a crié, a réclamé, a fait sonner bien haut son titre de citoyen américain; tout a été inutile; avec les plus grands égards on l'a prié de se rembarquer, et il est revenu en Angleterre où il tempête et menace.

Les ambassadeurs américains à Londres et à Paris ont pris fait et cause pour l'expulsé; ils en ont écrit à leur gouvernement. En un mot, l'Amérique profiterait avec joie des embarras de l'Europe et les augmenterait même dans l'espoir de s'adjuger plus facilement Cuba, les îles Sandwich et Saint-Domingue.

Qu'une rupture avec l'Amérique sorte de la sotte affaire de Soulé ou de toute autre, tôt ou tard l'Angleterre et la France seront dans l'obligation de refréner l'ambition sans borne de ce pays. L'insolence américaine dépasse toutes limites; les citoyens des Etats Unis sont des aventuriers hardis, entreprenants, dangereux, sans foi, ils font peu de compte des traités, se regardent comme les régénérateurs du monde, et voient dans un avenir peu éloigné la vieille Europe soumise aux ordres de leur sénat.

Après l'affaire d'Orient, la plus grosse affaire de la seconde moitié du XIXe siècle sera, je n'en doute pas, une affaire américaine pour la conclusion de laquelle l'entente de l'Angleterre et de la France aura d'heureux résultats. Les Etats Unis n'ont pas encore cent ans d'existence et ils sont déjà un danger sérieux. Louis XVI a fait une grande faute en favorisant leur émancipation. La Fayette, produit de la guerre américaine, la lui a fait payer, et la France a subi soixante ans cet homme, qui apparaissait à toutes les révolutions, vieux reste de la grande tourmente de 89, pour abriter sous son habit de garde national les émeutes, qui lui arrachaient des larmes d'attendrissement.

VENDREDI 3 NOVEMBRE.

On disait hier soir chez la Princesse Mathilde qu'il était arrivé une dépêche très bonne, en un mot, que l'Empereur avait reçu d'excellentes nouvelles, mais qu'il ne voulait les faire connaître qu'après leur confirmation *très officielle*.

A la suite de la réception de ces nouvelles l'Empereur a de nouveau donné l'ordre pour que tout soit prêt lorsqu'il dira de chanter un *Te Deum* d'actions de grâces.

La Princesse Mathilde était venue à trois heures dans mon cabinet et elle avait fort admiré mon médaillon de Marie Goujon.

LUNDI 13 NOVEMBRE.

Un bulletin du général Canrobert, daté du 6 devant Sébastopol et inséré ce matin au *Moniteur*, annonce une victoire importante des armées alliées sur l'armée russe venue au secours de Sébastopol.

Cette armée, formée des renforts venus du midi de la Russie et des bords du Danube, ainsi que du corps d'armée de Mentchikoff, était animée par la présence des grands-ducs Michel et Nicolas ; la lutte a duré toute la journée et les Russes ont enfin été obligés de battre en retraite avec une perte de 9000 hommes. Pendant cette bataille la garnison tentait une sortie, qui lui a coûté mille hommes, et elle a été refoulée. Le siége marche régulièrement.

Hier, après dîner, chez la Princesse Mathilde la conversation nous a amenés à parler de Mme Sand. Il y avait là, outre le personnel ordinaire, Butenval et Reiset.

Depuis quelque temps la Princesse, qui est bien la personne la plus faible que je connaisse, est tout à fait subjuguée par Mme Desprez dont j'ai eu plus d'une fois l'occasion de déplorer la présence chez elle. Eugène et Charles Giraud, les deux peintres, sont ses séïdes. Tous, la Desprez froissée par la société, qui ne l'a traitée jadis que comme une femme galante, les Giraud, froissés comme tous bourgeois non pas d'avoir des gens gens au-dessous d'eux, mais d'avoir des supériorités, en veulent beaucoup à la société et soufflent à la Princesse les grands mots d'égalité, et tout le vocabulaire des prétendus réformateurs. Cette pauvre Princesse ne marche plus qu'accompagnée de la Desprez et de sa fille, la Desprez est seule de service auprès d'elle, les autres dames sont tenues à distance.

Donc hier soir on parlait de Mme Sand et de son admirable talent; les Giraud et la Desprez ne tarissaient point, et la Princesse, encouragée par sa meute, dit même que les livres de Mme Sand étaient moraux.

Alors nous fîmes explosion, His de Butenval, Nieuwerkerke et moi. Une fois lancé, je mis résolument les deux pieds dans le plat, je dis tout ce que je pense de Mme Sand et que je répète ici.

Mme Sand est un écrivain très remarquable; elle écrit mieux que personne, mais son talent est employé à faire prévaloir les plus mauvaises causes par les raisonnements les plus absurdes. Elle se consacre à la glorification des voleurs et des vicieux ; elle adore les maçons et les menuisiers, qui l'emportent dans le cœur des duchesses sur les gens bien élevés. Le menuisier, le maçon et le paysan sont les seuls êtres adorables. Il faut absolument sortir de la chaumière ou de la mansarde pour valoir quelque chose. C'est perpétuellement la même chanson : *guerre aux châteaux, paix aux chaumières.*

Il fallait voir, je veux dire il fallait entendre Giraud, encouragé par la Desprez, vantant les œuvres de Mme Sand, louant leur portée, constatant avec bonheur leur influence et disant pour grand argument : « *mais ce qu'écrit Mme Sand se passe dans le monde ! Le monde fait tout ce que vous reprochez à Mme Sand d'imprimer, revêtu de son style magnifique !*

Et, mon Dieu, le monde b..... chaque jour ; chaque jour les bordels ont des visiteurs et même, prenant le monde dans sa vie commune, chaque jour il y a des mariages, des époux ensemble, faut-il raconter ce qu'ils font ?

La Princesse appuyait, son Giraud louait Mme Sand et faisait intervenir son grand argument, *j'aime Mme Sand parce qu'elle m'amuse.*

J'ai dit alors à Butenval : nous sommes ici dans les beaux salons de 1787, nous fêtons les philosophes qui cachent dans leurs poches les jolis bourreaux, qui nous couperont la tête. Hélas, cela est vrai, chez la Princesse, passée à l'état de dame de compagnie de Mme Desprez, les gens fêtés et accueillis sont tous des philosophes du genre Sand et des gens que, comme Altesse Impériale, la Princesse ne devrait pas avoir dans son intimité.

Giraud se démenait, alors j'ai lancé cette petite phrase.

Vous lisez les mémoires de Mme Sand, Giraud, que dites-vous des trois derniers feuilletons, qui apprennent au public une chose qu'il ignorait, à savoir, que la mère de Mme Sand était, lorsque M. Dupin son père l'a épousée, une femme entretenue par un général de l'armée d'Italie.

Giraud : « Je n'ai pas vu cela. »

« Alors vous lisez, je ne sais comment. »

LUNDI 20 NOVEMBRE.

Rien de nouveau de l'Orient, l'inquiétude est extrême et cette malheureuse ville de Sébastopol tient tout en suspens. Les Russes, il faut leur rendre cette justice, se défendent vaillamment.

Hier j'ai dîné chez la Princesse Mathilde, il n'y avait personne. Nieuwerkerke est parti pour le département de l'Aisne où il a conduit le corps de sa mère morte le 16 novembre dernier. Elle a été enterrée dans le parc de sa terre de Villiers, elle y avait depuis longtemps fait ériger un tombeau.

Mme de Nieuwerkerke était ma cousine pas bien éloignée, fille du marquis de Vassan ; nous avions par les du Saillant une arrière-grand'mère commune.

Après le dîner, Chaix d'Est-Ange est arrivé chez la Princesse; nous avons causé à trois des affaires présentes et surtout des abus de pouvoir de M. Fould, à propos de

Legouvé qui perd son procès contre la Comédie française au moyen d'un conflit élevé par le dit Fould pour complaire à Rachel. A propos encore de M. de Bellox, dont une comédie reçue par le théâtre, acceptée par le comité de censure est interdite par M. Fould.

Puis nous sommes arrivés à parler des voleurs qui forment la maison de l'Empereur.

1° de Fleury, premier écuyer, qui vole avec cette audace Icarienne qu'il a voulu faire payer à la Princesse Mathilde quatre chevaux de poste que l'Empereur lui envoyait en échange d'un beau cheval arabe.

2° du général Rollin qui dans les voyages de Fontainebleau et de Compiègne reprend aux gens du château les pourboires que donnent les visiteurs et qui pousse l'audace jusqu'à se faire remettre les gratifications que la Princesse distribue aux huissiers et valets de pied attachés à son service. Rollin a une police qui l'informe de toutes les gratifications reçues; ainsi au jour de l'an dernier, la Princesse avait fait venir chez elle un huissier du château et lui avait donné cinq cents francs. Le général Rollin l'a su et se les est fait remettre!

Je tiens ces détails de la Princesse, ce que je puis dire, moi, c'est que tous les fournisseurs parlent *hautement* des remises qu'ils font aux officiers de l'Empereur.

La Princesse m'a aussi raconté qu'à l'époque du mariage de l'Empereur, Madame Fould, chargée de faire la corbeille, s'était fait remettre des présents par tous les fournisseurs et que non contente de bénéficier ainsi sur l'achat de cette corbeille, elle avait enflé les totaux des mémoires.

La Princesse citait à l'appui de cette assertion le fait suivant :

Une marchande de dentelles était venue prier la Princesse de faire agréer pour la corbeille de l'Impératrice une robe de dentelles qu'elle offrait au prix de 23,000 francs. La Princesse répondit à la solliciteuse qu'elle ne se mêlait point du choix ni de l'acquisition des objets destinés à la corbeille de l'Impératrice, et elle lui conseilla d'aller trouver Madame Fould. La robe fut achetée, mais en passant par les mains de Madame Fould, son prix s'est augmenté de onze mille francs !!

Baroche fait l'interim des finances pendant l'absence de Bineau qui va en Italie soigner une grave maladie du larynx.

Baroche est entré dans le tripot des accapareurs d'affaires. Morny et Fould avaient besoin de lui aux finances pour tripotailler, cela va bien aller.

L'Empereur ne veut pas savoir qu'on le vole, pour ne pas se trouver dans l'obligation de sévir, mais le public le sait, et toutes ces saletés font le plus mauvais effet.

MERCREDI 22 NOVEMBRE.

On tirera aujourd'hui le canon des invalides pour la victoire de nos armées le 5 à Inkerman. Une autre bataille a été dit-on livrée le 13. Le général de Lourmel, aide de camp de l'Empereur et officier d'une grande distinction a été tué. Le duc de Cambridge et le général Canrobert légèrement blessés. Le prince Napoléon s'est déclaré souffrant, il est parti pour Constantinople !

Le neveu de la Princesse Mathilde lui mande du champ de bataille que cette retraite du Prince Napoléon fait le plus déplorable effet dans l'armée. En France elle n'est pas mieux accueillie.

La guerre devient très rude, elle prend des proportions colossales. Chaque jour de nouveaux renforts partent pour la Crimée. Les Philippistes et les légitimistes font des vœux pour les Russes; pas tous cependant, mais les partisans des Russes ne sont que trop nombreux.

Les deuils causés, tant en France qu'en Angleterre, par les chances de la guerre attristent beaucoup la société. Cela est triste, mais la grandeur même de cette lutte relève un peu le moral des deux nations.

Les zouaves se conduisent comme des héros, et toute notre armée en général est magnifique sur le champ de bataille. Les vieilles culottes de peau du premier Empire sont désorientées, elles ne peuvent plus ressasser leur propos favori: Que l'Algérie ne formait ni officiers ni soldats, et qu'une grande guerre survenant, tous ces héros d'Afrique seraient de piètres sires en présence d'un soldat russe ou allemand. L'Empire doit bien souffrir de ne voir aucun prince de sa famille à l'armée. Pierre Bonaparte s'était à peu près déshonoré en Afrique au siège de Zatcha. Le prince Napoléon quitte l'armée au moment de l'assaut. Le jeune Murat, officier, ne sollicite pas l'honneur de partir pour la Crimée, et les autres Bonaparte se contentent de toucher obscurément leurs traitements de sénateurs. Le petit fils de Madame Patterson paie seul de sa personne.

DIMANCHE 26 NOVEMBRE.

Demain lundi, l'Empereur passera la revue de sa garde aux Champs Elysées et aux Tuileries. Lord Palmerston y assistera.

Cet homme d'Etat est, dit-on, venu à Paris pour s'entendre avec l'Empereur sur un emprunt que les gouvernements anglais et français contracteraient conjointement.

Il doit traiter aussi la question des subsides que le gouvernement anglais devra fournir à la France pour entretenir en Orient une armée plus considérable

La guerre sera acharnée de part et d'autre. Les Russes se conduisent comme de vrais sauvages; les officiers font massacrer les blessés sur le champ de bataille. Un major russe convaincu d'avoir donné de pareils ordres va, dit-on, passer devant un conseil de guerre, car il a été fait prisonnier. Les généraux Canrobert et Raglan doivent demander des explications à Mentchikoff au sujet de ces atrocités.

Le prince Napoléon devait revenir en France par le bateau du 4 décembre, mais on lui a expédié l'ordre de retourner en Crimée.

La Princesse Mathilde a fait nommer Conseiller de Préfecture en province un monsieur qu'elle ne connaît pas, parce qu'il est frère de la femme, qui a élevé deux des princesses russes. Elle voulait d'abord lui faire donner par Germiny un emploi de finances, mais Germiny s'en est excusé en répondant que ce monsieur, ancien comptable, avait été révoqué pour avoir été trouvé deux fois en déficit. La Princesse a crié à la calomnie, Germiny a fourni la preuve de ses allégations. La Princesse prétend que cela ne signifie rien, et elle est furieuse contre Germiny.

Un homme, dont la sœur a élevé les princesses russes, oser s'attaquer à lui !

La Princesse s'engoue de gens qu'elle ne connaît pas ; les intrigants ont beau jeu avec elle, mais pour ses vrais amis elle est moins ardente.

Ce soir je dîne chez elle, je vais me retrouver vis-à-vis de la Desprez, qui me déteste et cherche à m'évincer. Cette femme est le mauvais génie de la Princesse ; elle trône rue de Courcelles, a le verbe haut, et se permet de donner des leçons à la pauvre Altesse Impériale, qui paie, en recevant des insolences, la faute qu'elle a commise de se livrer à cette femme.

Le salon de la rue de Courcelles est vraiment déplorable !

LUNDI 27 NOVEMBRE.

Une de nos corvettes de guerre et notre beau vaisseau le Henri IV se sont perdus dans la mer Noire. Ils ont fait côte ; les équipages sont sauvés.

Rien de nouveau du reste.

MARDI 28 NOVEMBRE.

Il paraît avéré que le prince Napoléon, malgré l'ordre qu'il en avait reçu, n'a pas conduit sa division au secours de l'armée anglaise à la bataille d'Inkerman. Il a laissé écraser l'armée anglaise sans lui porter l'assistance qu'elle devait attendre de lui.

C'est à la suite de cette conduite inqualifiable que le général Canrobert lui a dit :

« Une seule chose peut expliquer votre conduite, « prince, vous étiez malade, allez vous rétablir à Con- « stantinople. »

Le Jean f.... peut être prince, mais certes il n'est pas français.

MARDI 5 DÉCEMBRE.

Le traité d'alliance offensive et défensive est signé par l'Autriche, mais il n'aura d'effet que dans trois mois.

Chez la Princesse Mathilde on disait hier soir qu'il était arrivé d'importantes dépêches qui assuraient du désir de l'empereur Nicolas de faire la paix, son honneur pouvant être sauvegardé. Ses troupes ont été battues, c'est vrai, mais nous n'avons pas pris Sébastopol.

Il me semble difficile de traiter avant d'avoir pris la Crimée ; cette province importante doit être soustraite au joug de la Russie, sans cela il n'y a rien de fait pour assurer le repos de l'Europe et l'indépendance de la Turquie.

J'ai eu hier entre les mains une lettre confidentielle du général Forey, commandant les troupes du siége. Il se plaint de la lenteur des Anglais et de ce qu'après avoir choisi l'attaque la moins rude, ils ne poussent pas vivement devant eux, mais se contentent de canoner à grande distance. Leur armée est d'ailleurs réduite, soit par les maladies, soit par le feu, à dix mille hommes.

Lorsque l'armée anglo-française aura reçu tous les renforts qu'elle attend avant de donner l'assaut, on marchera sur l'armée russe, forte de quatre vingt mille hommes, qui tient la campagne, et on lui livrera bataille.

JEUDI 7 DÉCEMBRE.

Les Anglais ont pris une redoute devant Sébastopol.

La promotion des sénateurs, qui vient d'être faite, peut être baptisée du titre de *promotion des bâtards*.

Poniatowski, ministre plénipotentiaire du grand-duc de Toscane, il y a quatre mois, est né de la femme d'un valet de chambre d'un vieux prince Poniatowski, du vivant du valet de chambre, ce qui ne l'a pas empêché d'être reconnu par le prince. C'est donc un bâtard adultérin.

Le comte Jules de Grossoles de Flamarens de Courtoisie; voici l'histoire.

Mon beau-père, le marquis du Saillant, avait épousé en premières noces Mademoiselle de Flamarens, fille du dernier Flamarens qui eût des enfants.

Mon beau-père émigra avec son beau-frère, qui fut tué dans les premières affaires, alors les vieux Flamarens, pour ressuciter leur nom, songèrent à un bon gros et grand garçon, qui devait le jour aux amours d'un abbé de Flamarens et d'une Mlle de Surliger. Ce gros garçon avait été envoyé en Piémont, où il servait dans les gardes du roi.

L'évêque de Bergame lui donna une lettre pour mon beau-père, qui le vit entrer un matin chez lui en braillant de sa grosse voix : *bonjour, cousin !*

Les vieux Flamarens reconnaissant donc comme leur héritier le fils naturel de l'abbé, l'évêque de Bergame le maria pendant l'émigration à Mlle de Caraman et mon beau-père trouva ce ménage établi à Munster lorsqu'il y fut envoyé comme Préfet par l'Empereur. Le ménage avait trois enfants dont l'illustre sénateur actuel. Le marquis du Saillant accueillit avec amitié cette couvée de Flamarens presque dans la misère, il leur ouvrit les portes de sa maison et les traita en parents.

En 1815 les Flamarens rentrèrent et retrouvèrent l'héritage des vieux Flamarens qui leur fit une belle fortune. Alors le fils de l'abbé devint député ventru, on le considéra comme un vrai Flamarens, mais il resta bon homme et fort reconnaissant de la façon dont mon beau-père avait été pour lui. Je l'ai vu jusqu'à sa mort et je l'ai toujours trouvé rempli d'attentions pour moi.

Le comte Jules de Flamarens, sénateur, est un ex-beau frisé comme un caniche, bête comme deux oies, ancien amant de Madame de la Chataigneraie, et aujourd'hui souteneur entreteneur d'une petite et jolie Madame de Varieu.

JEUDI 7 DÉCEMBRE.

Le comte Jules à 30,000 livres de rentes c'était peu pour entretenir Madame de Varieu, on lui donna la sénatorerie qui vaut 30,000 francs pour aider au luxe de son intéressante concubine.

Mon collègue Rougé est nommé conseiller au Conseil d'Etat où il entre pour traiter les affaires contentieuses des Pharaons. Mme de Rougé s'applaudit de cette nomination, c'est à elle que tout l'honneur en revient!!!

MARDI 12 DÉCEMBRE.

Nous sommes au 12 décembre et rien de nouveau sous les murs de Sébastopol; la mauvaise saison a commencé, la pluie est arrivée, mais le moral de l'armée est bon, dit Canrobert dans son rapport publié ce matin, daté du 3.

Le traité signé avec l'Autriche n'est pas encore livré à la publicité, mais tout indique que l'Allemagne entière va se joindre à nous. L'état du duc de Cambridge ne s'améliore pas, sa raison est tout-à-fait troublée.

VENDREDI 22 DÉCEMBRE.

La guerre continue sans rien de décisif; le traité avec l'Autriche a été signé, mais je ne sais encore quels résultats il aura, et quelle sera la participation de l'Autriche.

Quant à la Prusse, elle flotte et paraît très difficile à décider.

On parle d'un nouvel emprunt.

Je dîne dimanche chez l'Empereur.

MERCREDI 27 DÉCEMBRE.

J'ai dîné dimanche chez l'Empereur, qui, ainsi que l'Impératrice, a été fort gracieux pour moi.

L'Impératrice tient à son idée de me donner des étrennes.

La Princesse Mathilde m'a donné un petit écrin en velours contenant trois boutons de chemise en corail rose; chaque boule est surmontée d'une abeille en or émaillé, dont les ailes sont composées de petits diamants.

L'Empereur a prononcé hier un beau discours d'ouverture de la session législative. Il demande une levée de 140,000 hommes et l'autorisation d'un nouvel emprunt national; d'ailleurs le budget est en équilibre; l'emprunt fera seul face aux dépenses de la guerre. Le discours a été parfaitement accueilli par le sénat et le corps législatif. La bourse a baissé de près d'un franc à la nouvelle de l'emprunt.

Pas de nouvelles de la Crimée.

J'ai signé ce matin comme rédacteur en chef la fondation d'un journal d'art et d'industrie à propos de l'exposition universelle.

(Fin de l'année 1854.)

ANNÉE 1855

Mémoires, vol. III.

MERCREDI 3 JANVIER.

J'en ai fini avec les visites au château et les visites aux ministres. La corvée est faite.

L'Impératrice m'a envoyé pour mes étrennes une fort belle montre, dont la cuvette est en jaspe sanguin avec mon chiffre et ma couronne en relief d'or. A cette montre est jointe une belle chaîne, une clef or et jaspe et un médaillon composé de deux camées cerclés par des rubis et des diamants.

L'Empereur, qui a la goutte, n'a pu lundi présider le repas de famille, alors le prince Jérôme a reçu au palais royal les invités de l'Empereur et à cette occasion il s'est réconcilié avec sa fille, à laquelle il a fait toutes les avances. Mardi il est venu chez la Princesse Mathilde, il lui a porté de belles étrennes, puis il lui a dit : « *tu m'as fait passer* « *la meilleure nuit, dont j'ai joui depuis longtemps* »

Il n'y a pas de nouvelles intéressantes de la Crimée ; il court des bruits de rapprochement avec la Prusse.

La maladie du duc de Cambridge était fort exagérée. Sa raison n'a jamais été perdue, mais on fait ici les nouvelles les plus étranges.

J'ai déjeuné ce matin avec la Princesse, j'y dîne demain. La Desprez racontait qu'elle avait fait pleurer Giraud en lui narrant les vicissitudes de sa vie. La comédie devait être bonne.

MERCREDI 10 JANVIER.

Hier, l'Empereur a passé la revue des bataillons de la garde, qui partent pour la Crimée. Après la revue l'Impératrice a pris son bras et tous deux ont passé dans tous les rangs. Les soldats ont accueilli par des cris chaleureux les deux augustes personnes; l'Impératrice, vivement émue, impressionnée par la vue de tant de braves gens, qui vont prodiguer leur sang pour la France, n'a pu retenir ses larmes, alors l'enthousiasme des officiers et des soldats n'a plus connu de bornes.

Depuis deux jours les nouvelles de Vienne annoncent que la Russie consent à traiter sur la base des quatre propositions occidentales.

Je ne vois là qu'une rouerie de la diplomatie russe, qui veut à tout prix empêcher ou du moins retarder l'adhésion de l'Allemagne à la politique anglo-française.

Les dernières lettres de Sébastopol disent qu'on est prêt pour l'assaut.

Un milliard deux cent millions sont déjà souscrits pour l'emprunt de cinq cents millions. Tous les alarmistes ne savent que dire de ce succès du gouvernement français.

SAMEDI 13 JANVIER.

Un aide de camp du général Canrobert est arrivé avant-hier aux Tuileries pendant le dîner, mais rien n'a transpiré des nouvelles qu'il apportait.

On parle bien bas dans le monde d'une petite affaire de Madame la comtesse de Nansouty née Perron, qui depuis quelque temps affectait les dehors d'une grande piété, renonçait presque au monde et ne portait plus de bijoux. Le mari voulut voir les bijoux, on lui refusa leur exhibition, il se fâcha, s'empara de la clef du secrétaire!.... pas de bijoux.... il cherche partout.... rien.... et Madame de Nansouty refuse de s'expliquer.

Le comte de Nansouty consulte le commissaire de police, qui conseille une visite générale dans l'hôtel. Mme de Nansouty, froide, hautaine, impassible, ne s'y oppose pas. Les bijoux sont retrouvés chez la femme de chambre, qui les réclame comme un don de sa maîtresse. Le comte de Nansouty lui répond : « *Votre maîtresse, si elle vous* « *avait donné ces bijoux, nous l'aurait dit, puisqu'elle sait* « *que le commissaire de police fait une fouille générale;* « *vous n'êtes qu'une voleuse.* »

La femme de chambre, exaspérée, voyant qu'il y allait de la prison et de la cour d'assises, s'écrie alors :

« Eh bien, si c'est comme ça et que Madame me laisse « accuser, je vais tout vous dire : ces bijoux sont bien à « moi, je suis l'a..... de Madame, et pour me décider à t.... « avec elle, ce que je ne voulais pas faire, elle m'a donné « peu à peu tous ses bijoux. »

A cette assertion on descend dans la chambre de la comtesse, qui, perdant tout son calme, tombe dans des spasmes nerveux et pleure à sanglots.

La femme de chambre devient arrogante, nomme toutes ses am..., parmi lesquelles la marquise d'Ada. Elle maintient son assertion sur la possession des bijoux et finit par exiger 80,000 francs pour prix de son silence.

On parlemente en ce moment et l'affaire en est là.

MARDI 23 JANVIER.

Les affaires d'Orient sont toujours au même point, rien de positif; il paraît décidé qu'au printemps l'Empereur entrera en Allemagne pour se joindre à l'Autriche, à la tête de cent mille hommes, et que, si la Prusse ne s'est pas prononcée, on la traitera en ennemie.

L'Empereur demandait, il y a quatre jours, au vieux comte de Loëwenhielm, ambassadeur de Suède, comment allaient les affaires de son pays. « Elles vont bien, Sire, » répondit l'Ambassadeur, « nous avons eu une très bonne diète. » « Tant mieux, » reprit l'Empereur, « cette diète vous donnera, je l'espère, meilleur appétit au printemps. »

SAMEDI 27 JANVIER.

Nous avons perdu des hommes et des chevaux par le froid devant Sébastopol. Le prince Napoléon est arrivé en France, mais il ne se presse pas de se montrer à Paris.

SAMEDI 27 JANVIER.

Son état de maladie ne l'a pas empêché de visiter les monuments d'Athènes. Il était las de la Crimée et nos généraux étaient plus las de lui encore. Il murmurait contre tout et contre tout le monde. Il blâmait les plans des généraux, désapprouvait leurs ordres. Il était en un mot une impossibilité.

Le ministère anglais est en pleine dissolution. Lord John Russel a donné sa démission.

Ici à la cour nouvelles nominations de chambellans et de dames du palais.

Le gros Labédoyère et sa femme, jadis légitimistes fougueux, quoique fils du Labédoyère fusillé en 1815.

Madame de Saulcy, qui ne mettra pas beaucoup de gaîté à la cour, timide, dévote et sans animation dans l'esprit.

Un décret d'hier me nomme membre du Jury de sculpture pour l'Exposition Universelle.

Les Thayer, qui ne sont pas encore assez comblés, vont déplorant en tous lieux la *misère des Padoue*, cela fait mal au cœur. Les deux Thayer sont des niais de première classe, qui ne sont quelque chose que par leurs femmes et qui, en 1824, voulaient se faire reconnaître Anglais quoique d'origine américaine. J'en suis encore à chercher quels services publics leur ont valu le titre et les 30,000 francs de sénateur. Riches par leur père, qui a eu l'idée de faire à lui seul une petite bande noire, ils connaissent maintenant les honneurs sans toutefois négliger l'argent.

De Laborde voulait que sa femme fût dame du Palais, il ne l'a pas obtenu. Quand on pensera aux maniérées bossues on songera à elle.

MERCREDI 31 JANVIER.

L'arsenal de Woolvich est, dit-on, incendié ; on ne donne aucun détail.

Le prince Napoléon est à Paris ; il ne se montre nulle part ; mais comme il porte toute sa barbe depuis son séjour en Crimée, le peuple dit : qu'il porte la barbe de *sa peur*.

Le lendemain de son arrivée deux ovations devaient lui être faites : la première par les démocrates pour le féliciter d'avoir abandonné une guerre *injuste!* la seconde par les honnêtes gens pour le siffler.

La police a empêché les deux manifestations.

Le ministère anglais est tombé à propos d'une question d'enquête sur l'état de l'armée. Lord Palmerston va, dit-on, être le chef d'un nouveau ministère.

Encore un scandale :

Madame d'Elchigoyen, fille de la duchesse de Valençay, mariée il y a deux ans, demande à être séparée. d'Elchigoyen est un démocrate forcené.

Mme la marquise de Beaumont née Dupuytren, la plus homasse de nos Saphos modernes, a été surprise l'an dernier dans une maison de filles, s'exerçant à la *fricarelle*. Cette peccadille ne lui fait aucun tort, le monde la reçoit.

Puisque je suis en train de narrer de bonnes histoires destinées à l'édification de mes petits enfants, mettons les deux pieds dans le plat, aussi bien il fait un temps affreux ; la neige couvre les toits, les voitures ne roulent pas, et le verglas épouvante les piétons.

MERCREDI 31 JANVIER.   105

Je suis devant mon feu, et j'éprouve le besoin de me réjouir.

L'abbé Coquereau qui se fourre partout était, il y a trois jours, chez la Princesse Mathilde, où Nadaud chantait. Comme les chansons devenaient un peu grasses, il se prudifia au point de se retirer dans un salon voisin, d'où il pouvait tout entendre. Le marquis de Custine, voulant le plaisanter sur sa pruderie, lui dit : « Je m'étonne « qu'un silène chrétien s'effarouche de si peu de chose. » L'abbé, pour faire de l'esprit, lui répondit : « *Ce n'est pas* « *quand on pèche comme vous par le fondement, Monsieur,* « *qu'il est permis de traiter les autres de Silène.* »

L'abbé fit cette réponse tout haut, au milieu de vingt personnes. Voilà où en est l'urbanité française, voilà où en est le respect que l'on doit à une Altesse Impériale.

Un méchant abbé ose dire en sa présence à un homme qu'elle reçoit : « *Vous êtes un p....* »

MARDI 6 FÉVRIER.

La Prusse, sous prétexte de neutralité armée, dessine chaque jour davantage son hostilité.

Il y a des paris pour une guerre avec cet Etat au printemps prochain.

Dernièrement l'Empereur fit demander à M. de Hatzfeldt de poser à son gouvernement la question suivante :

« En cas de nécessité la Prusse permettra-t-elle le « passage des troupes françaises sur son territoire ? »

La réponse ne se fit pas attendre. Hatzfeldt écrivit sur le champ au ministre que cette permission ne serait pas accordée.

La reprise des hostilités sera, je crois, vigoureuse.

Le *Globe*, journal anglais, avait ces jours derniers un grand article sur la légitimation de Morny, ou plutôt sur la reconnaissance de son droit comme fils de la reine Hortense et par conséquent du roi Louis. Je sais que cette question a occupé ici.

Dans le cas où l'Empereur partirait pour l'Allemagne au printemps, on prétend que Morny gouvernerait en son absence avec le titre d'archichancelier.

Quoique fasse le *Moniteur* pour prouver l'état de souffrance du prince Napoléon, le public n'y croit pas. Le prince ne se montre nulle part, mais il continue chez la maîtresse de Girardin (Esther Guimont, dite le lion) à déblatérer contre tout ce qui se fait et à déplorer de n'avoir pas été nommé général en chef!

Jeudi il y a bal à la cour, je compte y aller.

VENDREDI 9 FÉVRIER.

Je suis sorti à une heure cette nuit du bal de la cour; j'y ai vu le Prince Napoléon que je n'ai trouvé ni malade, ni changé; il a toujours la même mauvaise figure de Vitellius et non comme on se plaît à le répéter, la plus grande ressemblance avec Napoléon Ier. Il a trente-trois ou trente-quatre ans, on lui en donnerait cinquante. L'Empereur aurait voulu le démonétiser complètement qu'il n'aurait pas autrement arrangé le bal d'hier.

En effet, après tous les articles de journaux qui cherchaient à nous attendrir sur le prince Napoléon, qui nous le représentaient mourant, ne pouvant voyager qu'à petites journées, après tant de rapports de médecins inquiétants au suprême degré, hier soir le prince agonisant a ouvert le bal avec l'Impératrice, il lui a donné le bras à minuit et demi pour aller souper. Hier soir le prince agonisant était gros et gras comme à l'ordinaire; il s'est tenu debout toute la soirée et il a eu l'audace, lui, le fuyard des champs de bataille de la Crimée, de revêtir l'habit de général de division! de ceindre le grand cordon de la légion d'honneur !

Le *Moniteur*, l'*Indépendance Belge*, les journaux gouvernementaux font les efforts les plus maladroits pour le réhabiliter. On parle de son admirable bravoure à l'Alma et de sa position *stratégique* à Inkerman. On s'étonne que la France n'ait pas accueilli par des applaudissements le retour du prince, comme l'Angleterre a accueilli le retour du duc de Cambridge. Les journaux français s'emparent même d'une phrase du discours du duc de Cambridge pour expliquer le retour du prince Napoléon.

« La guerre de Crimée est une guerre de soldats et « pas une guerre de généraux. »

On s'empressait peu hier auprès de S. A. I.

Le jeune Metternich, nouvellement décoré de la croix de chevalier de la légion d'honneur et portant le costume de chevalier de Malte, a longtemps causé avec l'Empereur et avec l'Impératrice.

Le personnel de la cour était renforcé par les nouveaux chambellans et les nouvelles dames. Belmont brillait toujours au premier rang par son importance et par ses plaques, il en est littéralement bardé. Les méchants prétendent qu'il y en a une pour chaque V.... qu'il a supportée, alors il n'en a pas assez.

Le jeune duc de Vallombroso, qui a à peine vingt ans, a laissé prendre par une fille entretenue des lettres de la marquise de Bethisy. Parmi ces lettres, une surtout est très compromettante. Cette lettre disait au jeune duc :

« Je t'en prie, ne va pas à la campagne chez la duchesse de Valentinois, je sais comme elle est coquette et « je suis jalouse », etc. etc.

Bref, la fille entretenue, a fait autographier la lettre à cent exemplaires, elle l'a fait remettre à cent personnes, parmi lesquelles Bethisy. De là, querelles, toute la famille Bethisy et Valentinois s'en mêlent, on veut faire battre Vallombroso, il s'y refuse. L'affaire en est là, et la fille entretenue demande soixante mille francs pour restituer la lettre !

Voilà un jeune duc qui débute bien !

Je n'ai pas vu l'ambassadeur de Prusse hier soir.

Les Murat font de l'importance d'une manière risible. La jeune fille nouvellement née est couchée dans un berceau à couronne royale. Ils se considèrent comme rois légitimes de Naples ; Chassiron est presque une Altesse Royale.

Les Murat sont des gens sans éducation et sans beaucoup d'intelligence. Le fils aîné, qui a épousé Mlle de Wagram, sait à peine lire.

MERCREDI 14 FÉVRIER.

Avant-hier, chez le Prince Jérôme au palais royal, on causait en toute liberté et devant les ministres du départ de l'Empereur pour la Crimée. Ce départ était fort blâmé, on disait que l'Impératrice l'accompagnerait jusqu'à Constantinople.

D'un autre côté une personne ordinairement bien renseignée, racontait hier soir, comme le tenant de Morny, que le général Niel avait envoyé de Sébastopol un rapport très satisfaisant sur l'ensemble des opérations et sur la situation de l'armée, rapport dont la conclusion était que le moment de l'assaut était venu et qu'il aurait lieu dans les conditions les plus favorables, car l'armée russe, par suite de l'état de la campagne, se trouverait dans l'impossibilité de secourir la place.

Le faubourg Saint-Germain, qui a la palme pour les cancans de mauvais goût et pour les calomnies de cuisinières, raconte que Madame de Malaret donne sa démission de dame de l'Impératrice pour éviter d'avoir une seconde fois à repousser *les propositions* de Sa Majesté. J'ignore si Mme de Malaret donne sa démission, mais ce que je sais, c'est que la dame n'est pas femme à s'effrayer de telles propositions, et que sa farouche vertu a été surprise, il n'y a pas longtemps, toute soumise aux entreprises amoureuses du colonel Fleury, auquel elle avait ouvert, je ne dirai pas seulement ses bras, mais la grande route du plaisir, si bien absorbée qu'elle s'est laissée surprendre.

Hier, chez le comte de Tascher aux Tuileries petit bal masqué où se trouvaient en domino l'Empereur et l'Impératrice.

VENDREDI 16 FÉVRIER.

L'Empereur n'ira pas en Crimée; cette idée est heureusement abandonnée.

Le parti Mazzinien s'agite beaucoup, on craint de sa part une tentative d'assassinat contre l'Empereur, qui seul s'oppose au bouleversement général. L'Empereur mort, la révolution envahirait encore l'Europe, les démocrates triompheraient, et l'anarchie régnerait de nouveau sur le monde. La police de Gênes a prévenu la police française.

Malheureusement notre agent de Gênes, où vivent des masses de réfugiés socialistes, est un sot, déconsidéré nommé le baron de Maussion et beau-père du sculpteur Marochetti.

Cet homme plus que bête s'est ruiné par toutes sortes de folies; il est, dit-on, beaucoup p.... et ne fréquente à Gênes que des gens tarés. On le maintient au poste de consul de France, j'ignore par quelle considération.

J'ai appris hier quelques détails sur la mort de ce pauvre Ladvocat, mon ancien éditeur. Ladvocat avait toujours vécu dans le luxe, et en se retirant de la librairie, il s'était fait couturière avec sa maîtresse, Mme Camille, mais il y a deux ans, ils se sont séparés parce que Ladvocat menait une vie fastueuse qui les aurait conduit à l'hôpital.

Ladvocat, nommé pourvoyeur d'objets d'art de la reine d'Espagne, a cru pouvoir encore faire fortune, il s'est trompé ! La misère l'a visité, le chagrin s'est emparé de sa personne; il a eu trois ou quatre jaunisses et vers les derniers temps il souffrait de douleurs intolérables sous la plante des pieds. L'argent vint à lui manquer tout à fait, sa portière le nourrit pendant un mois, mais il comprit l'inutilité de la lutte et dut se résigner à mourir. Il chargea son portier de dire à ceux de ses amis qui viendraient le demander qu'il était parti pour la campagne, puis il fit avancer pour la dernière fois une voiture, qui le conduisit à l'hôpital de l'hôtel Dieu.

Ladvocat languit quelques jours dans cet hôpital, il se sentait vaincu, et il s'endormit dans la mort, seul, sans un parent, sans un ami pour lui serrer la main. Il fut enterré dans la fosse commune. Mme Camille l'a fait retirer de cette fosse et transporter dans un cimetière, où un monument convenable a été érigé sur sa tombe.

Ladvocat avait rempli dans ce siècle un rôle brillant ; le premier parmi les éditeurs modernes il avait rétribué convenablement le travail des auteurs, et c'est à lui que les illustrations littéraires doivent les prix fabuleux auxquels ont été coté leurs œuvres.

Ladvocat comptait quatre cent mille francs à Chateaubriand pour ses œuvres complètes, et Chateaubriand mourait pourtant aussi pauvre que Ladvocat.

Mon premier éditeur était vaniteux et dissipateur, se souciant aussi peu de l'argent des autres que du sien propre ; marchant de faillite en faillite, toujours élégant, toujours brillant, assistant à tous les bals de souscription, à toutes les premières représentations théâtrales, empruntant et ne rendant jamais, comme il avait souvent prêté sans s'inquiéter d'être remboursé.

Ladvocat a été vaincu par la vieillesse, qui arrivait, et par la misère, qui était venue, ce n'était point un méchant homme, pauvre Ladvocat !

Ce soir je vais chez Madame Lehon, j'y verrai de plus méchants personnages que Ladvocat et qui sont aujourd'hui grands seigneurs.

Le secret de la fortune consiste dans l'absence de générosité : recevez de tout le monde, mais ne donnez à personne, volez qui vous pourrez, mais ne vous laissez point voler.

SAMEDI 17 FÉVRIER.

Hier soir, chez Madame Lehon, je me suis longtemps entretenu avec la Princesse Mathilde de l'intention attribuée à l'Empereur d'aller en Crimée. La Princesse m'a répondu que tous les raisonnements contre cette volonté n'aboutiraient à rien, et qu'elle était convaincue que ce voyage aurait lieu. Elle en a parlé à l'Empereur dans la journée d'hier, il a répondu que la prise de Sébastopol annoncerait la paix, et qu'il fallait prendre Sébastopol.

L'Impératrice pousse l'Empereur à ce voyage.

La Princesse Mathilde croit au prochain départ, l'Empereur emmènerait avec lui le prince Napoléon.

Ce départ inquiète et sera mal vu par l'opinion publique.

DIMANCHE 18 FÉVRIER.

L'Empereur, cela semble certain, part jeudi.

L'amiral Hamelin lui a promis de le conduire à Sébastopol en huit jours.

Le conseil de régence, qu'il laisse ici, est composé du prince Jérôme, président, de Troplong et de Morny. Morny est l'homme important de ce conseil; il a des lettres closes, qui en cas de besoin lui donnent pleins pouvoirs.

Je commence à me rendre compte de la nécessité du départ de l'Empereur pour la Crimée. Il y a entre nos généraux une sorte de zizanie, les amours propres sont en jeu, en un mot, ils ne marchent pas d'accord.

J'ai lu ce matin une lettre adressée par le général Canrobert au général Forey pour le prier de reprendre sa démission, car le général Forey a donné sa démission par irritation de ce qu'on l'a mis de côté dans la promotion au commandement des grandes divisions.

Le général Forey est accusé d'avoir causé l'échec et la mort du général de Lourmel, dont il n'a pas fait soutenir l'attaque par sa division; sans les calculs égoïstes de sa jalousie, le fort était pris et le général de Lourmel serait encore à la tête des troupes.

D'un autre côté, le génie et l'artillerie se contrarient, enfin chacun tire un peu à soi sans s'inquiéter de la chose publique. Tous ces petits grands hommes ne voient que leur intérêt, leur personnalité. Ce sont toujours les mêmes misérables passions. Celui-ci est heureux de l'échec de celui-là, il n'y aidera pas, mais il ne fera rien pour l'empêcher. Les dénonciations se croisent, il n'est pas jusqu'au plus infime sous-lieutenant qui n'adresse à un journal son jugement sur les opérations du général en chef.

Puis les colonels de l'armée, jaloux de la garde, inspirant leur jalousie à leurs corps d'officiers et ceux-ci la communiquant aux soldats.

Nos généraux eux-mêmes sont un peu trop enflés de leur importance. Ils rêvent tous le maréchalat et ce que je crains, c'est qu'ils ne le rêvent comme un nouveau point de départ. Dieu sait pourtant si on retirait à la plupart de ces *capitaines* l'épée et les épaulettes, quel serait l'avorton moral qui resterait.

Le général Magnan, devenu maréchal, ferait un très beau charlatan.

Baraguay d'Hilliers ne ferait rien qu'un homme désagréable, etc. etc.

Le voyage de l'Empereur a sa raison dans les tiraillements dont je viens de parler. Il faut qu'il fasse sentir une main et une volonté de fer à tous ces messieurs les généraux, et qu'il montre à l'armée son véritable chef, parce qu'il est le chef de la nation.

Le prince Napoléon part avec l'Empereur. Dieu veuille que le sort des batailles en débarrasse la France !

MERCREDI DES CENDRES 21 FÉVRIER.

Je suis resté cette nuit jusqu'à deux heures au bal costumé de Madame Lehon; il était charmant et fort animé, de très jolis costumes, quelques dominos, un mélange de gens à prétention et de gens sans prétention ; mais ces derniers étaient en petit nombre.

Le second fils de Madame Lehon et E. Delessert, en vrais pierrots la figure couverte de farine, étaient merveilleux.

Giraud, le peintre de pastel, a été pris pour un vrai Turc, pour Vély Pacha.

Les Pierrots faisaient majorité et c'était justice, ils se croyaient déguisés, les gaillards! Allons donc, mes bons jeunes gens, vous seriez encore bien heureux d'être de vrais pierrots !

Mme E. Lehon, Mlle Lehon, Mlle de Reiset, Mme Manara ont eu les palmes de la beauté, etc. etc.

Le marquis de La Valette ne quittait pas la Princesse Mathilde ; ce diplomate retraité dans le sénat, ancien beau viveur des coulisses de l'opéra, gras aujourd'hui comme une petite caille, et traînant en guise de boulet sa jalouse vieille femme, essaye la puissance de ses dernières séductions sur le cœur d'une Altesse Impériale, qui s'amuse de ce manège. Le diplomate se laisse piper.

Malgré tout l'entrain du bal, il était évident que le bruit du départ de l'Empereur préoccupait tous les esprits. Beaucoup de gens n'y veulent pas encore croire, de là tant de nouvelles différentes : il part... il ne part pas.

Les hommes d'état se renfermaient hier dans un silence magnifique. Les officiers de la maison attendent des ordres et n'osent engager leur journée du lendemain.

La Princesse Mathilde, très irritée de ce départ, n'en souffle mot au vulgaire, mais elle en a longuement causé avec Persigny et plus tard avec le colonel Fleury, qui en sa double qualité de commandant des guides et de premier écuyer doit en savoir quelque chose. J'ai entendu Fleury donner à la Princesse la date du 25 de ce mois comme assignée pour le départ.

Tous les gros bonnets, qui tiennent à la cour, ont vendu leurs rentes et leurs actions pour racheter en baisse, car on compte sur une baisse considérable le jour où le départ sera effectué.

Le parti Mazzinien s'agite beaucoup, non seulement en Italie, mais dans toute l'Europe.

Le marquis Visconti m'a communiqué hier une lettre qu'il venait de recevoir de Londres et dans laquelle un réfugié italien le chargeait de prévenir le gouvernement français que des émissaires chargés par Mazzini d'assassiner l'Empereur partent pour la France et pour la Crimée.

Mazzini ne voit que l'Empereur qui soit un obstacle à ses projets de bouleversement; aussi a-t-il décrété sa mort, c'est un nouveau *vieux de la montagne*.

L'année 1855 verra de grandes choses. Dieu veuille qu'elle n'en compte pas de déplorablement funestes. La vie de l'Empereur est notre vie, après lui nous retomberions dans une effroyable anarchie. Nos partis ne veulent pas le comprendre et tous les niais, soit parlementaires, soit légitimistes, pensent qu'ils pourraient dominer la situation.

Les légitimistes ne connaissent pas la France et s'ils arrivaient au pouvoir, ils seraient le lendemain dominés par les parlementaires, par des Guizot, des Thiers, des Berryer ou des Montalembert qui ne voient le gouvernement de la France, le salut du pays, que dans leurs discours. Ces bavards là ont déjà démoralisé la France pendant trente-cinq ans, ils ont fait deux révolutions, ils n'ont rien appris et ils se gardent avec l'espoir d'en brasser une quatrième.

Ce qui embarrasse aujourd'hui les avenues du pouvoir, c'est le reste impur de toutes les saletés parlementaires, ce sont ces gens que je connais et qui trahiront demain, s'ils y trouvent quelque intérêt personnel, en passant avec armes et bagages au plus offrant!

VENDREDI 23 FÉVRIER.

L'Empereur partira au mois de mars, telle est du moins la conviction des gens bien informés.

Hier soir, je suis allé chez la Princesse Mathilde, j'y ai trouvé le ministre de l'instruction publique, celui des affaires étrangères, le maréchal Baraguay, le général la Marmora, l'ambassadeur turc, etc. etc.; chacun gardait un silence plein d'importance sur le départ.

La Princesse a reçu une lettre charmante de l'empereur de Russie, qui lui dit:

En vérité, j'ignore pourquoi la France me fait la guerre.

Le vieux Czar est toujours le même, il pense rendre tout le monde dupe de ses finesses.

La Princesse, charmée de la lettre du Czar, est un peu plus russe qu'à l'ordinaire. Nous vivons en vérité dans un singulier temps, la propre cousine de l'Empereur correspond avec le Czar, contre lequel nous sommes en guerre. Son frère Napoléon, surnommé *plon-plon* et depuis la campagne de Crimée *craint-plomb*, ne voit que les démocrates et conspire contre l'ordre de choses actuel.

Les futurs ministres de *craint-plomb* sont E. de Girardin et Bixio! C'est dans le salon de ce dernier qu'on peut l'entendre décrier nos généraux, révéler les délibérations des conseils de guerre, etc. etc.

Craint-plomb est l'auteur d'une brochure anti-française publiée à Bruxelles sous la forme d'un rapport au gouvernement français sur la situation de l'armée de Crimée et signée : un officier général.

Le gouvernement français poursuit à Bruxelles l'imprimeur et l'auteur encore *inconnu* de cette brochure, et le prince Napoléon a failli être arrêté, mais il a juré *sa parole d'honneur* qu'il était étranger à la publication incriminée!

Berryer a été reçu hier à l'académie, il y a prononcé un discours rempli de phrases et d'allusions hostiles et a été fort applaudi par toutes les vieilles femmes politiques du faubourg Saint-Germain réunies aux femmes doctrinaires. Dites après cela que les partis ne se rapprochent pas.

La Princesse Mathilde était furieuse, elle traitait Berryer de jésuite, de lâche, etc. etc. puis à travers Berryer elle est arrivée à Falloux qu'elle a nommé jésuite, lâche et traître.

His de Butenval a pris très noblement la défense de Falloux, mais ce gros plat de La Rochejaquelein a fait chorus avec la Princesse, c'était à lever le cœur.

LUNDI 26 FEVRIER.

Hier soir, chez la Princesse Mathilde j'ai eu une longue conversation sur les affaires du moment avec La Guéronnière.

Il est l'auteur de l'article qui a paru, il y a trois ou quatre jours, au *Moniteur*.

L'Empereur l'avait fait mander aux Tuileries et lui a dit: «*faites un article dans tel sens, vous me rendrez « service.* »

Fould voyait des inconvénients à la publication de cet article, mais l'Empereur a voulu qu'il parût.

Dans cette entrevue il a été fort question, comme on le pense bien, du départ pour la Crimée. L'Empereur est décidé à partir ; l'état de dissentions dans lequel se trouvent les généraux, leur jalousie, l'absence d'une grande autorité, tout exige ce départ, l'armée elle-même, le soldat doit être convaincu par la présence de l'Empereur, qu'elle est sa plus constante préoccupation.

« Je veux qu'on sache, si je pars, a ajouté l'Empereur, « que je vais à Sébastopol chercher la paix et que ce n'est « que là qu'elle peut être faite.

« Les incidents de la campagne y serviront plus que « les conférences diplomatiques et puis l'empereur Nicolas « viendra probablement en Crimée ! . . . »

Enfin La Gueronnière estime que l'Empereur est décidé à partir. « Si Sébastopol peut être prise, il faut que j'assiste à sa chute, » a dit l'Empereur.

Le marquis Visconti, qui dînait samedi avec l'Empereur et qui a eu avec lui un long entretien sur les menées des réfugiés italiens, m'a répété, mais avec moins de détails, les mêmes choses.

Le traité offensif avec l'Autriche ne sera une vérité que le jour où Sébastopol sera en notre pouvoir.

L'Empereur ne se fie pas encore à l'Autriche, il a dit à Visconti : « *Je croirai à la bonne foi des Autrichiens, le jour où j'entendrai leurs canons.* »

Lamartine, dans l'intimité de conversations particulières, approuve le départ ; il trouve l'idée noble et grande, mais, ajoute-t-il, il faut ou emmener le prince Napoléon ou le mettre à Vincennes avec une garde d'honneur.

Berryer loue aussi le départ, il trouve que c'est une pensée digne d'un prince français.

SAMEDI 3 MARS.

Hier soir à sept heures, la nouvelle est arrivée que l'empereur de Russie est mort d'une paralysie du poumon. Aussitôt sénateurs, dignitaires etc. se sont précipités vers la petite Bourse du Passage de l'Opéra pour exploiter la nouvelle. La rente a haussé de 2 frs. 50 cs.

Cette mort va peut-être changer la face de l'Europe. L'héritier du trône russe a toujours été peu partisan de la guerre dans laquelle son pays est engagé ; le second fils de l'empereur au contraire est l'âme du vieux parti russe et fanatique.

L'empereur Nicolas aurait dû mourir deux ans plus tôt pour sa gloire et pour notre repos.

SAMEDI 3 MARS.

L'Empereur Napoléon aura appris la nouvelle au camp de Boulogne où il est depuis deux jours. Maintenant le départ pour la Crimée aura-t-il lieu?

MARDI 6 MARS.

L'Empereur est revenu de sa visite à l'armée de Boulogne. Il est toujours question de son départ pour la Crimée; Fleury affirme qu'il aura lieu.

Hier soir, on a affiché au club impérial une dépêche télégraphique, datée de Sébastopol, qui annonce la mort du grand duc Michel, tué sous les murs de la ville. Il y aurait donc eu une affaire importante entre les armées anglo-françaises et l'armée russe.

Excelmans, qui arrive de Balaclava, affirme qu'on a reconnu l'impossibilité de prendre fructueusement Sébastopol si on ne s'empare pas des deux côtés de la ville à la fois. Il est donc question de l'investir complètement et de livrer une grande bataille aux Russes. Est-ce dans cette bataille qu'aurait été tué le grand duc?

Romans, l'ancien préfet, qui a épousé Mlle de Kaisaroff, se vante d'être l'auteur de la brochure de Bruxelles. Il est possible qu'il l'a écrite, mais le prince Napoléon et Girardin l'ont dictée.

Romans s'imagine qu'il imposera par cette brochure hostile sa réintégration au gouvernement, qui aura peur de lui.

Pauvre cervelle!

Le prince Napoléon est plus que jamais *engirardiné* ; il dîne avec Esther Guimont et Rachel ; il a été sifflé dernièrement en se rendant chez la grande tragédienne.

Un tassement s'est produit dans les constructions de la nouvelle galerie du Louvre consacrée aux expositions annuelles, mais on prétend que ce tassement, qui a produit tout son effet, ne nuira en rien à la solidité de l'édifice.

Ce soir je dîne chez le comte de Rougé, notre collègue, promu conseiller d'Etat, et qui traite le conservatoire des musées. Sa femme est la plus enragée c... qu'il y ait dans Paris, ce n'est pas peu dire. Elle possède la physionomie de ses vertus, sa mine n'est pas trompeuse.

Jeudi je dînerai chez le peintre Muller, garçon qui ne manque pas de talent et qui a beaucoup d'esprit. Nouvellement marié à une ancienne maîtresse, il produit pour la première fois sa femme au monde. Ce mariage ne lui convient guère ; l'amour n'existe plus ; l'intérêt ne s'y rencontre pas satisfait et son ambition est mal à l'aise dans cette union par trop bourgeoise.

Mme Muller est malingre, petite et peu jolie ; si elle est spirituelle tout est réparable, mais si elle est vulgaire je plains Muller !

Muller est comme esprit de l'étoffe des Gérard et des Delaroche avec plus de savoir faire que Delaroche, qui s'avise de bouder le gouvernement actuel tout comme pourrait le faire et le font un Thiers ou un Guizot quelconque.

Le duc de Broglie a été nommé académicien à la place d'Ancelot ; Legouvé a été élu à la place de je ne sais plus quel immortel et en concurrence avec Ponsard.

Les parlementaires se réfugient dans les académies, qui deviennent une pépinière d'opposition.

L'académie des sciences morales, si malencontreusement ressuscitée par le roi Louis Philippe, est tout ce qu'il y a de plus hostile, les académies sont soutenues par un chœur de vieilles femmes des faubourgs Saint-Germain et Saint-Honoré, lesquelles vieilles femmes sont les tricoteuses de cette nouvelle convention.

VENDREDI 16 MARS.

Je n'ai rien écrit depuis longtemps sur ce livre parce que la plus grande incertitude règne dans toutes les nouvelles, qui sont mises en circulation. On fait tour à tour apparaître aux yeux du public, soit l'espérance de la paix, soit la crainte de la continuation de la guerre.

En fait il n'y a rien de probable ni dans l'un ni dans l'autre sens.

Tout est incertitude et les affaires devant Sébastopol en sont au même point.

Chez la Princesse Mathilde on prétendait hier que le roi de Prusse avait écrit à l'Empereur pour l'engager vivement à renoncer à son voyage en Crimée :

« J'ai le plus vif espoir, » manderait le roi de Prusse, « d'amener l'empereur Alexandre à accepter les conditions « d'une paix satisfaisante pour les intérêts de l'Europe, « mais si contre mon espoir j'échoue dans cette entreprise, « alors je me rallie complètement à votre politique et mes « armées marcheront avec les vôtres. »

J'ai peur, si cette nouvelle est vraie, qu'elle ne cache une déception et que la Prusse, au dernier moment mise en demeure de tenir sa parole, ne nous échappe par un faux fuyant.

On parle toujours du départ de l'Empereur, samedi et dimanche aux dîners d'adieux qu'il donnait aux officiers de deux régiments, qui s'embarquent ces jours-ci pour la Crimée, l'Empereur et l'Impératrice disaient :

« *Au revoir, à bientôt en Orient.* »

Je tiens ce propos du comte Charles de Tascher, qui était de service auprès de l'Impératrice et qui me l'a répété en sortant de son salon comme je passais la soirée chez lui.

L'Empereur est l'auteur d'un projet d'attaque de Sébastopol auquel le maréchal Vaillant, consulté, a donné une entière approbation.

L'Empereur voudrait, dit-on, le faire exécuter sous son commandement.

La brochure de Bruxelles continue d'occuper l'attention, je l'ai lue, elle est l'œuvre d'un mauvais homme attaquant tout ce qui a été fait, tous les généraux dans leur honorabilité, même les morts comme le maréchal de St-Arnaud.

En la lisant, on demeure convaincu que le prince Napoléon seul a pu l'écrire ou la dicter. Ce prince la prête et la fait lire à celles de ses connaissances, qui sont curieuses de la connaître.

VENDREDI 23 MARS.

Il paraît qu'avant d'aller en Crimée, l'Empereur et l'Impératrice iront à Londres et à Vienne.

VENDREDI 23 MARS. 125

Les journaux retentissent depuis quelques jours des démentis, donnés par Thiers et Changarnier, aux mémoires de Véron à propos d'une conférence qu'il prétend avoir eu lieu avant le 2 décembre entre Thiers, Morny et Changarnier et où la question du coup d'Etat fut agitée. Thiers et Changarnier exigeaient, dit Véron, l'arrestation de Lamoricière. Ces deux messieurs peuvent maintenant démentir le fait, mais il n'en est pas moins vrai qu'il est parfaitement exact. Morny atteste dans les journaux que tout le récit de Véron est conforme à la vérité, et il y a deux ans qu'il me l'a raconté à moi-même un matin chez lui en me parlant de toutes les affaires de décembre.

SAMEDI 24 MARS.

Le parisien se laisse prendre à de nouvelles espérances de paix, à de nouvelles circulaires fort ambigues de M. de Nesselrode.

Le parisien voit déjà la paix *toute désarmée* sortir du cerveau de la conférence de Vienne.

Le parisien ferait bon marché de Sébastopol, de la mer Noire et même de la Turquie, pourvu que la paix fut rétablie.

Car la paix augmentera le prix des loyers, abaissera celui des denrées, mettra de l'or dans la poche des petits propriétaires, etc. etc. Et le petit propriétaire, le bourgeois parisien, auquel les révolutions ont donné une importance trop au-dessus de sa valeur réelle, a l'égoïsme pour seule vertu. Il était guerrier, il y a six mois, il attaquait la Russie, il prenait Cronstadt et Sébastopol en un tour de main, et ramenait à Paris pour le montrer à sa femme, à sa cuisinière, le Czar enchaîné derrière son fiacre. Mais aujourd'hui la guerre l'ennuie, il consent à ne pas prendre Sébastopol, à ne pas attaquer Cronstadt, il ne veut plus avaler la Prusse et donnerait presque, si on le pressait un peu, Constantinople à la Russie. L'été arrive, il veut être calme, jouir sans inquiétude des douceurs de la villégiature.

Le bourgeois de Paris ne changera jamais, il lui faut du nouveau tous les jours; une guerre, qui dure un an, ne l'intéresse plus.

Excelmans est venu hier me demander s'il ne pourrait avoir un buste de l'Empereur pour décorer la cabine de l'Impératrice à son bord, car le voyage en Crimée est toujours décidé.

MARDI 27 MARS.

Toujours même indécision sur les résultats déjà obtenus par la conférence de Vienne. On flotte alternativement entre des espérances de paix et des craintes de guerre.

Il est toujours question du voyage en Crimée de l'Empereur.

LUNDI 9 AVRIL.

Nous sommes fort à la guerre, les plus grands optimistes commencent à douter du résultat pacifique des conférences de Vienne. Drouyn de Lhuis y assiste maintenant et une décision ne peut tarder à trancher le nœud de la situation.

La Prusse dessine de mieux en mieux son hostilité.

Le siége de Sébastopol n'avance guére, et nous perdons chaque jour du monde dans des sorties russes que nous repoussons, il est vrai, mais qui déciment nos soldats. L'armée russe reçoit de nombreux renforts; enfin l'affaire de Crimée devient de plus en plus grosse.

Le ministre de la marine, Ducos, est très malade, les médecins conçoivent des craintes sur son état. Sa perte serait déplorable, car la France n'a pas eu depuis longtemps un ministre de la marine aussi intelligent et aussi actif.

L'Empereur et l'Impératrice partent le 16 pour l'Angleterre; ils seront absents peu de jours.

L'Empereur n'a pas eu de dîner de famille hier dimanche, jour de Pâques. Le prince Jérôme a donné un dîner. La Princesse Mathilde a seul dîné avec l'Empereur et l'Impératrice. Les Jérôme et les autres Bonaparte en sont profondément jaloux.

Hier matin, j'ai déjeuné chez la Princesse Mathilde, où l'abbé Coquereau déjeunait également. Cet aumonier de la marine, toujours Orléaniste dans le cœur, présageait l'avenir le plus mauvais et donnait les nouvelles les plus inquiétantes de la Crimée.

Ni l'Empereur, ni les princes de sa famille ne connaissent les gens dont ils se servent ou qui les servent.

Ils choyent leurs ennemis, ils les comblent, et ne soutiennent pas leurs amis.

La Princesse Mathilde a près d'elle des gens qui la vendent et des espions des Jérôme.

Arago et la Desprez sont, sans compter ceux que je ne nomme pas, les Judas de la troupe.

MARDI 17 AVRIL.

L'Empereur et l'Impératrice sont à Windsor.

L'Empereur a été reçu à Londres comme protecteur de la vieille Angleterre; le peuple et l'aristocratie anglaise comptent sur lui, il sera fait chevalier de la Jarretière; enfin la réception, qui lui est faite, est sans exemple. C'est une belle vengeance de la mort de son oncle. L'Angleterre fait quinze ans la guerre à Napoléon Ier, elle l'a enchaîné jusqu'à la mort sur un rocher perdu dans l'Océan, et c'est Napoléon III qui protége de ses armes et de son alliance cette même Angleterre.

La réception de l'Impératrice est surtout une grande affaire. La cour de Windsor a longtemps hésité, mais l'Empereur a tellement grandi depuis un an, que tout s'est abaissé devant lui.

L'Empereur et l'Impératrice reviennent à la fin de la semaine, et l'Empereur part seul pour la Crimée le 2 mai.

MARDI 17 AVRIL.

Je dînais hier chez la Princesse Mathilde, à qui l'Empereur l'a dit.

L'abbé Coquereau, toujours Orléaniste et toujours porteur de mauvaises nouvelles, a pris sa figure la plus sinistre pour dire que le typhus est à Toulon et à Marseille.

Comme il faut aussi qu'il parle toujours contre le clergé, qui ne veut pas de lui comme évêque, il s'est fort gendarmé contre un prêtre de Saint-Thomas d'Aquin, qui a parlé en chaire de la mort de la jeune La Rochefoucauld (Mlle de Polignac) et qui a vanté ses vertus.

Cet abbé Coquereau est le roi des intrigants et des cafards.

Nous aurons au mois de juin un nouvel emprunt de cinq cents millions de francs.

Quant au résultat des conférences de Vienne, il sera la continuation de la guerre.

Le bombardement de Sébastopol a recommencé le 9 de ce mois.

Monsieur le comte de Nugent, légitimiste, ancien rédacteur de la *Mode*, s'est fait arrêter par le portier du Cercle Impérial, au moment où il déposait dans la boite du cercle une carte couverte d'injures contre l'Empereur.

Nugent, qui n'a jamais été un garçon bien spirituel, prenait les cartes de visite des gens de sa connaissance et les distribuait dans Paris couvertes d'injures contre le régime actuel.

MERCREDI 18 AVRIL.

J'apprends trois morts de gens connus et toutes trois regrettables.

Isabey, mort de vieillesse, avait peint en miniature sous Louis XVI, Napoléon et Louis XVIII, il avait un talent fin et gracieux.

Ducos, ministre de la marine, enlevé par une angine gangréneuse, fut un des meilleurs ministres de la marine, que la France ait eu depuis longtemps. Du reste fort bon homme et très obligeant.

Boullage, secrétaire général des travaux publics, fort excellent homme et très estimé. Je l'ai connu en 1820, lorsqu'il entra comme employé à 2000 francs aux ponts et chaussées.

L'amiral de Macoult est fort malade.

L'Empereur et l'Impératrice marchent en Angleterre au milieu des ovations; leur réception est triomphale, c'est le mot.

Le bombardement de Sébastopol se poursuit avec vigueur; on attend anxieusement des nouvelles. Personne ne doute en ce moment de la continuation de la guerre, et le *Journal des Débats*, qui insérait ces jours-ci des articles pacifiques, favorables aux Russes, fait aujourd'hui amende honorable dans un premier Paris fort belliqueux.

Nous devrons connaître demain ou après-demain la solution des conférences de Vienne.

MARDI 24 AVRIL.

La conférence de Vienne est rompue, disent les journaux et la Russie rejette nos conditions.

On dit cependant dans le monde officiel qu'une dépêche télégraphique, envoyée hier soir par Drouyn de Lhuis à l'Empereur, annonce qu'il diffère son retour.

Le bombardement de Sébastopol recommence avec vigueur; la supériorité de notre tir est constatée et plusieurs batteries russes ont été démontées.

Les équipages de campement de l'Empereur sont partis pour la Crimée. Cinq escadrons de guides se mettent en route jeudi.

La bourse a baissé hier de près de deux francs.

Les rouges se remuent; des émissaires de Londres les entretiennent dans une sorte d'agitation.

Le prince Jérôme voudrait être muni de pleins pouvoirs en l'absence de l'Empereur.

Nous sommes au moment critique de la grande question orientale, Si définitivement on doit renoncer à la paix, le temps est venu pour l'Autriche de se déclarer franchement.

Là est le nœud de cette grave affaire.

Il y a chez les Orléanistes un redoublement de fureur; Fortoul a miné leur sanctuaire en *réorganisant* l'institut et en changeant la majorité de l'académie des sciences morales par l'introduction dans son sein de dix nouveaux membres nommés par decret.

La nomination des employés de l'institut est enlevée à ce corps ainsi que l'emploi de sa subvention.

L'institut, il faut le dire, est rabaissé. M. Molé avait proposé à la classe des sciences morales de donner sa démission en masse pour conserver sa dignité; mais la classe a préféré perdre un peu de sa dignité pour conserver sa position.

Le fils de Baroche, de Son Excellence M. Baroche, président du Conseil d'état, épouse Mlle Mirès, jeune juive, fille de ce Mirès, si décrié, mais si plein d'écus, que personne encore n'avait osé saluer en public! Mirès, avant d'être riche, a fait tous les métiers. Il a fait du chantage en journalisme, il a occupé la cour d'assises de plusieurs coups de couteau portés par lui à son frère, etc. etc.

Je ne désespère pas, Baroche aidant, de voir un jour Mirès sénateur!

On me dérange au moment où j'allais raconter deux bonnes histoires sur Mocquart et d'Orsay; ce sera pour demain.

MERCREDI 25 AVRIL.

Maleville entrait au ministère de l'Intérieur presque au commencement de la présidence du Prince Louis Napoléon. Dans une conversation le Prince lui dit qu'il voulait désormais recevoir toutes les dépêches télégraphiques et qu'on eût à les adresser ou plutôt à les remettre à Mocquart.

« Monseigneur, répondit Maleville, il est de la dernière
« importance que la personne chargée de recevoir les dé-
« pêches télégraphiques, soit d'une honorabilité éprouvée,
« car on pourrait trafiquer ; eh bien M. Mocquart n'est pas
« un honnête homme, je regrette d'avoir à l'accuser puis-
« qu'il occupe un poste de confiance près de Votre Altesse,
« mais je n'accuse qu'avec les preuves en mains. Ainsi au
« moment de votre expédition à Boulogne M. Mocquart
« allait être poursuivi pour escroquerie de trois cent mille
« francs à votre détriment dans l'affaire du journal *Le*

« *Capitole*. J'en ai toutes les preuves que je peux offrir
« à Votre Altesse. »

Le Prince, président, un peu surpris, proposa d'autres noms que Maleville n'accepta pas, parce qu'ils n'appartenaient point à d'*honnêtes* gens, puis il finit par dire :

« Votre Altesse a un honnête homme près d'elle, c'est
« Monsieur Bataille. »

Les dépêches furent remises à M. Bataille.

Cependant il n'est encore aujourd'hui que maître des requêtes et Mocquart est chef du secrétariat de l'Empereur.

Passons à l'anecdote relative au fameux d'Orsay.

Vers 1846 Louis de Noailles, alors très légitimiste, se trouvait un soir à Londres à *Gore House* chez Lady Blessington ; il y avait avec lui dans le salon, outre la maîtresse de la maison, le comte Alfred d'Orsay et le Prince Louis Napoléon.

Louis de Noailles se laissa aller à parler d'une façon véritablement inconvenante du roi Louis Philippe et de sa famille.

Quelques jours après il recevait de Pinet, secrétaire général de la préfecture de police et qui est son parent de la main gauche, une lettre amicale par laquelle on l'engageait à beaucoup de prudence ; toute sa conversation avait été transmise à la police française.

On ne peut certes prétendre que le prince Louis Napoléon soit l'auteur du rapport, alors il faut bien reconnaître qu'il émane de ce couple indigne de d'Orsay et Lady Blessington.

Rien de nouveau du siége, on est toujours dans l'anxiété de l'attente.

E. Isabey me disait ce matin que M. Ingres avait eu une attaque de paralysie.

On prétend que le mariage du petit Baroche n'est pas vrai.

Les peintres refusés et les sculpteurs, qui se trouvent dans le même cas comme Galimard et Paul Guérard écrivent à l'Empereur les plaintes les plus bouffonnes et demandent un coup d'Etat en leur faveur pour forcer les portes de l'exposition.

Galimard est au lit, incertain s'il ne jouera pas au jury, le tour de se laisser mourir, les membres de l'institut vont, dit-il, protester à son chevet contre l'ostracisme dont il est la victime.

J'ai voulu *honorer l'exposition*, ose-t-il écrire en toutes lettres!

L'amour propre des artistes dépasse toute mesure, la moindre atteinte à cet amour propre est une calamité publique. Quelquefois il revêt une magnifique naïveté. Ainsi Diaz commençant un tableau, s'enthousiasme, s'enflamme et se livre au monologue suivant:

« Allez donc, Mossieu Ingres, allez donc voir si vous
« êtes fichu pour cirer mes bottes!... »

Il donne un coup de pinceau.

« Enfoncé le père du gris, jamais vous ne trouverez
« une figure comme celle-là! »

Second coup de pinceau.

« Hein, quels contours! quelle suavité! quelle har-
« monie! allez donc, vieux cornichon au vert de gris, allez
« donc prendre des leçons chez Diaz! »

Courbet consacre toutes ses toiles à la glorification de sa personnalité! Celle-ci a pour titre: *atelier de M. Courbet*.

Et en effet. M. Courbet termine un paysage au milieu d'une foule composée de toutes les laideurs de la société humaine, de toutes les guenilles ramassées par les chiffoniers.

Bonjour, M. Courbet, est un autre tableau, qui nous représente son auteur passant le front haut et le regard superbe devant un amateur Nîmois, qui a eu la bêtise de lui acheter sa baigneuse; l'amateur s'incline devant M. Courbet et le domestique de l'amateur ébahi, stupéfié, se prosterne devant le maître.

Paul Delaroche n'ose pas exposer, craignant les journalistes.

Scheffer n'expose pas, un peu par crainte des journaux, un peu par Orléanisme. Il joue le rôle d'Achille sous sa tente.

Ces messieurs pensent qu'ils produisent un grand effet, le public ne songe pas à eux.

Quand il y avait des Raphael et des Michel Ange, le public pouvait se passionner à leur endroit, mais par notre époque d'art mesquin et de peuple incrédule aux arts comme à l'idée religieuse, les Achille calfeutrés sont bien vite oubliés.

L'art d'aujourd'hui est une république de coteries fédératives; chaque coterie est un canton, qui aime peu le canton voisin, mais se regarde à lui seul comme toute la république; tout lui est *Sonderbund,* il se mire et s'admire dans les eaux de son lac, il se décerne des couronnes.

Il décréterait volontiers la guillotine pour faire justice des cantons rivaux.

Lorsque j'entends parler de la fraternité des artistes, je demeure stupéfié. Les artistes se détestent en général et ils s'exècrent en particulier.

VENDREDI 27 AVRIL.

L'Empereur ne part pas pour la Crimée, contre-ordre est donné, il reste en France.

Le prince Jérôme demandait des pleins pouvoirs pendant l'absence de l'Empereur, et le ministère donnait sa démission si les pleins pouvoirs étaient accordés au prince !

Pour trancher la difficulté, l'Empereur a décidé qu'il ne partirait pas.

Je crois qu'il fait bien.

L'Autriche se prononce tout à fait; au château on est très content de son attitude.

Lundi soir, l'Empereur tenait entre ses mains un rapport du directeur de la sûreté générale, dans lequel on lui révélait le nom d'un jeune homme riche du faubourg Saint-Germain, qui demande du service à la Russie. L'Empereur a tû son nom, quoiqu'il eût toutes les preuves de cette infamie. Pendant le dîner il s'est présenté une circonstance insignifiante en apparence que je citerai cependant, parce qu'elle révèle chez l'Empereur une délicatesse de bonté remarquable.

L'Empereur avait demandé de l'eau de Seltz qu'un maître d'hôtel empressé mais maladroit, s'était hâté de lui servir.

L'eau de Seltz n'alla pas à sa destination, le jet mal dirigé atteignit l'Empereur en pleine figure, inondant son gilet et sa cravate.

Le malencontreux maître d'hôtel devint pâle, il vit sa position perdue et sa pensée le plongea en une seconde dans toute la profondeur de son malheur.

Mais la pensée de l'Empereur, aussi prompte que celle du maître d'hôtel, se représenta le désespoir de cet homme. L'Empereur s'essuya sans se retourner, sans dire un mot et continua la conversation, sa physionomie ne trahit même pas un mouvement d'impatience.

C'est une niaiserie si l'on veut, quant à moi je ne puis m'empêcher de trouver cela beau de bonté.

Le gros La Rochejaquelein débitait hier soir chez la Princesse Mathilde les plus sottes nouvelles. Il avait reçu une lettre particulière datée du camp devant Sébastopol le 14.

Suivant cette lettre pas un canon russe n'aurait encore été démonté, pas une embrasure démolie, enfin, il proclamait toujours suivant sa lettre l'impuissance de notre armée.

Pour se donner de l'importance, La Rochejaquelein faisait un conte, je suis convaincu qu'il n'a pas reçu de lettre et pour m'en convaincre tout à fait, je lui ai répondu :

« Ce que vous me dites, mon cher La Rochejaquelein,
« m'étonne beaucoup, car mes lettres du 14 me disent tout
« le contraire. »

Alors il est devenu moins affirmatif, il a concédé quelques canons, quelques embrasures et m'a fort interrogé sur mes lettres du 14.

N'en ayant pas reçu, j'ai inventé les meilleures nouvelles, et il a tout accepté.

La Rochejaquelein est un de ces hommes dangereux, qui ne sont bons à rien dans les temps calmes et qui vous mettent des bâtons dans les jambes dès que les temps deviennent difficiles.

La Princesse a parlé beaux arts pour abîmer Eug. Delacroix. La Princesse n'est pas connaisseuse ; elle admire l'art italien du XVIe siècle, parce qu'elle a été élevée en Italie en adoration devant Raphaël et sa sublime époque, mais elle ne comprend qu'un côté de l'art. Il y a même des arts, tels que la gravure, qu'elle ne comprend pas du tout.

Eug. Delacroix est pour elle un fou, un mauvais homme qu'il faudrait interdire, elle n'a pas de termes assez méprisants pour en parler et hier soir en causant avec Lehman, elle l'accablait de son dédain le plus poignant. Lehman a pris bravement le parti d'Eug. Delacroix et lui a rendu toute justice.

L'Exposition universelle ouvre dans quelques jours ses immenses salles. La reine d'Angleterre arrivera en France le 4 mai, disent les journaux anglais.

DIMANCHE 29 AVRIL.

Hier, vers cinq heures, un Italien, ancien cordonnier, Romain, dit-on, a commis une tentative d'assassinat sur la personne de l'Empereur.

Je tiens les détails suivants de Flamarens, qui les a entendus de la bouche même de l'Empereur.

Flamarens les racontait hier soir aux Tuileries chez le comte de Tascher, puis chez Mme Lehon où je suis allé avec le marquis Visconti.

L'Empereur était à cheval dans les Champs Elysées se rendant au bois de Boulogne. L'Impératrice en voiture le précédait d'un quart d'heure. Edgard Ney et Valabrègue accompagnaient l'Empereur.

Tout à coup, un homme assez bien mis, se place sur la chaussée en face de l'Empereur qui crut voir en lui un solliciteur désireux de lui remettre un placet. Cet homme, au lieu d'une pétition tendit vers l'Empereur un pistolet dont il fit feu presque à bout portant. La Providence voulut que l'assassin fût trompé dans son attente. Edgard Ney se précipita aussitôt entre l'Empereur et ce furieux, mais il ne put empêcher un second coup de pistolet fort heureusement encore sans résultat!

L'assassin est un Italien de Mazzini arrivé d'Angleterre le jour même ou la veille, il n'avait sur lui que de l'argent anglais et n'était couvert que de vêtements anglais.

L'Empereur a continué sa promenade vers le bois où il a rejoint l'Imperatrice, et ils sont immédiatement rentrés dans Paris. Tous les promeneurs, hommes et femmes au nombre de plusieurs centaines, lui servaient d'escorte; sur son passage les cris de vive l'Empereur éclataient avec enthousiasme.

La foule comprenait qu'en ce moment les destinées du monde reposent sur cette tête.

On savait gré à la destinée de l'avoir épargné.

L'Impératrice, pâle et vivement émue, portait fréquemment son mouchoir sur ses yeux.

Aux Tuileries les princes, les princesses, les ministres et quelques autres personnes averties de cet événement attendaient LL. MM. L'Empereur a dit alors, en s'adressant à tout ce monde empressé :

« *Vous voyez bien que cela n'est pas si facile.* »

J'ai vu le soir à neuf heures l'arrivée des voitures impériales au théâtre de l'Opéra comique et je dois dire que si je lisais ce que j'ai vu, je n'y croirais pas, j'accuserais les journaux d'adulation, de courtisannerie.

Les cris de vive l'Empereur tonnaient comme des décharges d'artillerie se prolongeant au loin; l'émotion était générale. J'ai vu des gens pleurer. J'ai vu pleurer non pas une personne, mais vingt, trente; j'ai vu pleurer le vieux colonel Porcher, qui commandait avant 1848 un régiment de cuirassiers et qui est resté Orléaniste. Il était à côté de moi, et près de Victor Grouchy (nommé avant-hier au commandement de la division de Strasbourg); l'émotion l'a gagné, il s'est retourné vers moi, la figure mouillée, et il m'a dit: *ma foi tant pis!* en s'essuyant les yeux.

A l'Opéra comique l'Impératrice était pâle et préoccupée malgré ses efforts pour paraître calme. L'Empereur lui aussi était soucieux. Au retour LL. MM. ont été accueillies par les mêmes ovations et les maisons resplendissaient d'illuminations sur leur passage.

On dit qu'avant hier la police a découvert une conspiration, qui a des ramifications assez étendues et à laquelle plusieurs personnes bien placées ont pris part.

Je commence à penser que l'Empereur fait sagement de ne pas aller en Crimée.

Hier, tout le monde se disait que s'il était arrivé un malheur, la révolution recommençait, nul ne voulait songer au prince Napoléon comme à un héritier.

Rien de nouveau d'ailleurs du théâtre de la guerre.

Quant aux conférences de Vienne, elles paraissent définitivement rompues et Drouyn de Lhuis est, je crois, attendu aujourd'hui ou demain.

L'ouverture de l'exposition est ajournée au 15 mai.

LUNDI 30 AVRIL.

L'homme, qui a tiré sur l'Empereur, se nomme, dit la *Patrie,* Liberani, il est sujet romain et a fait partie des bandes de Garibaldi. On disait hier soir chez la Princesse Mathilde qu'il avait longtemps refusé de répondre aux questions de Pietri, mais qu'après de vives instances, Pietri ayant simulé la volonté de le faire fusiller à l'instant même, dans l'intérieur de la prison ; Libérani avait enfin fait des révélations.

L'Empereur, dans sa réponse au sénat, a dit hier:

« Je ne crains pas les assassins aussi longtemps que
« ma mission ne sera point remplie, »

MARDI 1er MAI.

L'assassin avait pris un faux nom sur le passeport sarde dont il était porteur. Son véritable nom est Giovanni Pianori. Il est né à Faënza où il exerçait la profession de cordonnier. La chambre des mises en accusation le renvoie devant la cour d'assises où son affaire sera portée à l'une des prochaines audiences.

Rien n'a transpiré des révélations qu'il a pu faire. On pense généralement que cet homme est un des fanatiques dont dispose Mazzini.

Les personnes, qui connaissent Mazzini, parlent de lui comme d'un homme supérieur et qui domine tout ce qui l'approche. Un de ses lieutenants, Saffi, est un véritable personnage de roman, d'une bravoure remarquable, et qui accomplit en Italie au milieu même des pays occupés par les Autrichiens les missions qu'il reçoit sans craindre une dénonciation.

Mazzini fait trembler les Italiens à un tel point, que lorsqu'il émit en Italie les titres de son emprunt, l'aristocratie italienne, sa plus grande ennemie, s'empressa de souscrire.

A Gênes les plus illustres familles versèrent quatre cent mille francs dans la caisse du démagogue!

Régénérez donc un pays où se trouvent deux partis dont l'un se sert de l'assassinat comme moyen et l'autre tremble devant le parti des assassins et lui fournit de l'argent.

Le *Moniteur* annonce ce matin que le feu des alliés est suspendu devant Sébastopol pour attendre des renforts.

LUNDI 7 MAI.

C'est aujourd'hui que la cour d'assises juge Pianori.

Hier, aux courses du Champ de Mars le bruit de la prise du bastion du Mât s'est répandu.

LUNDI 7 MAI. 143

Le *Moniteur* de ce matin ne confirme pas cette nouvelle importante.

M. Drouyn de Lhuis, mécontent de la nomination de son directeur des Affaires politiques à l'ambassade de Constantinople a donné sa démission. Ce directeur lui était parfaitement désagréable.

Bourré, ancien consul à Beyrouth, puis au Maroc, nommé recemment envoyé en Perse devient directeur des affaires politiques, c'est un mauvais choix.

Bourré est un intrigant et un financier mal élevé et de mauvaises façons. Il n'a jamais fait de diplomatie ni de politique que dans les consulats secondaires de l'Orient. C'est de plus un homme sans convictions arrêtées. Dans la crise actuelle je regarde cette nomination comme déplorable.

Le fils du général de Grammont, nommé écuyer de l'Empereur par l'influence de son père, se marie à Mlle de Villa Garcia que les mauvaises langues appellent *vile garce*.

Le pauvre jeune homme croit trouver une fortune, il est dans l'erreur; il croit aussi trouver une pucelle, il est également dans l'erreur, car il y a deux ou trois ans que Petipas le danseur fut surpris par l'amant de la marquise de Villa Garcia, sortant la nuit de la chambre de la dite demoiselle. Un duel suivit cette découverte et Petipas blessa son adversaire.

Le roi de Portugal vient de décorer de l'ordre du Christ un danseur de l'Opéra de Lisbonne. Que voilà un Christ bien placé, et un roi bon gardien de l'honneur de ses ordres de chevalerie.

J'ai appris par l'ambassade française de Madrid de curieux détails sur la cour d'Espagne.

Le roi était l'instigateur de l'assassinat de la reine, c'est lui qui avait placé le couteau dans la main de l'assassin. Mais cette tentative qui faillit réussir, car la reine, on s'en souvient fut blessée, n'est pas la seule tentée à l'instigation du roi. Un jour, à Aranjuez deux hommes se sont précipités sur la reine, mais ils ont été tués sur place par les officiers de service et enterrés dans un des massifs du jardin, puis l'affaire a été étouffée.

Les relations du roi et de la reine sont bornées aux relations d'apparat; hors de là, ils ne se voyent point. Isabelle connaît son époux, elle sait ce dont il est capable et craint d'être la victime de ses machinations. Elle veille toute la nuit et n'ose se coucher qu'au jour.

Le roi d'Espagne est un mauvais petit drôle, qui passe son temps à susciter des embarras au pouvoir, à conspirer contre la monarchie et qui s'entoure comme ici le prince Napoléon, des gens les plus hostiles au pouvoir.

Les soirées du Louvre ont recommencé vendredi dernier. Plus de quatre cents personnes assistaient à cette première réunion. E. Giraud, lorsque nous n'avons plus été qu'une douzaine d'intimes, a repris la suite de ses portraits caricatures dont le nombre s'élève à 70 environ. M. Adalbert de Beaumont a posé avec beaucoup de bonne grâce. Ce livre de portraits sera une œuvre éminemment intéressante.

MERCREDI 9 MAI.

L'Empereur voudrait faire grâce à son assassin, mais les ministres s'y opposent.

Le *Journal des Débats* raconte toute la scène, qui s'est passée entre la reine d'Espagne, Espartero et O'Donnel, à propos de la signature de la loi votée par les Cortés et qui a pour résultat la vente des biens écclésiastiques. La reine n'a cédé qu'à la menace faite par les deux généraux de proclamer la République, d'expulser la reine en gardant sa fille pour ôtage. Ainsi il est avéré que la reine d'Espagne n'est plus libre; elle aurait dit aux généraux toujours suivant le *Journal des Débats* :

« Je proteste de toute mon âme contre vos violences,
« et j'espère que Dieu fera retomber sur vos têtes et sur
« celles de vos collègues et de vos amis la responsabilité
« de ma faiblesse. »

Voilà comment les révolutionnaires entendent le gouvernement constitutionnel, l'oppression de la royauté. Cela portera ses fruits!

Drouyn de Lhuis suivant le *Times* tomberait par suite de sa faiblesse à Vienne.

Walewski, qui le remplace, a prêté serment.

Baroche va, dit-on, entrer au ministère de l'Intérieur. Rouher deviendrait président du Conseil d'état, Billault ministre de la marine, Bineau reprendrait les finances, etc.

Nous verrons avant peu.

J'ai été reçu hier à l'unanimité membre du Cercle Impérial, et La Guéronnière est venu me demander si je voulais me mettre à la tête d'une revue à opposer sous le patronage de l'Empereur, à la Revue des Deux Mondes; j'ai accepté. Il faut maintenant que Morny et La Guéronnière fassent approuver l'organisation de cette Revue par l'Empereur qui l'a déjà approuvée en principe.

SAMEDI 12 MAI.

L'*Indépendance Belge* contient un long article répété par le *Moniteur*, sur les motifs de la retraite de M. Drouyn de Lhuis. Il est vraiment curieux que le journal officiel du gouvernement emprunte de telles explications à un journal étranger.

M. Drouyn de Lhuis acceptait les conditions d'un dernier Ultimatum de l'Autriche, qui ne paraissent pas acceptables aux gouvernements de la France et de l'Angleterre.

Bourré est déjà remplacé dans la direction des Affaires politiques par M. Clément, mauvais diplomate d'occasion envoyé à Berlin après la révolution de 1848.

Des lettres d'Espagne donnent des détails les plus ignobles sur les violences d'O'Donnel et d'Espartero envers la reine. O'Donnel lui a pris la tête entre ses mains et la menaçait en la secouant rudement.

Narvaëz et la potence auront affaire quelque jour à ces deux hommes là. Isabelle a de grandes fautes à se reprocher, mais aussi, comment et par qui a-t-elle été élevée? quel mari lui a-t-on donné? de quelle famille est-elle entourée? Sa mère n'a cherché qu'une chose, à piller l'Espagne au profit des enfants de son second mariage, sa tante la mère de son mari, son beau-père l'Infant Don François de Paul ont été et sont ses ennemis. Mauvaise race, sans vergogne, sans conscience et sans esprit.

Il y aura avant peu, je le crains, de graves événements en Espagne.

JEUDI 17 MAI.

Avant-hier a eu lieu l'ouverture de l'Exposition universelle, j'y assistais en uniforme avec la Maison de l'Empereur et j'y étais au pied du trône aussi près que possible de Sa Majesté. Je n'ai cependant rien entendu du rapport lu par le prince Napoléon, ni de la réponse de l'Empereur. Le bruit sourd qui se faisait dans ce vaste édifice, les cris des gens mal élevés qui voulaient faire asseoir les gens debout m'en ont empêché.

La cérémonie a été belle, mais très courte.

Il y a encore beaucoup à travailler pour rendre l'exposition complète.

L'Autriche à ce qu'il paraît, reste décidément neutre et rend ainsi disponibles pour la Crimée deux à trois cent mille Russes. La guerre va prendre par la force des choses une nouvelle face, et déjà les journaux anglais, qui passent pour être les organes de Lord Palmerston, parlent de réveiller les nationalités de Pologne, de Hongrie; l'Italie pourra bien avoir son tour.

C'est la guerre générale, malheureusement les révolutionnaires se remettront en branle.

La diplomatie n'a pas été brillante dans les conférences, ses temporisations lui ont valu d'être jouée par les Russes et les Allemands!

Drouyn de Lhuis a reçu, il y a un peu plus d'un an, le grand cordon de la légion d'honneur pour avoir terminé heureusement les affaires d'Orient!!

Nous sommes aujourd'hui entre les mains de Walewski et de Persigny, que Dieu nous garde !

DIMANCHE 20 MAI.

Hier j'étais invité au dîner d'ouverture du Cercle de l'Exposition, qui occupe l'ancien hôtel d'Osmont situé sur le boulevard en face de la rue de la Paix. Méry nous a lu une pièce de vers d'inauguration.

Dans le *Moniteur* d'avant-hier a paru la démission du général Canrobert, qui demande à rester en Crimée sous les ordres de son successeur le général Pélissier.

Hier soir, au Cercle Impérial le prince Napoléon éditait en causeries la seconde publication de sa fameuse brochure, et il concluait en disant : *que l'armée française est une armée de lions commandée par des ânes.*

Je ne comprends pas la tolérance de l'Empereur envers ce faux général revêtu du grand cordon de la légion d'honneur et d'épaulettes à trois étoiles. Ses discours font le plus mauvais effet, et quelques imbéciles voyant la tolérance de l'Empereur, se persuadent que le prince en est l'écho.

L'Autriche remet, dit-on, un nouvel ultimatum à la Russie, et si la Russie le repousse, elle marchera décidément avec nous.

Par le temps qui court la diplomatie forge des barbarismes pour représenter des situations sans analogie à aucune autre de quelque temps que ce soit.

DIMANCHE 20 MAI.

Hier soir, chez la Princesse Mathilde, La Guéronnière m'a reparlé de la *Revue* que nous devons opposer à la *Revue des Deux Mondes*. Les fonds sont faits, les situations convenues. Je suis un des directeurs, Morny m'a accepté avec plaisir.

La haine du prince Napoléon contre moi et ceux du conservatoire du musée que Villot lui désigne, se dessine. On essaie de l'intimidation auprès de Longpérier ; on lui fait entrevoir la perte de sa place s'il ne se rallie pas au prince en se détachant de Nieuwerkerke.

Quant à moi, mon arrêt est prononcé et sera mis à exécution le jour où on en trouvera la possibilité. Je sais mon affaire, depuis longtemps je suis prévenu, mais rien ne m'a décidé et rien ne me décidera à faire des courbettes à un homme que je méprise profondément, que je crois né pour le malheur de mon pays et qui est plus faux et plus traître que Judas.

Si les Arago, les Villot, les Bixio pouvaient entendre ce qu'il dit sur leur compte, ils seraient édifiés.

Girardin, Villot et Bixio sont bien auprès du prince. Arago est près de lui une sorte de Triboulet qui mange la desserte de son écuelle et rit pour faire rire. Mme Villot et Mme Barbier sa sœur, femme de l'intendant militaire de Paris, deux p... du grand monde bourgeois rêvent déjà des tabourets à la cour de Napoléon-Bonaparte.

Le prince Jérôme est enfermé, nouvel Achille dans sa propriété de Vilgénis, il boude !

L'Empereur, en répondant aux adresses de félicitations à propos de l'attentat Pianori, n'a pas prononcé la phrase suivante ou toute autre équivalente.

« Dieu pouvait me rappeler à lui, car je laissais pour
« compléter mon œuvre le frère de l'Empereur Napoléon I*,
« etc. etc. »

Le père Jérôme ne reconnait pas la dauphinerie de Monsieur son fils et compte bien un jour lui disputer le trône! Pauvres aveugles, qui ne voyent pas la moralité entière de la France s'élever contre leur candidature.

VENDREDI 25 MAI.

Le nouvel empereur de Russie, continuant les traditions de son père, cherche à se faire des partisans partout, à diviser, à introduire ses alliés jusqu'au cœur de ses adversaires.

Malheureusement pour l'Empereur Napoléon, il est grévé comme il l'a dit, de la famille de son oncle!

Dans cette famille la meilleure personne est sans contredit la Princesse Mathilde; mais la Princesse Mathilde, élevée hors de France, n'est pas Française complètement, et puis elle est restée femme passionnée au lieu d'être princesse, et femme passionnée, conduite cependant par les intrigants qui sont autour d'elle.

Jamais elle n'acceptera les charges de son rang d'Altesse Impériale dont elle tient à recueillir les bénéfices. Elle ne se préoccupe point de mettre son langage en conformité avec le langage de l'Empereur; devant ses domestiques, devant le premier venu et poussée par l'abbé Coquereau elle parle du pape, des cardinaux, des Autrichiens et des Anglais comme pourrait le faire le Mazziniste le plus prononcé.

Elle ne cache pas aux Anglais la haine qu'elle leur porte et dissimule à peine sa préférence pour les Russes. Elle est plus flattée d'être par sa mère la cousine de l'empereur de Russie, que d'être la cousine germaine de l'Empereur des Français.

Le nouvel empereur de Russie vient de lui écrire que le legs le plus cher à son cœur qu'il ait trouvé dans la succession de son père, et celui qu'il tient le plus à acquitter, c'est la continuation de l'affection que lui portait le défunt Czar ; qu'elle peut être assurée de ses sentiments affectueux et de la protection due à ses intérêts.

La Princesse est heureuse de cette lettre ; elle est fière, elle Altesse Impériale française de l'amitié et de la protection de l'ennemi de la France.

Aussi pour reconnaître cette condescendance, les mauvais bruits commencent à partir de son salon. Ce matin les *on dit* sont ceci :

« Le général Pelissier a écrit qu'il est impossible de « prendre Sébastopol et que l'armée manque de matériel « de campagne pour entreprendre une guerre ou pour « chasser les Russes de Perikop et investir ainsi Sébas- « topol. »

L'Empereur Napoléon est desservi par sa famille, l'entourage de la Princesse Mathilde, à l'exception de Nieuwerkerke parfaitement dévoué à l'Empereur, est hostile à sa politique.

Quant au prince Napoléon c'est de l'inimitié déclarée.

La plupart des gens intimes chez la Princesse ne sont attachés qu'à leur position ou à leurs espérances. Toute révolution, qui ne les menacera pas, les trouvera indifférents.

Ilis de Butenval, conseiller d'Etat, est froissé de n'être pas sénateur, Coquereau de n'être pas évêque, La Rochejaquelein de ne pouvoir accrocher une ambassade ; Giraud le peintre de n'avoir pas pour cinquante mille francs de commandes.

Giraud est républicain, il est en alliance offensive et défensive avec la Desprez la plus méchante et la plus décriée carogne de la terre, à eux deux ils protègent Mélingue l'acteur sculpteur républicain à la Ledru Rollin.

Arago est encore un homme des intimités, faux et espion du prince Napoléon.

MARDI 29 MAI.

Samedi dernier je suis allé en soirée chez le prince Napoléon ; il y avait beaucoup de monde, mais très mélangé.

La Guéronnière m'a raconté que dînant, il y a peu de jours, à Vilgenis chez le prince Jérôme il avait vu arriver le prince Napoléon vers le milieu du dîner et que dans la soirée ce dernier l'avait fait entrer dans un cabinet où ils avaient causé confidentiellement.

La Guéronnière avait dit au prince Napoléon :

« Puisque V. A. I. veut bien me parler comme elle le
« fait, je lui dois toute la vérité. La France juge défavo-
« rablement la ligne de conduite qu'Elle a adoptée. Enfin
« si les chances de l'avenir conduisaient V. A. I. sur le
« trône, elle trouverait bien plus d'ennemis que de parti-
« sans. »

Le prince Napoléon, qui aime et cultive le paradoxe, a répondu à La Guéronnière :

« L'avantage de ma position, Monsieur de La Guéron-
« nière, consiste dans ma mauvaise réputation ; c'est pres-
« que un bonheur pour l'héritier d'un trône qu'une mau-
« vaise réputation, car on craint tout de lui, et le moin-
« dre bien qu'il fait est apprécié à cent fois sa valeur.
« Pensez-vous d'ailleurs que je veuille de gaîté de cœur
« établir un mauvais gouvernement ou régner de façon à
« me faire détester ? non, une fois sur le trône je serai
« Empereur ! Quant à des partisans, le *Moniteur* m'en
« donnerait le jour même de mon avénement par l'inser-
« tion de ces quelques mots fort simples : *Les fonction-
« naires publics sont maintenus dans leurs emplois.* »

Le prince se croit supérieur à tout le monde et capable de jouer tout le monde ; il espère se grandir en méprisant ce qui l'entoure et il se persuade que la France sera trop heureuse un jour de se réfugier entre ses bras.

Girardin se promenait samedi soir dans les salons du Palais Royal et prenait des façons de futur ministre.

Depuis la nomination de Pélissier au poste de commandant en chef de l'armée d'Orient les affaires marchent vigoureusement.

Nous avons emporté une place d'arme importante sous les murs de Sébastopol ; nous avons occupé la ligne de la Tchernaïa, et à Kertch, à Jénikalé sur la mer d'Azof nous avons forcé la Russie à la retraite, après avoir pris trente bâtiments chargés de vivres et de munitions et trois ou quatre frégates armées de cinquante canons. Dans leur retraite les Russes ont brûlé leurs magasins, le reste de leur flotille et fait sauter des batteries.

MARDI 29 MAI.

Le plan de Pélissier se développe, il isole peu à peu Sébastopol, lui coupe les vivres et les renforts, et la mettra dans un temps peu éloigné à la discrétion des assiégeants.

Le ministre de la guerre avait la prétention de diriger du fond de son cabinet les opérations de la guerre. Ainsi il avait une première fois rappelé l'expédition de Kertch et il avait enjoint à Pélissier de ne pas la tenter de nouveau, mais de conserver son armée agglomérée et de ne rien entreprendre en la fractionnant.

Pélissier lui a répondu :

« Ce que vous m'ordonnez, M. le maréchal, est impossible, il me faut de l'espace et des fourrages ; je marche donc en avant. Il me faut aussi la possession de Kertch pour couper la voie des renforts à l'armée russe, et je fais partir l'expédition. »

Ainsi que je l'avais présumé, la prétendue lettre de Pélissier, démontrant l'impossibilité de rien faire qui vaille en Crimée, n'était qu'une invention de quelque flatteur de la Princesse Mathilde, qui, voyant sa joie à la réception de la lettre de l'empereur Alexandre, a cru lui faire plaisir en présentant la position des Russes sous un jour avantageux.

Le roi de Portugal et son frère le duc de Porto sont venus hier visiter le musée où ils sont restés deux heures et demi.

Ils ont été reçus par le directeur général accompagné des conservateurs.

LUNDI 4 JUIN.

Le roi de Portugal et son frère sortent du Louvre où ils sont venus pour la troisième fois. Leur visite a eu pour objet les salles de la sculpture.

Hier soir, au Cercle Impérial je causais avec Monsieur Zébach, le ministre de Saxe, des menées du parti socialiste. Il m'a raconté que l'Empereur lui avait communiqué une dépêche de M. de Turgot, ambassadeur de France à Madrid, datée du jour de la tentative d'assassinat faite par Pianori. Cette tentative était connue à Madrid et l'on était prévenu qu'un mouvement allait éclater à Paris.

Les socialistes ont des émissaires insaisissables, qui colportent partout les mots d'ordre du parti ; on n'en a pas fini avec ces enragés !

Les affaires de Crimée vont toujours bien, nous sommes maîtres de la mer d'Azof et de sa communication avec la mer Noire.

L'Autriche après bien des tergiversations se retranche à ce qu'il paraît dans une neutralité expectante.

Je vais le samedi chez le prince Napoléon, mais jusqu'à présent il ne me parle pas. Je ne suis décidément pas bien vu par la cour du Palais Royal.

VENDREDI 8 JUIN.

Nos escadres sont maîtresses de la mer d'Azof et de la mer Putride ; elles s'avancent maintenant vers les côtes de la Circassie. Le bombardement de Sébastopol a recommencé. Dans la Baltique nous reconnaissons Cronstadt.

L'Allemagne, y compris l'Autriche, est décidément neutre.

Dans le Parlement anglais depuis quatre jours les partis politiques se livrent à de longs débats sur la paix et sur la guerre, et ces débats démontrent une fois de plus tout ce qu'a de misérable le système parlementaire dans les circonstances un peu graves. Les orateurs parlent au point de vue de leurs intérêts personnels, et font bon marché de ceux du pays. Puis il y a encore les *saints*, qui s'indignent du secours accordé aux Turcs, et enfin les ambitieux, qui sacrifieraient l'Angleterre à la Russie pour rentrer au pouvoir en faisant luire aux yeux du peuple l'espoir de la paix.

Le parti carliste a relevé la tête en Espagne et les révolutionnaires ont tellement abusé de leur pouvoir, ils ont tellement compromis ce pays que je crois le trône constitutionnel fort malade.

Je dîne ce soir chez la comtesse Lehon : peut-être y apprendrai-je quelque chose.

Le duc de Schleswig-Holstein vient assiduement aux Vendredis du Louvre, son fils et lui m'ont pris en amitié. Ils sont gens d'esprit et d'intelligence, mais de cette nature d'opposition qui ne va pas aux princes ; somme toute ce sont des ambitieux, qui visent la succession du Danemarck.

Hier matin, un certain comte d'Assas est venu nous lire un petit drame en vers, en trois actes, où la statue de la Venus de Milo joue le rôle principal. Cela est spirituel et bien tourné.

Il serait possible que cette petite pièce fût jouée chez Nieuwerkerke pour l'inauguration de son nouveau salon.

Après chaque soirée du Louvre, le vendredi, lorsque nous ne sommes plus que sept ou huit intimes, Eugène Giraud fait à l'aquarelle la charge d'après nature d'un des hommes marquants qui fréquentent le salon de Nieuwerkerke. Hier soir, Heine le peintre servait de modèle, il y a huit jours, c'était Horace Vernet, avant lui Yvon, le marquis de Lovoëstine, Adalbert de Beaumont, etc. etc. La collection se compose aujourd'hui de 63 ou 64 dessins, qui forment un portefeuille des plus curieux.

Lundi nous aurons à l'Hôtel de Ville un grand bal en l'honneur du Lord Maire et de la corporation municipale de Londres.

Le roi de Portugal est toujours à Paris où il visite fort en détails tous les établissements publics. Le roi et son frère ont fait trois visites au Louvre.

J'ai dîné dimanche dernier chez la Princesse Mathilde avec Alexandre Dumas père. J'ai déjà dit combien la présence de cet homme dans les salons de la Princesse me paraissait inconvenante, je persiste dans mon opinion. Dumas se pose en homme politique, en adversaire du gouvernement. Il tient des propos très inconvenants et se croit une puissance égale à celle de l'Empereur. Le gouvernement l'a volé, prétend-il, le gouvernement est ingrat, on lui a refusé la direction du théâtre de l'Odéon ! etc. etc.

Dumas disait à la Princesse :

« Nommez moi Dumas, tout court, car il y a vingt-
« cinq ans que je travaille pour cela. »

Puis, il nous a dit :

« Dans quatre ans j'entreprendrai de grands voyages
« et je laisserai pour adieux à mon pays deux romans in-
« achevés avec cette inscription en tête: Français, vous êtes
« trente-cinq millions, qui portez ce beau nom, parmi vous
« il y a cinq mille littérateurs, eh bien ; je vous mets tous
« au défi de terminer mes deux romans ! »

Depuis sept heures jusqu'à onze heures, Dumas a toujours parlé, et il n'a parlé que de lui.

Le propre des écrivains de notre époque est de se louer sans mesure, sans pudeur. Dumas est comme Georges Sand, qui se canonise dans l'histoire de sa vie. Elle nous dit maintenant qu'elle ne nous racontera pas *les intimités de son cœur,* parce qu'elle n'a pas le droit de révéler ce qui n'est pas à elle seule ! Lorsqu'il s'est agi de sa mère, elle n'a pas eu tant de scrupules. Il fallait abaisser ce qui était autour d'elle pour la faire paraître plus grande, aussi a-t-elle imprimé sans vergogne.

« Lorsque mon père prit la résolution d'épouser ma
« mère, elle était entretenue par le général X***. »

Dans les derniers chapitres, publiés par la *Presse*, Georges Sand traite de *lâches menteurs* tous ceux qui ont dit qu'elle avait suivi les chemins excentriques du vice.

Je sais très-bien que Mme d'Agout était profondément débauchée, après sa liaison avec Georges Sand ; Mérimée, en me parlant d'elle, me disait, il y a vingt ans, c'est une femme débauchée à froid par curiosité plus que par tempérament ; ses principaux amants furent: de Sèze, Jules Sandeau, Mérimée, Gustave Planche (sale et graisseux personnage lâche et méchant), Musset, Listz, Chopin, Bocage l'acteur, Michel de Bourges, etc. etc.

VENDREDI 8 JUIN.

Je dînais, il y a huit jours, chez le peintre Eugène Delacroix et je lui demandai : « Avez-vous été l'amant de « Madame Sand ? » — « Mais oui, » m'a-t-il répondu, « je l'ai « été comme tout le monde ! »

DIMANCHE 10 JUIN.

J'ai dîné hier chez la comtesse Lehon avec Morny et Rouher (ministre). Il a été question de Romieu. Morny a dit qu'il n'avait aucune estime pour lui, que c'est un poltron, qui tremblait aux affaires du deux décembre.

A neuf heures je me suis rendu chez le prince Napoléon, où se trouvait l'Empereur, le roi de Portugal, le duc de Porto, la reine Christine, le duc de Schleswig-Holstein, etc. etc.

Enfin j'ai terminé ma soirée aux Tuileries, chez le roi de Portugal, en petit comité. Il n'y avait outre la suite du roi, que le comte de Flahaut, Nieuwerkerke, moi, les deux Giraud, Eugène dessinait la caricature du jeune comte de Mello, et Nadaud qui a chanté.

Le roi s'est retiré avec son frère à onze heures, ils étaient fatigués de leurs courses du matin. Nous sommes alors restés, le comte de Flahaut, M. de Païva, envoyé de Portugal, Chaumont Quitry, chambellan de l'Empereur, Nieuwerkerke et moi, à entendre quelques chansons de Nadaud, à fumer et à boire du punch froid jusqu'à minuit.

On avait reçu d'excellentes nouvelles de Sébastopol, le mamelon vert, position qui domine la tour Malakoff est pris, les batteries des carriers et toute l'artillerie, qui garnissait ces positions, est en notre pouvoir ainsi que quatre cents prisonniers.

Quelques russophiles sont atterés.

Le ministère anglais a remporté une victoire complète sur toutes les oppositions ameutées dans la question de la guerre.

MARDI 12 JUIN.

Hier, en arrivant sur le terrain des manœuvres de Satory l'Empereur annonça aux officiers de la cavalerie, qui allaient exécuter les grandes manœuvres, les bonnes nouvelles arrivées de Crimée dimanche soir.

Le maréchal Magnan dit à l'Empereur :

« *Serait-il indiscret de demander à Votre Majesté, à quelle heure ces nouvelles lui sont parvenues ?* »

« *Non,* » répondit l'Empereur, « *Fould me les a transmises à dix heures.* »

« *C'est extraordinaire,* » reprit Magnan, « *Fould me les avait fait connaître avant huit heures.* »

L'Empereur ne fit aucune observation, mais il se mit à tirer et à lisser ses moustaches comme il le fait quand il n'est pas content.

MERCREDI 20 JUIN.

Nous sommes depuis les dernières entreprises des flottes dans la mer d'Azof sans nouvelles du théâtre de la guerre. On attend chaque jour le récit de quelque fait décisif.

Les artistes et le public se préoccupent toujours des malencontreuses restaurations des tableaux du Louvre, exécutées sous la direction de M. Villot.

J'ai voulu me rendre compte du mérite de Godefroy, le restaurateur favori du conservateur des tableaux, surtout après avoir entendu le dit conservateur menacer la galerie Médicis de Rubens d'une restauration générale, et après avoir déploré le massacre de la *Fête villageoise* de Claude Lorrain, exécuté par le dit Godefroy sous la direction du dit Villot.

Je me suis donc transporté dans l'atelier du restaurateur émérite que j'ai trouvé armé d'une palette lourdement chargée devant le portrait équestre de *François de Moncade, marquis d'Aytona*, peint par Van Dyck.

M. Villot dit dans son catalogue : « *Cette peinture passe « pour le plus beau portrait équestre de Van Dyck.* »

Cela dit, voyons comment Godefroy en entend la restauration, je vais rapporter son discours :

« Vous avez peine, Monsieur le comte, à reconnaître « ce portrait! Il est bien changé depuis que je l'ai dé- « verni.... Les peintres qui avaient commencé des copies « les recommenceront. (Ici Godefroy se livre à une hilarité « contenue.) La tête de Moncade s'enlevait en vigueur sur « un nuage clair, elle se détache actuellement en clair sur « un nuage vigoureux!... il se trouvait un tronc d'arbre « sur le premier plan, il n'y a plus qu'une pierre!... le « train de derrière du cheval est perdu, le contour a disparu, mais M. Villot doit m'apporter une ancienne gra-

« vure de cette œuvre, et je referai le train de derrière. »
(Ici Godefroy se rengorge.)

« Je trouve le ton général de ce portrait actuellement
« bien froid », répondis-je.

Godefroy prit une bouteille dans laquelle croupissait
une sorte de boue noirâtre.

« Voici mon remède, avec un peu de cette sauce je
« redorerai le Van Dyck. Quand je dévernis un tableau
« je garde la poussière du vieux vernis, j'y ajoute de l'es-
« prit de vin, et voilà ma sauce à refaire les vieux ta-
« bleaux. »

Après cette belle harangue Godefroy reprit ses pin-
ceaux pour refaire un ciel dans je ne sais plus quel paysage.

Ab uno disce omnes.

LUNDI 25 JUIN.

Le maréchal de Castellane reçut, il y a peu de jours,
une lettre dans laquelle on lui annonçait de Paris la mort
d'un homme de sa connaissance. Soit qu'il eût mal lu le
nom de cet homme, soit hallucination, le maréchal crut
avoir reçu la nouvelle de la mort de l'Empereur ; alors
il dépêche un de ses aides de camp pour lui amener l'imprimeur des actes officiels. A peine celui-ci est-il arrivé
que le maréchal après s'être enfermé avec lui, lui dit :

« L'Empereur est mort, vous allez sur le champ m'im-
« primer une proclamation dont je vais vous donner le
« texte, pour annoncer à la population de Lyon l'avéne-
« ment de Henri V. »

Vainement l'imprimeur consterné répond-il qu'il ne peut se lancer dans une aussi grosse affaire, encourir une si lourde responsabilité qu'il est d'ailleurs bien grave pour la ville de Lyon de prendre l'initiative en cette circonstance, le maréchal ne veut rien entendre, et il décide enfin l'imprimeur à écrire sous sa dictée la proclamation qu'il consent à imprimer.

A peine l'imprimeur est-il sorti, que l'aide de camp rappelé apprend la nouvelle de la bouche du maréchal. Il se récrie, s'oppose à la proclamation et finit par demander comment est arrivée la fatale nouvelle. Le maréchal donne la lettre de Paris, l'aide de camp la lit, et n'y voit pas l'annonce de la mort de l'Empereur, mais bien de la mort d'un inconnu. Il ouvre avec peine cependant les yeux au maréchal et lui fait retirer sa proclamation.

Peu de jours après, le fait était raconté à l'Empereur qui l'écouta en tirant sa moustache de l'air le plus calme du monde ; puis lorsqu'on lui eut tout dit, il répondit :

« Je ne savais pas que le maréchal fût un homme d'initiative ! »

Fleury le colonel des guides se marie avec Mme Calais St-Pol qui a acquis une assez belle fortune dans les affaires. L'Empereur donne quatre cent mille francs à Fleury, jusqu'ici rien de mieux. Fleury est un homme qui a rendu des services à l'Empereur et qui lui est très dévoué, mais Fleury était l'amant de la marquise de Contades, il l'entretenait; tranchons le mot.

La Contades n'est plus belle, elle n'a pas grande chance de remplacer utilement Fleury et elle a un fils du marquis de Coislin. De plus elle est ornée d'un frère, officier de cavalerie, réintégré dans l'armée d'où il avait été chassé, et d'un père, le maréchal de Castellane dont il vient d'être question.

La Contades a obtenu que l'Impératrice élevât le petit Coislin, et de l'Empereur une pension de douze mille francs comme dédommagement du Fleury dont elle est expropriée. Ainsi réhabilitée, la Contades est, dit-on, reprise par son mari.

Nous verrons bien !

Une attaque dirigée contre la tour Malakof a échoué par la faute des Anglais, qui, ayant négligé de se munir de fascines, n'ont pu passer un fossé et ne sont pas arrivés. Nous avons perdu du monde.

La Princesse est depuis avant-hier à Saint-Gratien, j'y ai couché le jour de son arrivée. Toujours même entourage, la Desprez et sa fille trônent !

Mame de Tours m'a apporté le beau livre sur la Touraine qu'il a imprimé pour l'exposition, et qu'il m'a fait superbement relier.

MERCREDI 4 JUILLET.

Je pars ce soir pour Ambel près d'Angoulème où je vais assister au mariage de Marie d'Ambel, ma nièce, avec Monsieur de Laroche, gentilhomme breton.

Dimanche dernier, j'ai dîné à Saint-Gratien chez la Princesse Mathilde avec le roi Jérôme et son fils. Le soir nous avons fait une promenade sur le lac ; le roi tenait le gouvernail, le prince Napoléon et Nieuwerkerke ramaient.

Les Chambres sont ouvertes pour délibérer sur un emprunt de sept cent cinquante millions et diverses augmentations dans les impôts, plus une levée de cent quarante mille hommes.

L'Empereur a fait un magnifique discours comme il sait les faire.

Madame de Girardin (Delphine Gay) est morte. Les journaux insèrent sur cette mort les articles les plus stupides, parlant de deuil public, de perte irréparable. Ils comparent le vide laissé dans le monde par cette mort, au vide laissé par la mort de Mirabeau; ils empruntent à Bossuet ses oraisons funèbres; ils disent *le génie* en parlant des œuvres de Mme de Girardin.

Girardin faisant allusion à ses regrets, imprime: *les grandes douleurs sont muettes.*

Tout le monde sait que Girardin vit avec Esther Guimont, la plus abominable des filles, et Mme de Girardin a vécu un peu avec tout le monde.

Quant à ses poêmes, romans et pièces de théâtre, tout ce bagage est fort mince.

Mais le bruit est une réclame pour Girardin, et le journalisme aime à poser des morts sur des autels, à parler à propos d'écrivains des plus ordinaires de *perte irréparable* ou de *deuil public.*

Les *illustrations* de tout genre se pressaient autour du cercueil.

Le prince Napoléon! Mirès! Louis Lurine, Manin, directeur président de la république de Venise! Proud'hon, etc. etc.

Le journalisme se fait aristocratie, il a ses ducs et ses princes.

Girardin qui a passé en cour d'assises pour les mines de Saint-Berain !

Jules Lecomte faussaire !

Le prince Napoléon protège ou est protégé en sorte que la presse et le Palais Royal ne font qu'un. Les deux sont la corruption complète, le paradoxe anti-social, l'immoralité, la fin de tout.

SAMEDI 14 JUILLET.

Je suis arrivé hier du Périgord et j'ai aussitôt repris mon poste. Ce voyage m'a amené à mieux apprécier comment le clergé, ou du moins la partie du clergé la plus ambitieuse entend profiter de la protection que lui accorde le gouvernement impérial.

J'ai trouvé le département de la Dordogne aigri et troublé par son évêque. Ce monseigneur est l'ultramontain le plus fiéffé que je connaisse. Il fulmine contre les danses, le théâtre etc. et fait refuser l'absolution à ceux qui se livrent à la polka ou à la rédowa comme aussi à ceux qui fréquentent le spectacle. Au lieu d'institution de sœurs des pauvres qui manque à son département, il institue des capucins ; enfin il rend exécutoires dans la Dordogne les décrets de la congrégation romaine de l'*Index*.

La population est pourtant fort religieuse, mais poussée à bout par toutes ces tracasseries, et pour répondre aux vexations de son évêque, elle lui a suscité à Périgueux même, un petit troupeau protestant qui en nombre suffisant demande l'érection d'un temple.

Les bons propriétaires Périgourdins, croyant qu'il est facile de parler à l'Empereur, m'ont demandé de lui présenter leurs doléances !

Les curés de la Dordogne, qui n'entrent pas dans les vues de leur évêque, sont interdits en grand nombre, de telle sorte que les autres prêchent à qui mieux contre la danse et le spectacle.

Je rapporterai la péroraison d'un curé de la petite commune de la Gonterie qui ne manque pas d'originalité et qui occupe une place honorable parmi les histoires et *joyeusetés* du *moyen de parvenir*.

« Cé qué you vou disé qui quonest pas per vou em-
« payssâ de dansas car lo sainto Vierzo dansaro étou, mas
« dessomen ; vey qui commé ella dansâro :

> « La bézi-Bezon,
> « La Bezon dondaine,
> « La Bezi Bezon,
> « La Bezi dondon. »

Et le brave homme dansait en chaire en tenant à la manière féminine les deux coins de la jupe de son surplis.

Voici maintenant la traduction du texte patois :

« Ce que je vous en dis n'est pas pour vous empêcher
« de danser, car la Sainte Vierge dansait aussi, mais dé-
« cemment, voila comment elle dansait, la Sainte Vierge. »

Le clergé se croit revenu aux temps du moyen-âge, et il s'essaye à reprendre l'exercice d'une autorité souveraine ; cette prétention peut amener des événements déplorables ; dans la plupart des villes les préfets n'ont ni assez d'autorité ni assez d'intelligence pour faire contrepoids aux évêques ; leur position est d'ailleurs trop temporaire et la plupart d'entre eux intriguent pour avoir de l'avancement.

Les préfets n'ont pas de racines dans leurs départements, ils n'y sont que les délégués d'une autorité centrale contre laquelle on est en défiance. Les évêques tiennent les cœurs et la confiance des familles; le confessional, l'administration des sacrements ou leur refus, les revêtent d'un immense pouvoir.

Quelque soit le souverain qui gouverne le pays, les salons de l'évêque sont toujours encombrés, ceux du préfet sont déserts très souvent.

Le gouvernement sera forcé quelque jour de s'occuper très sérieusement des prétentions envahissantes du clergé, de lui faire sentir qu'il ne peut pas laisser établir un état dans l'état, ni se mettre en tutelle.

Il faudrait à l'Empereur ce qu'avait Charlemagne des *missi dominici*, qui lui rendraient compte directement. Je me fie peu aux rapports administratifs officiels.

L'évêque d'Angoulême, fin et rusé matois, plus madré que celui de Périgueux, prétend interdire aux ecclésiastiques de son diocèse le plaisir de fumer.

Enfin l'Episcopat érige son pouvoir en une sorte de tyrannie. Une concession faite au clergé l'aveugle à l'instant même et il réclame alors la position qu'il occupait au moyen âge. Pour peu qu'on le laissât faire, à la première résistance du pouvoir, il mettrait l'empire en interdit et il excomunierait le souverain.

LUNDI 23 JUILLET.

J'ai dîné hier à Saint-Gratien chez la Princesse Mathilde. Dumas, qui sollicite de nouveau le privilége du théâtre historique, était venu demander à dîner.

La Desprèz soutient beaucoup Dumas, qui est encore appuyé par Giraud. On cherche à entourer cette pauvre et bonne Princesse de toute la bohême.

Dumas a été comme toujours important et impertinent. A table devant les domestiques il a parlé de la manière la plus inconvenante du pouvoir et des ministres.

Arago, l'inspecteur des Beaux-arts, et Dumas affectent en parlant du prince Napoléon de l'appeler Napoléon tout court.

« Napoléon m'a dit ceci — j'en parlerai à Napoléon », etc. etc.

La Princesse souffre ces familiarités.

Giraud que j'ai connu fort silencieux et parlant à peine, fait l'homme important et frondeur, il a le verbe haut et la parole acerbe.

Le salon intime de la Princesse devient vulgaire ; quand donc la Desprèz sera-t-elle mise dehors ?

La marquise Rocca Giovino, fille du prince de Canino, m'a dit hier en confidence que l'Empereur avait demandé à son frère certains papiers importants qu'il possède et qui sont relatifs au premier mariage du prince Jérôme. Le frère de la marquise dîne après-demain avec l'Empereur, il lui apportera ces papiers.

L'Empereur ne perd pas de vue la reconnaissance du fils américain du prince Jérôme; il prépare tout en silence, tenant suspendu sur la tête du prince Napoléon une véritable épée de Damoclès.

MARDI 7 AOUT.

On dit l'Impératrice grosse, et toutes les précautions sont prises pour amener cette grossesse à bien. La Princesse Mathilde en paraît contrariée ; elle est devenue un peu plus partisan de son frère Napoléon qui la cajole tout haut et se moque d'elle tout bas. Le prince Napoléon est son ennemi le plus acharné, elle ne s'en doute pas. L'année dernière elle accueillait à merveille son frère Patterson, il fallait même lui donner le titre de prince. Tout est changé aujourd'hui, Patterson est traité de *Monsieur* par Nieuwerkerke ; ainsi va le monde !

Je causais hier soir au Cercle Impérial avec le général Sauboul commandant l'hôtel des Invalides, des événements de 1848.

Le général Sauboul était alors colonel du régiment de ligne, qui le 24 février occupait la caserne de la rue de la Pépinière et qui refusa énergiquement de livrer ses armes. Le général Sauboul a l'ordre de les rendre, écrit par le général Bedeau, et la lettre du général Suberwick qui approuve sa conduite et ordonne la conservation des armes par ce régiment.

Cependant les armes furent portées à la mairie sur les instances d'une députation d'habitants de Paris en tête de laquelle était le général duc de Fézensac, puis le régiment partit pour Versailles où il fut réarmé et envoyé à Rouen qui s'était mis en insurrection.

Sauboul avec son régiment, car il n'était encore que colonel, prit part à l'énergique répression de l'émeute, il fut fait général pour remplacer le malheureux Bréa qui venait d'être massacré. En allant prendre les instructions du général Cavaignac, il rencontra dans son salon le général Baragay d'Hilliers auquel le général Cavaignac offrit le poste que laissait vacant le général Négrier tué à l'entrée du faubourg Saint-Antoine. Le général Baragay d'Hilliers refusa.

J'ai appris plusieurs morts de jeunes militaires qui m'étaient connus. Villeneuve Exans, excellent jeune homme, attaché à la diplomatie, qui avait pensé qu'un homme de son nom devait comme ses ancêtres se trouver là où les armées françaises combattaient, et qui avait quitté la diplomatie pour s'engager soldat dans les guides. Il passe dans les chasseurs d'Afrique lorsqu'il est décidé que les guides ne partiront pas pour la Crimée. Devant Sébastopol il abandonne la cavalerie dont le rôle lui paraît trop peu actif et s'engage dans les Zouaves où il est bientôt fait sergent. La mort n'a pas épargné tant de bravoure ; Villeneuve a eu la mâchoire emportée par un obus, dans la tranchée, dans les derniers jours de juillet, et il n'a survécu que quatre heures à sa blessure.

Malgré ses horribles souffrances il a écrit à sa mère, et il lui dit dans sa lettre :

« Je suis blessé, mais j'espère me tirer d'affaire. »

Seulement comme préparation à une nouvelle plus triste, comme un adieu timide devant la douleur qu'il prévoyait, Villeneuve qui était très religieux, termine sa lettre par ces mots :

« Rassure-toi, bonne mère, je suis en état de grâce. »

Le fils de Romieu, jeune officier plein d'entrain et d'avenir est au nombre des morts.

Grammont est mort aussi, dit-on, il avait épousé Mlle de Praslin.

Ce terrible siége de Sébastopol fait bien des victimes; on s'attend à quelque grande affaire avant le 15.

Le prince Napoléon cherche à se populariser dans l'industrie après s'être dépopularisé dans l'armée, et il fait le démocrate, mais tout cela prend peu.

LUNDI 13 AOUT.

La Roche-Pouchin Rochefort St-Louis, grand écuyer de feu le prince de Lucques est un intrigant. Jadis simple garde du corps il a fait sa fortune auprès du beau-père de S. A. R. Mademoiselle, aujourd'hui régente de Parme, comme les mignons faisaient leur chemin auprès de Henri III.

L'histoire de son mariage avec la nièce du prince X*** est curieuse.

Cette jeune personne était charmante et La Roche-Pouchin s'était offert, lui, ses décorations, ses épaulettes, ses titres et sa main. Il avait été repoussé, cela va sans dire. Mais quelques mois après ce refus il est rappelé et le père de la jeune personne lui dit :

« M. le comte, j'apprécie vos intentions à l'égard de
« ma fille, ce qui me semblait impossible, il y a quelques
« mois, est devenu possible. Je donne cinq cent mille
« francs de dot et je vous préviens que ma fille est grosse. »

La Roche-Pouchin ne regarde pas à une telle bagatelle, il n'a pas le sou, et se trouve placé entre deux propositions : épouser la reine douairière de Naples, agée de 53 ans, affreuse commère qui couche avec tout le monde et fait un enfant tous les ans, recevoir d'elle un douaire de cinq cent mille francs, ou épouser une très jolie jeune fille ornée également de cinq cent mille francs et déjà grosse.

Il opte pour la jeune fille.

Le mariage se fait ; il couche avec sa femme et trois jours après il reconnait qu'il a gagné la v...!

La Roche-Pouchin vient chez sa femme et lui dit froidement : « Ma chère amie, lorsque je vous ai épousée
« vous étiez grosse, je le savais, je n'ai pas de reproches
« à vous faire ; mais vous aviez la v... et vous ne m'avez
« pas prévenu. Votre père vous a dotée de cinq cent mille
« francs qui appartiendront au dernier vivant, ce sera moi !
« Je ne vous laisserai jamais soigner par aucun médecin
« et vous mourrez du mal que vous m'avez communiqué,
« je ne vous quitterai pas d'une minute. »

Cependant Florence s'émerveillait de ce couple si uni, si empressé, si charmé l'un de l'autre.

La Roche-Pouchin s'était fait guérir, mais le mal s'invétérait chez sa femme.

La pauvre comtesse, voyant venir la mort, s'adressa un jour dans un bal à un jeune Italien très épris de sa beauté, et elle lui dit :

« Vous êtes amoureux, vous voulez me posséder, je
« serai à vous, mais écoutez, j'ai une affreuse maladie que
« mon mari ne veut pas faire guérir pour jouir par ma
« mort de ma fortune assurée au dernier vivant.

« M'aimez-vous assez pour gagner mon mal, vous faire
« soigner, et m'apporter chaque jour dans les maisons où
« nous nous rencontrerons le double des remèdes qui vous
« seront ordonnés ? »

L'Italien accepte. Rendez-vous est pris pour le lendemain dans le coin le plus obscur d'une église où l'amoureux gagne le mal de la comtesse. Le traitement, apporté chaque jour opérait peu à peu, lorsque pendant une absence de l'amoureux, ami du prince X***, la comtesse qui recevait du prince mis dans la confidence, les remèdes ordonnés, fut saisie d'un impérieux besoin de vengeance.

« Comment, dit-elle au prince, jeune comme vous êtes ;
« vous bornez vous au rôle de confident ? A votre place
« il me semble que je voudrais parler et agir pour moi ! »

Le prince se proposa et fut accepté ; mais on le prévint qu'il gagnerait la v.. et qu'il devait s'engager à tuer en duel La Roche-Pouchin.

Le traité signé et accompli dans sa première partie, restait à tuer le La Roche-Pouchin.

Le prince lui donna au théâtre une paire de soufflets, en suite de quoi, on se transporte en Wurtemberg où a lieu un duel des plus ridicules qui laisse les deux adversaires bien portants.

Le premier amoureux, averti de toute l'affaire reprend, son amour et ses drogues.

La comtesse retombe plus malade que jamais et se décide enfin à mourir, veillée jusqu'à sa dernière heure par son *inconsolable époux!*

Les journaux insèrent une note désolée sur cette mort, sur les grâces et les vertus de la défunte, puis le La Roche-Pouchin se livre à sa douleur et à la jouissance des vingt-cinq mille livres de rente que lui laisse sa femme.

Quant au prince X***, gratifié d'une très bonne v..., il la donne dans un accès d'amour à je ne sais plus quelle marquise italienne qui en meurt, et par le temps présent il en promène les restes un peu partout, ce qui fait dire qu'avec lui, les relations ne sont pas sûres. Il aura ainsi jusqu'au tombeau cela de commun avec François Ier.

J'ai connu Mme de La Roche Pouchin; elle était charmante et paraissait fort douce. On la disait bien un peu p..., mais qui diable ne l'est pas un peu aujourd'hui?

Malgré tout je la plains, sa longue agonie a dû être moralement et physiquement atroce.

On dit qu'il n'y a plus de drames dans notre société! ...allons donc, comment trouvez vous celui-là? On pourrait le mettre au théâtre, ce me semble... J'ai vu beaucoup de grandes et belles dames qui promenaient la v.. dans les salons du monde, je ne sais si elles l'avaient donnée à leurs maris, mais ceux-ci ne se transformaient pas en *barbes bleues.*

DIMANCHE 19 AOUT.

La reine d'Angleterre est arrivée hier, et elle a traversé Paris presque à nuit close.

Il était sept heures vingt minutes lorsqu'elle débouchait sur le boulevard de la Madeleine.

La garde nationale et la ligne faisaient la haie depuis la gare de Strasbourg jusqu'à Saint-Cloud.

Toute la route suivie par le cortège était littéralement couverte de peuple. Les fenêtres des maisons étaient converties en loge de spectacle et jusque sur les toits il y avait des spectateurs.

Les corporations d'ouvriers, des villages des environs de Paris étaient présentes avec leurs patrons et leurs maires et rassemblées sous leurs bannières respectives; puis il y avait des inscriptions, des drapeaux où le peuple avait écrit en anglais ses souhaits de bien venue à la reine.

Des arcs de triomphe décoraient les boulevards; la gare de Strasbourg regorgeait de fleurs; le deuxième bataillon de la garde nationale avait élevé un vrai monument composé de deux statues représentant la France et l'Angleterre. Six calèches attelées de quatre chevaux ouvraient le cortège. Dans la première, la reine et sa fille occupaient le fond; l'Empereur était sur le devant avec le prince Albert.

La reine regardait avec curiosité, et l'Empereur semblait heureux et fier de lui faire les honneurs de sa capitale.

Le marquis de Lowoëstine, général de division, commandant la garde nationale, a offert un magnifique bouquet à la reine au nom de la garde nationale.

Hier, jour de l'arrivée de la reine d'Angleterre, mon almanach m'indique que nous nous trouvions sous le vocable de Sainte-Hélène dont c'était la fête.

Sainte-Hélène!... quel souvenir pour la réconciliation des deux peuples!... La reine doit aller prier, conduite par l'Empereur sur la tombe de Napoléon Ier!!

C'est bien le cas de s'écrier avec Racine :
Et quel temps fut jamais plus fertile en miracles!

Le bon sens des deux nations fait justice des vieilles haines ; on ne compte pas le sang répandu ; on s'est conduit des deux côtés en adversaires de cœur, on peut se donner la main.

Ce jour restera un grand jour dans l'histoire.

Nos armées détruisaient Sweaborg dans la Baltique tandis que nos troupes battaient Liprandi et ses soixante mille Russes sur les bords de la Tchernaya. Ces deux affaires sont les deux bouquets envoyés par nos braves soldats pour la réception de la reine d'Angleterre.

Toute la semaine nous allons être en fêtes.

MARDI 28 AOUT.

La reine est partie hier ; les fêtes ont été magnifiques pendant son séjour. Celle de l'Hôtel de Ville et de Versailles sont au-dessus de tout éloge. La reine d'Angleterre, le prince Albert, le prince de Galles, la princesse royale, conduits par l'Empereur et accompagnés de leur cour, ont visité le Louvre. Nous les avons reçus en habit de ville. La reine a été fort gracieuse, elle avait des mots aimables pour chacun de nous. Elle a bien voulu me dire qu'elle gardait trois de mes dessins dans son album ; j'ignore par exemple lesquels. Son admiration pour Paris, ses monuments et ses musées se trahissait à chaque instant : « je

« suis jalouse de tout ce que je vois, » répétait-elle, « je n'ai
« rien de semblable en Angleterre. »

Le prince Albert avait fort admiré à l'exposition le tableau de Meissonnier, *une rixe;* l'Empereur l'a fait acheter vingt-cinq mille francs et le lui a donné.

L'Empereur paraissait enchanté de la visite de la reine, il était gai et très affable. L'Impératrice s'est peu montrée, sa grossesse la force à des précautions.

Dans une lettre adressée au général Pélissier, publiée par le *Moniteur*, l'Empereur dit à l'armée: qu'il sait l'impossibilité pour la Russie de tenir cet hiver la campagne en Crimée; Dieu le veuille!

Il y a un peu de choléra à Paris et dans les campagnes environnantes. La jardinière de la princesse Mathilde en est morte il y a trois jours en quelques heures.

Rien, aucune description ne saurait donner une idée de la physionomie de Paris pendant la semaine qui vient de s'écouler; ce n'était par les rues et les boulevards que bannières, arcs de triomphe, écussons aux armes et aux chiffres des souverains de France et d'Angleterre. Le soir illuminations, et partout, où la population accrue de plus de cinq cent mille étrangers espérait voir la reine, elle s'y transportait et la saluait par ses acclamations.

A l'Opéra où l'on était en grande toilette, les hommes en habits noirs, cravates blanches, les femmes en robes décolletées, l'accueil a été fort chaleureux. A la fin du spectacle, les premiers artistes soutenus par des chœurs ont entonné le *God save the Queen*, les spectateurs hommes et femmes se tenaient debout, puis le chant terminé, l'assistance s'est tournée vers la reine et trois salves d'applaudissements ont retenti. La reine, fort émue, a salué; comme elle allait se retirer et prenait déjà le bras de l'Empereur, les spectateurs ont fait recommencer le chant national anglais qui a été suivi de nouveaux applaudissements.

La reine, le prince Albert et leurs enfants ont parcouru Paris en fiacre et dans le plus stricte incognito; ils ont fait des acquisitions dans plusieurs magasins.

La revue des troupes a été fort belle. Le prince Napoléon a reçu l'ordre du bain *pour ses éminents services militaires!!!*

Les mauvais plaisants prétendent que cela ne le lavera pas, et que la reine aurait mieux fait de lui envoyer tout simplement un bon savon de Windsor.

Hier, à Boulogne, avant l'embarquement, il y a eu revue de quarante mille hommes.

Le prince Adalbert de Bavière, le futur roi des Grecs, reçu membre de notre Cercle Impérial, est venu hier soir le visiter.

Le roi Jérôme est revenu dimanche du Havre à Saint-Cloud pour offrir ses hommages à la reine d'Angleterre. Cette démarche a dû, dit-on, beaucoup coûter à son orgueil royal. Je prétends moi, qu'elle a coûté à la bourse de l'Empereur, car le vieux drôle royal ne marche et n'agit qu'à prix d'argent; c'est un fiacre qu'il faut payer à la course et avec lui on suit toujours le tarif de l'après-minuit. Quand Rothschild en a besoin, il le mande, et le roi Jérôme fait très bien antichambre. Sa Majesté sait se faire petit devant un juif auquel elle doit plus de deux millions. L'Empereur a une triste famille, tombée bien bas dans l'opinion publique. La colère mal dissimulée de la plupart de ses membres à la nouvelle de la grossesse de l'Impératrice est curieuse à observer. Les Murat jouent toujours au prétendant napolitain et en effet le gros Murat a des partisans dans le royaume des Deux Siciles, pauvres niais! vous ne connaissez ni le gros prince ni son fils le belliqueux officier des guides qui évite la Crimée avec une adresse infinie, ni le baron de Chassiron, gendre du prétendant, espèce de chenille malsaine dont le grand-père tirait le cordon dans je ne sais plus quelle loge. Assez pour aujourd'hui.

LUNDI 3 SEPTEMBRE.

J'ai dîné hier à Saint-Gratien chez la Princesse Mathilde avec le prince Napoléon et le comte Walewski. Le prince est toujours, quoiqu'il fasse, le même homme, sans vigueur, grossier et mal élevé, détesté par tous ceux qui l'approchent. Arago est son bouffon dont il use comme François 1er de Triboulet.

Hier, Arago refusait une promenade en bateau parce qu'il devient malade dès qu'il se trouve sur l'eau; le prince l'a bon gré, mal gré, embarqué pour avoir, le plaisir de le voir malade!

Des ouvriers socialistes des ardoisières d'Angers marchaient, il y a cinq ou six jours, sur la ville, armés de fusils, de pistolets, de haches, de faux, et ce, pour en faire le sac. Cernés dans le faubourg qu'ils avaient occupé pendant la nuit, ils ont été pris presque tous. Ils traînaient avec eux une charette contenant deux cents kilos de poudre. On a saisi également entre leurs mains des mèches incendiaires destinées à mettre le feu à la ville. Ces ouvriers, pour se procurer des armes, avaient désarmé les petits corps isolés de la gendarmerie et des pompiers des villages.

La société secrète la Marianne était à la tête de ce mouvement.

MARDI 4 SEPTEMBRE.

Sefels, attaché à l'ambassade turque, nous a donné hier un dîner *aux trois frères Provençeaux*. Les convives étaient: le neveu et héritier du pacha d'Egypte, Alphonse de Rothschild, l'abbé Coquereau, Sefels et moi. Le dîner a été magnifique. Le prince égyptien parle le français comme un français. Il a été beaucoup question de la différence des trois religions chrétienne, juive et mahométane, mais sans aigreur et au point de vue historique.

Alphonse de Rothschild est un homme d'esprit et de capacités fort poli.

Le dîner s'est prolongé jusqu'à dix heures du soir.

LUNDI 10 SEPTEMBRE.

Samedi, un jeune homme de Rouen, âgé de vingt-deux ans, nommé Beltimore, condamné à seize ans comme escroc, puis après 1852 pour délit politique à deux années de Belle Isle, et récemment sorti de prison, a tiré sur l'Empereur à son arrivée au théâtre italien. Les journaux veulent le faire passer pour fou, mais il ne l'est nullement. Il est arrêté.

LUNDI 17 SEPTEMBRE.

Sébastopol est enfin pris ; l'assaut nous a coûté six mille hommes, tant tués que blessés. Cinq généraux sont parmi les morts. On attend des détails avec impatience. Les journaux anglais prétendent que mille deux cents pièces de canon sont en notre pouvoir. On a célébré partout en France notre victoire par des *Te Deum*. Les illuminations ont été générales. Il n'y a que les socialistes et les Orléanistes par leur organe, l'*Assemblée Nationale*, qui déplorent nos succès.

Victor Hugo a lancé de l'île de Jersey une brochure russe, c'est d'un bon patriote.

A Naples, le roi par sa tyrannie a lassé tout le monde, et il s'est brouillé avec la France et l'Angleterre. Une petite escadre anglaise est en route pour la baie de Naples, et nous augmentons, dit-on, de deux régiments, le contingent français qui est à Rome.

Dans leur pénurie d'hommes capables, les Napolitains s'adressent au gros prince Murat, lequel, dans une proclamation adressée aux habitants des Deux Siciles, en cachette du gouvernement français, se déclare prêt à prendre en mains la direction de l'Etat napolitain.

Casa Bianca est le ministre de cette Majesté en expectative qui ne calcule pas qu'il faut une guerre générale, l'abaissement de l'Autriche et le remaniement des États européens pour lui donner une chance de restauration.

Les amis des Russes disent que la paix est plus éloignée que jamais.

Le sénateur La Rochejaquelein prétendait au reçu du premier bulletin, qui annonçait la prise de Malakof, que le siége véritable allait seulement commencer, que les armées alliées n'avaient encore rien fait, etc. etc. La Rochejaquelein passe son temps au Cercle Impérial à amoindrir les bonnes nouvelles et à en inventer de mauvaises ; il est toujours en grande conversation avec Zébach, ministre de Saxe, gendre de Nesselrode et agent russe, c'est un drôle d'échantillon du sénat.

VENDREDI 19 OCTOBRE.

Les soirées du Louvre recommencent aujourd'hui. Depuis plus d'un mois je n'ai rien écrit sur ce livre ; j'étais malade et j'avais été à Saint-Germain à l'hôtel du Pavillon d'Henri IV chercher un peu de repos et de bon air.

Sébastopol pris, nos armées cherchent à tourner les Russes ; d'ici à peu de temps il y aura quelque grave événement.

Le duc et la duchesse de Brabant sont venus hier visiter le Louvre. Ils s'intéressent peu aux arts et le duc a dit à Nieuwerkerke :

« Vous êtes très aimable, vous ne nous forcez point
« à voir. »

VENDREDI 19 OCTOBRE.

L'Impératrice est dans le cinquième mois de sa grossesse ; cela est annoncé officiellement au *Moniteur*.

SAMEDI 27 OCTOBRE.

Rien d'important de l'armée qui opère toujours pour arriver à tourner les Russes qui occupent le côté naval de Sébastopol et cherchent à s'approcher de Nicolaief.

Les réfugiés français de l'île de Jersey et généralement les réfugiés politiques ont fini par exaspérer contre eux la presse et le public anglais. Leur journal *L'homme* attaquait non seulement les princes étrangers, mais la reine Victoria et l'Angleterre, et ils érigeaient en principe l'assassinat.

Victor Hugo est mêlé à tout cela. Il faut espérer que l'Angleterre enverra en Amérique cette troupe de bandits.

Les légitimistes, avec l'esprit et le patriotisme qui les caractérisent, sont plus Russes que les Cosaques. Le marquis de Mirabeau, aussi bête qu'ignorant, se fait remarquer parmi les plus absurdes et les plus violents.

Paris s'occupe des médailles d'honneur qui seront distribuées le 15 du mois prochain aux lauréats des expositions de l'Industrie et des Beaux-arts. Ces médailles, il faut le dire, sont en général mal réparties.

Dans l'Industrie des bronzes, Desnières, intrigant ambitieux et le plus mauvais des fabricants, a, m'assure-t-on, la médaille.

La majeure partie des membres de la Commission des bronzes ignorent jusqu'aux procédés de la fabrication ; ils parlent des bronzes *sans retouches* de Gouttière.

Quant aux Beaux-arts, comme les artistes concurrents composent la commission et qu'ils ne jugent pas convenable de donner leur démission, ils prennent un parti d'une extrême libéralité, ils augmentent le nombre des médailles d'honneur pour en avoir chacun une.

Les commissions des Beaux-arts sont une plaisante chose. Baroche, La Moskova et tutti quanti ; les jugements de ces Aristarques seraient précieux à recueillir.

MARDI 4 DECEMBRE.

Je suis quelquefois pris de paresse et de dégout en voyant la manière dont les choses se passent aujourd'hui et quels hommes ont la faveur ou montent à la faveur.

Le prince Napoléon, président des Jurys de l'exposition, s'est conduit dans toutes les occasions d'une façon déplorable qui attire le mépris. Le jury avait composé une liste des artistes qu'il recommandait à l'Empereur pour la décoration de la légion d'honneur ; le prince a rayé sans rien dire les noms qui lui déplaisaient, puis il a juré que ces noms ne se trouvaient pas sur la liste. Convaincu de mensonge par l'attestation de tous les jurés, les artistes et le public le méprisent aujourd'hui un peu plus qu'ils ne ne le faisaient avant. Un peu plus, un peu moins, qu'est-ce que cela !

Dans les administrations on voit monter des gens tarés ; hier le *Moniteur* annonçait la nomination de M. Jouve du Bar aux fonctions de président du tribunal de 1ᵉ instance à Paimbœuf. Ce monsieur, juge à Alger, il y a quelques années, scandalisait la population par ses orgies exécutées à fenêtres ouvertes. C'est du reste un malhonnête homme qui a de sales affaires sur son compte; mais il est l'ami du secrétaire général du ministère de la justice !

La guerre en Russie est suspendue par l'hiver; on parle beaucoup de paix, je n'y crois pas encore.

JEUDI 6 DÉCEMBRE.

Le roi de Piémont, qui a déjà passé ici, il y a quelques jours, revient aujourd'hui de sa visite officielle à la reine d'Angleterre. Il chassera demain et après-demain à Compiègne avec l'Empereur. Le roi de Piémont est un véritable sous-officier, il en a le ton et les manières; il fréquente beaucoup les filles et paraît fort disposé à traiter cavalièrement toutes les femmes; sa conversation est plus que légère; sa légèreté du fond n'est pas même gazée par la pudeur de l'expression, il aime le terme grossier; il parle sans retenue de ses bonnes fortunes et il nomme les femmes les plus considérables de Turin en disant simplement: « *celle-là a couché avec moi.* »

On nommait une famille de la plus haute aristocratie, il a souri en articulant hautement qu'il avait couché avec la mère et les filles.

Le marquis de Castelbajac, qui représentait la France comme ambassadeur à la cour de Saint-Pétersbourg avant le commencement de la guerre, est une des plus lourdes bêtes que je connaisse; on doit peut-être à son ineptie la rupture avec la Russie et l'audace de cette puissance en

Orient. Le marquis de Castelbajac s'était fait le courtisan de l'empereur Nicolas et applaudissait à tout; il louait tous les actes du Czar, il était ébloui, charmé sous le prestige de la faveur; enfin le malheureux en vint jusqu'à complimenter l'empereur Nicolas sur le résultat de l'atroce boucherie de Sinope. L'envoyé anglais avait beau dire, jamais l'empereur Nicolas, jugeant de la France par son ambassadeur, ne pût se persuader qu'une alliance serait possible entre la France et l'Angleterre. Il crut à la faiblesse de notre pays et l'on sait ce qui advint. Le marquis de Castelbajac acceptait les avanies les plus graves, ainsi fit-il lorsque le gouvernement russe lui refusa l'autorisation de faire dire une messe pour célébrer la fête de l'Empereur Napoléon III.

VENDREDI 28 DÉCEMBRE.

La garde impériale, revenant de Crimée, fait demain sa rentrée dans Paris. On s'apprête à la recevoir triomphalement. Les arcs de triomphe se dressent; la garde nationale est convoquée; la Bourse et les administrations publiques seront fermées.

Malheureusement les sociétés secrètes qui ne s'endorment point, s'agitent dans leurs repaires et le gouvernement n'est pas sans inquiétudes. Des ouvriers ont été sollicités pour tirer sur l'Empereur; on craint une tentative.

La Princesse Mathilde, qui peint beaucoup d'après nature, se sert en ce moment comme modèle d'une jeune fille fort malheureuse à laquelle elle a fait du bien. Cette jeune fille a une famille dans la misère que la Princesse a également secourue ; enfin la Princesse Mathilde a été une sorte de providence pour ces pauvres gens.

Avant-hier, la jeune modèle est venue déclarer à la Princesse que son frère, qui avait fait partie des sociétés secrètes, était sollicité par ses anciens complices pour tirer sur l'Empereur ; mais que ce crime le révoltait, et que touché des bontés de la Princesse, il offrait de tout lui révéler.

La Princesse a accepté ; Collet Megret doit se trouver ce matin chez elle où le jeune ouvrier viendra conduit par sa sœur.

Le prince Napoléon indispose de plus en plus contre lui toutes les classes de la société. Non content d'avoir traité l'institut *de coterie* en séance du comité des récompenses, ce qui donna l'occasion à Henriquel Dupont de se lever et de donner sa démission, il a encore rayé de la liste présentée par le jury, Ivon le peintre et Nieuwerkerke, puis il s'est arrangé de telle sorte que Vernet porté le premier pour la médaille d'honneur et par le plus grand nombre de votants, n'a été appelé le jour de la remise, que le trente-septième. Ingres a été nommé grand officier de la légion d'honneur, Delacroix commandeur, et Vernet a été laissé avec son ruban de commandeur.

Hier soir, au Cercle Impérial, David, aide de camp du prince, cherchait à amadouer Vernet en lui disant que cet oubli serait réparé et que la plaque de grand officier serait demandée pour lui.

Horace Vernet, très poliment, mais très nettement a tout refusé et a dit : « Vous m'avez profondément blessé

« dans mon amour propre ; nommé le premier par un jury
« européen, vous me replacez le trente-septième. Vous ne
« trouvez point satisfaisante la récompense accordée à ceux
« qui ne viennent qu'après moi. Vous les élevez au grade
« de grand officier et de commandeur. Vous m'avez blessé,
« votre réparation tardive mettrait un emplâtre sur ma
« blessure qu'elle ne guérirait pas, je la refuse, je garde
« mon indépendance et mon froissement, et je suis assez
« fier du jugement du jury. Aujourd'hui, la plaque de
« grand officier serait une aumône, je ne veux tendre la
« main, ni pour la solliciter, ni pour la recevoir. »

Au Cercle Impérial le prince Napoléon pousse le jeu d'une manière ridicule. Il a gagné, il y a trois jours, vingt mille francs au piquet au général de Cotte en faisant vingt francs le point.

On parle beaucoup de paix, mais personne n'y croit sincèrement et les préparatifs de campagne prochaine se continuent activement. L'Allemagne cherche à intervenir par des conseils à la Russie. La Russie n'est pas encore assez malade pour les écouter.

Au printemps nous enverrons soixante-dix mille hommes sur les côtes de la Finlande avec trois cents chaloupes canonières ; puis il y aura quarante mille hommes Suédois en réserve.

DIMANCHE 30 DÉCEMBRE.

L'Empereur et l'armée ont été accueillis hier par la population de Paris avec enthousiasme. Les femmes qui garnissaient les fenêtres des boulevards, lançaient des bouquets aux soldats de Crimée. Les gardes nationaux, qui formaient la haie, remettaient aux vainqueurs de Sébastopol des branches de lauriers; puis de toutes parts des acclamations, des mouchoirs qui essuyaient les yeux. Le soir, Paris a été splendidement illuminé.

Je n'aime pas l'attitude de l'Ecole polytechnique placée en tête du cortège. Par imitation de leurs devanciers, ces petits messieurs affectent le républicanisme, ils ont reçu l'Empereur plus que froidement. MM. de l'Ecole se regardent depuis 1830 comme les auxilliaires des révolutions; ils se donnent une importance ridicule.

Les clubs de l'Union et du Jockey ont été très froids. Au Jockey La Ferronnays ne s'est pas découvert au passage de l'Empereur. L'Union n'a pas eu d'applaudissements pour l'armée.

Mirabeau et Talleyrand sont les deux énergumènes de ce club. Ces deux messieurs sont d'ailleurs assez bêtes; ils vantent les Russes à tout propos et rabaissent la gloire de nos armées; ils se donnent comme les types du légitimisme. Pauvre parti discrédité par ceux qui le soutiennent et qui séparent perpétuellement leurs sentiments des sentiments de la France.

Les parlementaires et les niais de Changarnier disent: *Napoléon III est un aventurier heureux.*

(Fin de l'année 1855.)

ANNÉE
1856

MERCREDI 2 JANVIER.

Les visites officielles sont terminées, à la cour tout le monde est mécontent, tous les visages sont composés. L'Empereur et l'Impératrice n'ont donné d'étrennes à personne, pas plus à leur entourage qu'aux princes de leur famille. Les marchands de Paris, chez lesquels d'ordinaire la cour faisait des acquisitions, sont irrités de cette parcimonie.

Les princes attribuent cette suppression d'étrennes à l'Impératrice qui ne les épargne pas à sa propre famille. L'hôtel acheté dans les Champs Elysées pour la comtesse de Montijo (hôtel Lauriston) coûte déjà avec les adjonctions de terrains et les travaux plus de trois millions!

L'Empereur a donné à l'Impératrice un service pour le déjeuner et le dîner dans sa chambre, lequel service en vermeil revient à soixante-cinq mille francs.

La layette de l'enfant si impatiemment attendu coûte deux cent mille francs.

Les princes accusent l'Impératrice de chercher à séparer l'Empereur de sa famille.

On a refusé de recevoir cette année les enfants de Murat dont le dernier est le filleul de l'Empereur.

Ce qui achève d'indisposer les princes, c'est que cette suppression d'étrennes ne s'étend ni à la reine d'Angleterre et sa famille, ni à Lord et à Lady Hamilton.

D'un autre côté le prince Napoléon est comme Achille enfermé pour le quart d'heure sous sa tente. L'auguste prince boude; il est furieux de n'avoir pas été placé à la tête de l'armée le jour de la rentrée de la garde dans Paris.

Le malheureux eût été hué.

De cette bouderie vient la note du *Moniteur* qui explique la position de Canrobert *par ordre* à la tête de l'armée.

Mocquard et Nieuwerkerke ont été nommés commandeurs de la légion d'honneur.

Le Play, ancien commissaire général de l'exposition, arrangeur de fantastiques statistiques d'ouvriers, est nommé conseiller d'Etat.

Le charlatanisme a toujours beau jeu sous tous les régimes; les Ch. Dupin sont remplacés par des Le Play, voilà tout.

Le marquis Guy de La Tour du Pin, ancien beau de quarante-cinq ans, qui a mangé une fortune d'un million huit cent mille francs, et qui s'est beaucoup déshonoré par ses histoires avec Mme de Fitz James, a épousé, il y a deux jours, la fille de Stevens-Dracke, marchand de chevaux, ancien piqueur de Lord Henri Seymour.

L'aristocratie française, si elle ne brille pas, par le temps qui court, d'un grand éclat sur les champs de bataille, se vautre assez bien dans les fanges de Paris.

Le comte Moreton de Chabrillant épouse Mogador, une fille publique.

Le marquis de La-Tour du Pin épouse la fille d'un maquignon

Le fils du baron Vigier épouse Cruvelli, chanteuse à l'Opéra.

Tout cela est superbe! La vieille aristocratie achève de mourir dans les bordels, la nouvelle suit son exemple.

Parmi les membres du clergé et les âmes dévotes on s'occupe beaucoup d'une prédiction qui n'est communiquée qu'aux fidèles, et qui limite la durée de l'empire au nombre d'années qu'a duré la dernière république.

SAMEDI 5 JANVIER.

Osterberger, attaché à la calcographie du Louvre, a rencontré, il y a trois jours, l'ancien directeur des Musées, Jeanron, décoré à la suite de l'exposition. Il lui a fait compliment de cette distinction.

Jeanron lui a répondu : « je vous remercie, votre com-
« pliment n'est pas le premier que je reçois, cette canaille
« de Soulié m'écrit une lettre de trois pages pleines de
« félicitations. La fausseté de ce gredin me révolte. Accueilli
« ou plutôt recueilli par charité par Monsieur de Cayeux,
« il s'est montré pour lui d'une ingratitude révoltante en
« 1848 et il ne m'a guère mieux traité en 1850. Je l'ai
« rencontré depuis sa lettre, il est venu à moi, je lui ai
« tourné le dos. C'est un scélérat, en 1848 il nous repro-
« chait de ne pas établir la guillotine, d'épargner le sang.
« Il se plaçait au point de vue des Danton et des Marat ;
« aujourd'hui il fait le bon apôtre. J'étais forcé en 1848

« de lui imposer silence, car il tenait d'atroces propos. Si « demain le comte de Nieuwerkerke perdait sa place, il « saurait ce que vaut Soulié. »

Martinet, l'intrigant le plus plat et le plus rampant, est nommé chevalier de la légion d'honneur. En 1852 il vomissait des injures contre l'Empereur. Il est le protégé de Morny.

Fiorentino, journaliste taré qui vend ses louanges et trafique de ses critiques, est également décoré.

Les gens, qui approchent l'Empereur, sont coupables de ces honneurs jetés à la boue.

Chacun fait son lot, amasse son petit trésor de façon à n'avoir pas de regret si l'Empereur venait à manquer.

Quelquefois la lassitude me prend à marcher à travers de tels ruisseaux. Toutes ces fanges remuées exalent une odeur qui soulève le cœur. La corruption brodée et bardée de croix est la pire de toutes et la plus nauséabonde.

MARDI 8 JANVIER.

On parle de deux promotions dans l'ordre de la légion d'honneur passées sous silence au *Moniteur* et pour cause
le duc d'Albe,
le duc d'Hamilton,
(grands croix de la légion d'honneur.)

Ces deux promotions étranges sont faites pour mécontenter la famille impériale, les princes tels que Lucien, Murat, etc., qui sont tout simplement officiers.

Le duc d'Hamilton n'est promu que pour faire passer le duc d'Albe.

L'Impératrice comblera tellement sa famille qu'elle indisposera l'opinion contre elle.

La malheureuse reine Marie-Antoinette doit toutes les calomnies dont elle a été la victime aux entraînements de son amitié qui lui faisaient cent mille ennemies pour une favorite.

La famille impériale n'aime pas l'Impératrice qui d'ailleurs ne fait pas grande chose pour s'attirer son affection. Toute cette famille, qui devrait être unie et compacte, ne comprend pas sa position; chacun de ses membres tire de son côté et dit du mal des autres.

Puis vient le chapitre des intrigants qui les circonviennent, des flatteurs, etc., etc.

La duchesse d'Albe est une femme très légère, fort intrigante.

La comtesse de Montijo n'est plus qu'intrigante.

Cette famille de Montijo veut se classer comme la clef de voûte de la noblesse; elle fait rire avec ses arrangements de généalogie nos vieilles familles françaises. On parle assez généralement avec dédain des prétentions nobiliaires, mais quand vient le chapitre des Montijo!... on ôte son chapeau. Excusez du peu!

Le prince Jérôme et son fils sont circonvenus par des intrigants politiques; là règne Girardin.

La princesse Mathilde a les intrigants de second ordre: l'abbé Coquereau farceur de première classe, faux bon prêtre, excitant contre les évêques et la cour de Rome, se moquant dans le salon de la Princesse de la dévotion à l'Immaculée Conception, affectant une grande pureté avec une grande indulgence; en un mot, sachant bien vivre et bien hypocriser. La Desprès et sa fille, les Chennevières, les Soulié, etc. etc.

Je n'aime pas les prêtres dans le salon de la Princesse Mathilde, sa position particulière devrait les en éloigner, et pourtant ils y viennent et font la cour à Nieuwerkerke. La Princesse parle en mauvais termes du pape et des prêtres devant tout le monde, et devant ses domestiques. Elle a dans l'esprit un mauvais levain révolutionnaire entretenu par les deux Giraud, ses maîtres de peinture. Elle rêve d'une révolution en Italie.

Tous les Italiens suivant elle, sont admirables, les prêtres seuls sont des scélérats. Nous avons vu beaucoup d'Italiens à Paris, gens du monde, artistes, négociants... tout cela est bas et tient à une race épuisée, abâtardie.

Il y a des gens niais qui croient à l'égalité des races comme à l'égalité des hommes !

On fait des révolutions avec de telles croyances.

Le jour où vous proclamerez l'égalité des intelligences et l'égalité des climats, vous pourrez proclamer l'égalité entre les hommes, pourvu toutefois que vous établissiez l'égalité des forces physiques, l'égalité des passions et l'égalité de beauté chez toutes les femmes.

MERCREDI 9 JANVIER.

Bosquet est arrivé ces jours-ci ; il se loue beaucoup de l'accueil que lui a fait l'Empereur qui l'a embrassé cordialement, mais il s'est cependant aperçu à de légers indices qu'il avait été desservi.

MERCREDI 9 JANVIER. 199

« Je ne suis », dit Bosquet, « ni un opposant, ni un dé-
« mocrate. Je ne suis point un politique, je suis un mili-
« taire ; j'ai horreur de la démocratie dont l'esprit est op-
« posé à toute discipline, et jamais dans les corps qui ont
« été sous mes ordres, je n'ai toléré l'esprit démocratique.
« J'aime Lamoricière comme homme ; je l'estime comme
« excellent et vaillant officier, mais je ne l'ai pas suivi dans
« ses erreurs. »

Puis à propos de la rentrée de la garde dans Paris et de l'ovation, qui lui a été faite, il a ajouté :

« L'Empereur et la population ont eu raison de rece-
« voir ainsi nos soldats ; ils sont au-dessus de tout éloge,
« ce sont les premiers soldats du monde, avec eux on peut
« tout entreprendre.

« Régnault de St-Jean d'Angelis est un fier intrigant,
« ou une fière canaille d'avoir osé se placer à la tête de la
« garde ; jamais devant Sébastopol il n'a été au feu avec elle.

« Je sais comment nous sommes desservis par certaines
« gens qui approchent l'Empereur.

« Nous avons heureusement pour lui dire la vérité ce
« brave Fleury, qui est un loyal garçon, qui nous connaît
« bien et qui ne craint pas de tout dire à l'Empereur. Il
« est d'ailleurs le seul, qui lui dise franchement et carré-
« ment les choses. »

Le sculpteur David D'Angers a été enterré hier ; tous les socialistes assistaient à ses obsèques. Par son testament il avait voulu être porté directement au cimetière sans passer par l'église ; on lui a obéi.

Les journaux se répandent ce matin en louanges exa-
gérées sur ce médiocre sculpteur qu'ils placent à côté de Phidias et de Michel Ange.

David avait un talent commun, vulgaire et sans poétisation ; il rendait la matière dépouillée du génie humain ; il ne comprenait pas Dieu, il ôtait son empreinte divine du front de l'homme.

La statue de Corneille à Rouen est mauvaise ; celle du général Foy n'est guère meilleure ; celle de Larey est détestable ; son fronton de Ste-Géneviève est également détestable ; et quant à ses autres œuvres, si l'esprit de parti ne s'en était pas mêlé, David serait resté parmi les médiocrités de première classe.

Les démocrates veulent en faire un grand homme, libre à eux ; j'avoue que je ne leur envie pas cette illustration.

L'ambassadeur turc désire me voir. J'ai rendez-vous demain avec lui. Il veut que je m'intéresse à la réhabilitation de Reschid Pacha dans l'esprit français, et serait heureux, dit-il, d'avoir mes avis sur les hommes et les choses d'ici. Demain donc, à une heure, nous aurons une grande conversation.

LUNDI 14 JANVIER.

Hier, j'ai déjeuné chez Morny ; il n'y avait avec nous que le comte Lehon. La conversation s'est portée sur le coup d'Etat du 2 décembre.

« Ce qui m'a fait comprendre, » a dit Morny, « qu'il ne
« serait pas mal accueilli par la population, c'est une con-
« versation tenue devant moi après une partie de chasse
« dans les environs de Senlis.

« On sortait de dîner, nous étions beaucoup de monde,
« quelques Parisiens et des bourgeois de Senlis parmi les-
« quels un pharmacien, ancien chef libéral de la localité.
« Cet homme s'exprimait avec force contre le journalisme.
« Nous sommes las, disait-il, de cette tourbe sans nom et
« sans considération qui s'attaque à tout, fronde tout, et
« prétend nous gouverner. Pour être militaire, professeur,
« avocat, médecin et même pharmacien, il faut passer des
« examens, offrir des garanties, rester soumis à un con-
« trôle, et les journalistes qui s'adressent tous les jours au
« peuple, le conseillent, le colèrent et l'empoisonnent,
« peuvent sortir du fumier ou d'un bagne, ils sont libres
« d'exercer leur funeste industrie, il est grand temps que
« cela change. »

Le soir, je dînais chez la Princesse Mathilde, on s'entretint de la pénurie du président au moment du coup d'Etat.

« Je la connais mieux que personne, dit la Princesse,
« car lorsqu'il fallut expédier Fleury en Afrique pour en
« ramener Saint-Arnauld et les officiers sur le dévouement
« desquels on croyait pouvoir compter, personne n'avait
« l'argent nécessaire au voyage de Fleury. On demanda
« à Fould de prêter sept mille francs, il refusa tout net
« et ce fut Ferdinand Barrot qui les fournit. »

Fould est aujourd'hui ministre d'Etat.

SAMEDI 19 JANVIER.

L'empereur de Russie accepte les quatre propositions des puissances occidentales. La paix est donc bien avancée ;

cependant je ne puis me défendre d'un doute que j'ai le plus grand soin de ne pas exprimer. Je crains que dans les conférences qui vont s'ouvrir la Russie ne fasse naître des difficultés d'exécution, qu'elle ne cherche encore à jouer la France et l'Angleterre.

D'un autre côté les organes de la presse anglaise ne semblent pas satisfaits de cette fin du conflit.

Qui vivra verra !

Les légitimistes et les Orléanistes sont mal contents.

L'Empereur, en recevant la dépêche qui contenait l'acceptation des propositions par la Russie, n'a pas été maître de son émotion.

Le médecin Reyer se trouvait présent, il a vu l'Empereur pâlir, puis l'Empereur lui a dit :

« J'ai besoin de m'asseoir, docteur, lisez cela et vous
« ne serez plus surpris. »

Le soir j'ai vu l'Empereur et l'Impératrice au bal chez la Princesse Mathilde. L'Empereur avait une physionomie radieuse. Le prince Napoléon que la joie des autres rend malheureux n'a pas paru à ce bal.

Zébach m'a dit : « Etes-vous content de me revoir
« sitôt ? »

A quoi je lui ai répondu :

« Certainement, puisque vous avez été comme la co-
« lombe de l'arche. »

Ce fin Saxon, gendre de Nesselrode, très Russe dans le fond, faisait avec beaucoup d'art contre fortune bon cœur.

Hier soir, il y a eu un petit bal chez l'Impératrice; on y était en frac, culottes courtes ou pantalons collants.

SAMEDI 19 JANVIER.

Le prince Murat a fait demander vu son obésité, l'autorisation de se présenter en pantalons. L'Impératrice lui a fait dire de rester chez lui ; et cependant elle est arrivée donnant le bras au duc de Cambridge qui lui — était en pantalons !

Latour Dumoulin sort de chez moi où il m'a proposé une alliance offensive et défensive; j'ai accepté. Nous avons longuement causé des hommes et des choses ; de M. Molé chez lequel il allait intimement, et qui en 1850 était tout porté pour l'Empire et tâchait de persuader Thiers qui répondait : « Tout cela est gâchis... gâchis... gâchis ! » Molé ne demandait pas mieux que de marcher avec l'Empereur, il fallait lui donner la présidence du Sénat. Persigny n'a pas compris l'homme et la situation et par une hauteur ridicule il l'a éloigné.

LUNDI 21 JANVIER.

J'ai dîné hier chez la Princesse Mathilde ; nous avons parlé de son frère et de sa manière de vivre.

Le prince Napoléon passe en ce moment ses journées à élever un temple *joujou* à Rachel ; quinze ouvriers y travaillent sous sa direction. Ce temple aura trois pieds de haut ; le prince aurait voulu que M. Ingres en fît les peintures. Le portrait de Rachel est partout dans les appartements du prince, jusque dans son alcôve.

Lors de l'achat par Mirès du *Constitutionnel* Latour Dumoulin avait fait rédiger par Duvergier un acte signé par Mirès qui abandonnait au gouvernement le droit de nommer des rédacteurs en chef du *Pays* et du *Constitutionnel*. Par cet acte qui ne grevait d'aucune dépense, l'Etat était le vrai propriétaire des deux journaux. Collet-Maigret a remis cet acte à Mirès ! l'Etat n'a plus de propriété dans ces deux journaux.

Sur la présentation du prince Napoléon, Collet-Maigret a failli dernièrement remplacer Hausmann à la préfecture de la Seine.

Beaucoup de bals costumés vont avoir lieu ; je reçois une invitation pour celui que donnera le 4 février le grand maître de la maison de l'Impératrice.

MERCREDI 23 JANVIER.

J'écrivais dernièrement sur ce livre la liste des mariages scandaleux contractés par des jeunes gens de bonne famille. J'y dois ajouter aujourd'hui celle des mariages non moins scandaleux, accomplis depuis quelques jours, ou près de s'accomplir par des jeunes filles *comme il faut*.

Mlle de Beaurepaire épouse le cocher de son père ; elle est dans un état qui nécessite cette union.

Mlle Despieds épouse un trombonne des Folies-Nouvelles.

Enfin Mlle Séguin, fille d'un très riche industriel de Boulogne, et qui doit hériter un jour de plusieurs millions, est accouchée à Paris d'un enfant procréé par un petit garçon jardinier de seize ans, et elle refuse toute autre alliance que celle de ce garçon jardinier.

Tant de scandales accusent fortement l'éducation de famille et la moralité des parents!

LUNDI 11 FÉVRIER.

Nous nous reposons des bals masqués ou non masqués, des fêtes, des dîners, etc. Je ne décrirai pas ces joies au milieu desquelles l'Empereur a paru comme le plus jeune. Chez le comte Tascher et chez Mme Lehon il s'est diverti à intriguer toutes les femmes avec un entrain et une verve intarissables.

Les plénipotentiaires pour la paix commencent à arriver à Paris. Les conférences seront ouvertes la semaine prochaine.

MM. les étudiants recommencent leur tapage de 1820. Après avoir, il y a un mois, insulté et poursuivi l'inoffensif M. Nisard, après avoir fait le siége de sa maison, ils ont insulté l'Impératrice au spectacle en chantant devant elle et contre elle une parodie du *Sire de Framboisie*.

Plusieurs condamnations pour le tumulte Nisard ont été prononcées avant-hier, mais ce ne sont point des condamnations qu'il faut. Le chef-lieu d'un grand empire ne doit pas être encombré par la jeunesse turbulente des écoles. Paris n'est pas un lieu d'études, c'est un endroit de perdition pour la jeunesse, d'entraînements de toutes sortes, et les partis politiques recrutent trop aisément des soldats enfants perdus parmi tous ces jeunes turbulents qui se croient chargés des destinées de la France. Il faut établir hors de Paris, loin des centres politiques ou industriels, des villes d'universités, des retraites tranquilles, ici pour la médecine, là pour le droit, plus loin pour l'école polytechnique.

Nous n'avons pas malheureusement un ministre assez intelligent ni assez vigoureux pour prendre l'initiative d'une telle mesure. M. Fortoul vise aux honneurs personnels, il fait encenser par les journaux ses mauvaises tartines sur les arts et l'archéologie et il ne s'occupe pas assez des écoles.

VENDREDI 22 FEVRIER.

C'est lundi que se réunissent aux Affaires Etrangères sous la présidence de Walewski les plénipotentiaires qui doivent traiter de la paix. Après la conférence il y aura grand dîner, après le dîner concert.

J'ai reçu une invitation, je m'y rendrai certainement.

Les journaux dissertent à perte de vue sur les conditions de la paix. Le *Moniteur*, journal du gouvernement, emprunte ses articles de fond au *Siècle,* journal de l'opposition Cavaignac.

Dans l'armée on murmure contre la nomination de trois favoris au grade de général de division.

Régnault St-Jean d'Angelis auquel on donne la garde à commander, il ne s'est pas montré une seule fois au feu avec elle en Crimée.

Goyon (prince de Mortagne) qui n'a vu lui le feu nulle part.

Forey qui est allé chercher ses étoiles en Crimée où il commandait une cavalerie immobile.

L'Empereur connaît moins les hommes que les choses, son entourage le prouve de reste, et son entourage éloigne par des calomnies une foule de gens.

Si ce qu'à Dieu ne plaise, il y avait jamais péril pour l'Empire, nous verrions l'attitude curieuse des favoris.

Quelle écurie d'Augias !

Il y a des temps où je n'écris rien de peur d'écrire trop.

Parmi les ministres qui choisir ?

Fould qui refusait en 1849 son adhésion aux projets de l'Empereur.

Billault, républicain de 1848, qui le sera encore et qui protège maintenant en place un certain nombre de ses anciens corréligionnaires.

Fortoul qui a bu à la santé d'Alibaud !

Cela fait douter de tout.

Qui voit-on au Sénat ? qui au Conseil d'Etat ?

Rougé nommé conseiller d'Etat par l'entremise de sa femme. Rougé, en 1849 et même au commencement de 1850, craignait de se compromettre en adhérant aux idées Napoléoniennes.

Les deux Thayer, Pastoret, Larochejaquelein, sénateurs, cela fait pitié pour le sénat.

La gloire de l'Empereur sera d'autant plus grande qu'il aura accompli son œuvre au milieu d'un entourage de traîtres, de filous ou de crétins.

Quant à la morale de cette fable, il n'en faut pas parler.

L'Empereur, (je demande pardon de rapporter un propos du peuple très grossier dans son expression) :

« L'Empereur, au milieu de sa cour, de ses ministres,
« de ses conseils, de son Sénat, est comme un diamant
« tombé sur un étron. »

Cela est vrai, rien n'altère son rayonnement et sa pureté, quoique l'air soit méphytique autour de lui.

MERCREDI 27 FÉVRIER.

L'armistice, jusqu'au 31 mars, a été prononcé dans la première séance du congrès.

J'ai vu lundi au concert de Walewski tous les plénipotentiaires. Le comte Orloff est un beau et grand vieillard dont la tête est remarquable par son expression de fermeté; il est impossible de croire que le comte ait 70 ans.

Aujourd'hui, mercredi, la seconde séance du congrès.

Dimanche, j'ai vu Alex. Dumas chez la Princesse Mathilde qui de bonne heure est partie pour les Tuileries. Nous sommes alors restés, Mme Després, les Giraud, Dumas et moi.

J'étais curieux d'assister au déboutonné du grand homme. Le grand homme, l'immense Dumas a atteint les dernières limites de l'outrecuidance. Il a parlé de l'Empereur avec une haine et un mépris superbes; il s'est posé comme une sorte d'ami protecteur de sa famille.

« Hugo », a-t-il dit, « a imprimé de magnifiques choses
« sur ce Napoléon; je lui réserve moi des choses marquées
« plus vigoureusement dans mes mémoires. »

Puis comme E. Giraud disait, je ne sais quoi sur l'Empereur, Dumas a murmuré entre ses dents le mot: *canaille*.

Bientôt il a repris :

« Ce comédien n'a pas même eu le courage de sa si-
« tuation ; lors de son affaire de Strasbourg il s'est stupi-
« dement laissé arrêter. Il fallait qu'il agît comme moi,
« qu'il s'armât d'un pistolet. En 1830 j'ai pris à moi seul
« la ville de Soissons en menaçant de brûler la cervelle
« à son commandant. »

Dumas a parlé deux heures pour dire qu'il avait refusé l'académie, et que son fils refusait la croix. Que
l'abbé Duguerry était venu trouver son fils en lui deman-
dant un drame religieux et qu'en échange il aurait la croix
et dans deux ans l'académie.

Dumas fils a répondu :

« La religion a fait trois grands drames qui se nom-
« ment : la guerre des Albigeois, la St-Barthélémy et les
« Cévennes, je lui conseille d'en rester là. »

L'abbé Duguerry, honteux et confus, se serait retiré
en baissant la tête.

Avant le départ de la Princesse Mathilde pour les
Tuileries, Dumas s'était fort récrié contre l'inconvenance
commise par l'Empereur, qui, après avoir assisté à sa représentation de Benvenuto Cellini, avait envoyé une tabatière à Mélingue.

« Nous ne sommes plus », disait Dumas, « au temps
« des poètes crottés auxquels on donnait quelques louis,
« on devrait bien apprendre à respecter les artistes. »

Je fis remarquer à Dumas qu'une tabatière se donnait
à un ambassadeur, au plus grand seigneur, au personnage
le plus éminent.

« A un ambassadeur, ou à un Montmorency, c'est
« bien, » reprit Dumas avec une bouffissure incommensu-

rable, « mais les artistes sont autre chose que cela et leur « intelligence a droit à plus de respect. »

Je n'en finirais pas si je voulais citer toutes les impertinences débitées par lui. La Princesse a tort de le souffrir chez elle, et les Giraud qui sont de petits révolutionnaires déguisés, garçons très spirituels, ne sont encore pas bons dans l'intimité des princes. Les sympathies des Giraud sont avec les républicains avancés, et cependant en se plaignant toujours, Dieu sait ce qu'ils se font donner.

J'ai eu hier une conférence à propos des affaires de Turquie avec F. Barrot, La Guéronnière et Latour Dumoulin. Nos intérêts marchent bien, nous avons de belles chances et j'espère que le Grand Visir, présent à Paris, a plein pouvoir pour traiter avec nous.

L'*Indépendance Belge* passe aux mains d'un ennemi personnel de l'Empereur; le co-gérant adjoint chargé de représenter le journal auprès du gouvernement français, est Jules Lecomte! le faussaire, le filou, l'homme taré!

Véron a mis cinquante mille francs dans cette combinaison et il a droit de faire insérer quatre articles par mois.

Collet Maigret dit que les ordres du ministre Billault à propos de la presse et de la police sont si extraordinaires, que pour se sauvegarder lui directeur de la police et de la librairie, il en garde des doubles.

Le baron de Bazancourt, écrivain officiel de la campagne de Crimée, se pose en grand historiographe. C'était un mauvais romancier de dixième ordre, sali par des tripotages de toutes sortes, nous n'en citerons qu'un.

Le vieux bellâtre de général Lagrange a une maîtresse dont il use fort peu, il veut seulement la voir b... devant lui. Pendant longtemps Bazancourt a été le b... de la maîtresse de Lagrange ; il portait à cette époque des cols de chemise festonnés et tuyautés avec manchettes pareilles !!

M. Billaut est un peu mené par le journal *Le Siècle*. J'espère qu'après la paix l'Empereur donnera un vigoureux coup de balai dans les écuries d'Augias.

LUNDI 3 MARS.

Aujourd'hui, l'Empereur ouvre la session du corps législatif, mais je ne crois pas qu'il annonce la paix conclue.

Il y a des dissentiments plus profonds entre la Russie et l'Autriche, qu'entre la Russie et l'Angleterre ; il faut ajouter à ces ressentiments la rancune que garde la Russie à l'Autriche pour son attitude hostile depuis le commencement de la guerre.

Ces jours derniers, le comte Orloff et la mission russe entraient au ministère des Affaires étrangères. Le comte et sa suite saluèrent gracieusement tout le monde, mais quand ils virent venir le comte Buol et les Autrichiens, ils remirent leurs chapeaux et se redressèrent fièrement.

Le comte Buol se contenta de hausser les épaules.

En résumé il y a bien des difficultés dans la situation présente et bien des rancunes ; je commence à craindre une solution moins pacifique.

Ce soir, je dîne chez la Princesse Mathilde ; demain nous avons des charades chez le comte de Tascher.

JEUDI 6 MARS.

E. Sue a commencé depuis deux jours dans le feuilleton de la *Presse* la publication d'un roman socialiste. C'est toujours l'homme du peuple, victime du bourgeois, etc. etc. Et puis l'éternelle rengaîne de l'antagonisme des Gaulois et des Francs, etc. etc.

E. Sue et Girardin ont vraiment bonne grâce à parler de moralité, à tonner contre les vices du siècle.

E. Sue est l'homme le plus débauché de la terre. Il a conduit Mme C. Laffite, sa maîtresse, dans les lieux les plus mal famés, de même son neveu, le jeune Caillard. que sa sœur lui confiait et qui n'avait que quatorze ans, il l'a fait violer par des filles malgré ses répugnances et l'a traité de petit sot lorsqu'il s'est mis à pleurer.

E. Sue m'a raconté *lui-même* cette scène, un soir chez la duchesse de Rauzan.

Quand il s'est retiré dans la Sologne, E. Sue a formé chez lui un petit sérail de jeunes filles, il n'avait pas de domestiques mâles, et il me dit alors : « Venez me voir, nous ferons de bonnes orgies. »

E. Sue, le plus débauché des hommes, est un poltron qui s'est fait socialiste par peur.

Girardin, pour prêcher la morale, a pris Mme Guimont, femme entretenue de la pire espèce, comme vicaire, la vie de Girardin est un long scandale.

Il a été l'amant de Mme la comtesse d'Agout (Daniel Stern).

Si le feuilleton d'E. Sue est continué, il fera un mal énorme.

DIMANCHE 16 MARS.

L'Impératrice est accouchée ce matin à trois heures d'un prince qui portera, dit-on, le titre de *roi d'Alger*.

Le canon a tiré à six heures cent et un coups; le bourdon de Notre-Dame a mêlé sa grosse voix aux détonations.

Ce soir la ville sera illuminée.

Pendant toute la journée d'hier et pendant toute la nuit il y a eu foule devant la grille des Tuileries. L'Impératrice a souffert juste vingt-quatre heures.

Le prince Napoléon sera, dit-on, envoyé comme vice-roi en Algérie.

Ce soir, je dîne chez la Princesse Mathilde où j'entendrai peu, je crois, les louanges de l'Impératrice. La Princesse ne l'aime pas et ne s'en cache guère. C'est un malheur que la division et la jalousie qui séparent la famille impériale; l'intérêt même ne parvient pas à les unir.

LUNDI 17 MARS.

L'Impératrice, qui a été accouchée avec les fers, se porte bien, ainsi que le Prince Impérial.

L'Empereur fait de grandes libéralités. Hier, lorsqu'il s'est rendu chez le roi Jérôme qui est malade, il a été accueilli sur son passage par de vives acclamations.

Le prince nouveau né ne portera d'autre titre que celui de Prince Impérial.

La Princesse Mathilde a très bien parlé de l'Impératrice et du Prince; elle se réjouit de la naissance de cet enfant, voyant en lui un gage de confiance dans l'avenir.

Le prince Napoléon n'a pas su dissimuler sa mauvaise humeur. A partir du moment où le sexe de l'enfant a été connu, il s'est mis à bouder et n'a plus parlé à personne.

Hier matin, il n'a pas voulu assister, comme c'était son devoir, à l'ondoiement du nouveau né. La joie des autres le blesse, sa mauvaise nature apparaît dans toute sa laideur.

Les autres princes de la famille n'ont guère été plus convenables sauf toutefois la mauvaise humeur.

Le seul qui fut à la cérémonie est le prince Lucien.

Il va paraître dans les journaux étrangers un manifeste du comte du Paris; ce jeune homme va se révéler par un acte de *proprio motu* et cet acte sera une stupidité. Les prétendants depuis bien des années se plaisent à gâter leurs affaires.

M. le comte de Paris, héritier d'un prétendu droit au trône qui ne repose sur aucun principe, puisque la révolution qui porta Louis Philippe au trône, était une négation de la légitimité et que la proclamation de la royauté de 1830 se fit au moyen de trois cents et quelques voix et n'osa pas affronter le suffrage universel, M. le comte de Paris qui ne représente donc ni la légitimité ni le suffrage universel, proteste contre la fusion des Orléanistes et des légitimistes.

Il se sépare de sa famille et veut réunir les débris des Orléanistes! C'est perpétuer les divisions, mais on ne s'occupe guère de ces comédies, nous sommes aux grandes affaires présentes.

La paix est faite, dit-on, MM. les Orléanistes purs peuvent répandre le manifeste de leur jeune prince, cela fera peu d'effet, on rira de la fusion qui se nommera désormais *confusion*.

MERCREDI 19 MARS.

Canrobert et Bosquet sont nommés maréchaux, Randon aussi!

Fould et Hamelin grands croix de la légion d'honneur, Hamelin, je le veux bien, mais Fould!!

Je ne sais pourquoi la Princesse Mathilde est furieuse de la nomination de Bosquet, elle a le tort de le dire tout haut dans son salon.

Bosquet et Canrobert ont été avertis de leur nomination d'une manière délicate et charmante qui peint la bonté de l'Empereur.

Une invitation à dîner leur a été envoyée et ils se sont trouvés seuls dans le salon de l'Empereur, peu après l'Empereur est arrivé avec deux ou trois personnes et il a dit aux généraux : « je suis presque seul aujourd'hui, je « vous ai fait demander de partager ma solitude. »

Le dîner s'est passé sérieusement, on a parlé d'acoustique, au dessert, l'Empereur a rempli son verre et il a dit : « Messieurs, buvons à la santé des *maréchaux* Canrobert et Bosquet. »

Les deux généraux, surpris et émus, n'ont d'abord pu répondre. Bosquet a pleuré comme un enfant, puis après avoir remercié l'Empereur, il a demandé la permission de faire parvenir cette bonne nouvelle à sa mère qui habite Pau. Le télégraphe électrique des Tuileries a été mis à sa disposition.

Voici la dépêche qu'il a fait expédier :

Le maréchal Bosquet à Mme veuve Bosquet : ma mère, priez Dieu pour l'Empereur!

Le prince Napoléon montre de plus en plus sa mauvaise humeur ; tout le monde en cause, c'est très décidément un homme *roulé*.

J'avais proposé à plusieurs membres influents du Cercle Impérial de faire une souscription entre nous, et d'envoyer douze mille francs aux pauvres de Paris pour célébrer la naissance du Prince Impérial. Je dois dire que j'ai trouvé des *prudents* qui m'ont répondu :

« *Ne faites donc pas d'enthousiasme, on vous en saura « mauvais gré, et puis beaucoup de gens n'aimeront pas se « compromettre ainsi pour l'avenir,* » etc. etc.

MM. le comte de Reiset et le baron de Heckeren ont été les plus prononcés !

Ces prudents se réservent, l'un est diplomate, l'autre sénateur.

JEUDI 20 MARS.

La Princesse Mathilde sort du Louvre où elle a dîné avec Nieuwerkerke, S*t*-Marsault, sa femme, le comte G. de Nieuwerkerke, l'éternelle Desprez et sa chouette de fille et moi. Après dîner les Reiset sont venus passer la soirée.

La Princesse nous a dit que son frère Napoléon était toujours furibond de la naissance du Prince Impérial, et comme l'Empereur rend visite au roi Jérôme, le prince Napoléon en chœur avec Mme de Plancy l'aide intrigante et Dubarry de l'ex-roi de Westphalie s'est écrié :

« Que vient faire ici l'Empereur ? il ne peut donc pas
« nous laisser en repos, qu'il s'occupe de ses affaires, il a
« bien assez de conduire l'Empire qui par parenthèse est
« assez mal conduit, »

Le Palais Royal est un sale tripot à intrigues.

Le Prince Impérial est fort et bien portant.

LUNDI 24 MARS.

Hier, j'ai dîné chez la Princesse Mathilde avec les Giraud, revenus d'Italie, impressionnés par ce qu'ils ont entendu dire de l'Empereur.

Ils ont trouvé les Italiens tout enthousiasmés de lui et de la nation française. Ils ont été fiers en Italie d'être Français du nouvel Empire, ils commencent à comprendre la grandeur de l'homme et de son œuvre.

J'ai demandé comme renseignement historique à quelle heure était né le Prince Impérial.

La Princesse m'a répondu :

« J'ai regardé la pendule, il était trois heures quatorze « minutes. »

Les Reiset sont dans la plus grande faveur auprès de la Princesse. Avant l'Empire ils ne la connaissaient pas et n'avaient jamais songé à se faire présenter. Depuis ils ont rattrapé le temps perdu. Reiset se donne des airs importants ravissants à voir. Il se fait élégant, porte des chemises brodées, prend des mines étudiées et se précipite à toute occasion sur les mains de la Princesse pour y frotter ses lèvres.

Reiset le pudique courtise la Desprez et sa fille. Mlle de Reiset est intime avec Marguerite Desprez; elles ne peuvent se quitter ou s'aborder sans s'embrasser plusieurs fois.

Encore des courtisans de la fortune !

Lorsqu'en 1850 la Princesse habitait au numéro 10 de la rue de Courcelles, nous traversions alors des jours de doute et de lutte; les courtisans étaient peu nombreux; nous dessinions et nous causions souvent dans la solitude.

Les Reiset ne nous connaissaient pas; le soleil du 2 décembre ne s'était pas levé.

Mme Reiset a raconté à ses amies le dîner fait au Louvre jeudi dernier par la Princesse. Ses amies l'ont dit à leurs amies et Mme Morel-Fatio l'a appris ainsi.

Les princes et à plus forte raison les princesses seront toujours aveugles; ils veulent des flatteurs et se soucient peu des amis; de là vient qu'aux jours de malheur ils sont presque toujours seuls.

Nieuwerkerke songe à quitter la direction des Musées; il ne m'en a rien dit, car il me fait mystère de tout actuellement, mais je le sais. Il veut porter l'habit brodé de sénateur, aller se confondre dans cette nuée de niais et de traîtres, je ne le comprends pas et il prétend aimer les arts!

Si j'avais de l'ambition, je serais dégoûté par les ambitieux. Jamais amant ne souffre autant des caprices de sa maîtresse, qu'un ambitieux souffre des incertitudes de la faveur. Il n'est jamais satisfait; il n'est jamais assez haut; les supériorités le froissent, puis les égalités. Lorsqu'il est au sommet de son mât de cocagne et qu'il a décroché le gros lot, il regarde le ciel pour savoir s'il peut tenter de détrôner Dieu le père.

Denon et Forbin trouvaient la direction générale des Musées un beau cantonnement!... et c'est en effet une belle chose qu'une telle direction.

MERCREDI 26 MARS.

Metzinguer vient d'être nommé conseiller à la cour impériale! Mon Dieu, que c'est une belle chose d'avoir un Abbatucci pour ministre de la Justice!

J'ai connu en 1850 M. Metzinguer; il était rouge pur sang, ne s'en cachait nullement et parlait des Robespierre et des Danton avec une mélancolie touchante. Metzinguer vivait dans l'intimité de la vieille citoyenne Lebas laquelle tricoteuse émérite n'était autre que Mlle Dupleix, la fille du menuisier Huz qui logeait Robespierre. Mme Lebas avait une sœur maîtresse de Robespierre.

C'est chez Mme Lebas et en la consultant bien entendu, que Lamartine a écrit les Girondins.

Metzinguer était montagnard, il est resté montagnard, seulement il est conseiller à la cour impériale. Dites ensuite qu'Abbatucci n'est pas un grand homme!

Les conférenciers confèrent, les badauds attendent la paix.

DIMANCHE 30 MARS.

Hier, l'Empereur a réuni par convocation auprès de lui, tous les grands dignitaires de l'Etat, et leur a annoncé la signature du traité de paix. Le *Moniteur* n'en dit rien ce matin, le canon n'est pas encore tiré aux Invalides et cependant il est dix heures vingt minutes.

C'est une grande et heureuse affaire accomplie, l'Europe va entrer dans une ère nouvelle.

Les Italiens se plaignent de ce que le monde n'est pas bouleversé pour leur créer une nationalité et pour les délivrer de l'Autriche.

J'avoue que l'Italie m'intéresse fort médiocrement, ce pays-là est une plaie, toutes les mauvaises passions y sont surexcitées.

MARDI 1ᵉʳ AVRIL.

Paris a été illuminé, mais l'enthousiasme des populations n'a pas été aussi vif qu'à la prise de Sébastopol. Dans les provinces la dépêche télégraphique a causé plus de joie. A Épernay où passait le marquis de Coislin, le maître de la table d'hôte à laquelle il dînait, a gratifié ses convives de nombreuses bouteilles d'excellent vin de Champagne, jusqu'à deux heures du matin on a bu à la paix.

Le gouvernement prépare, dit-on, une expédition de quarante mille hommes en Kabylie.

Malgré le langage pompeux des bulletins militaires, nos expéditions dans cette partie de l'Algérie n'ont pas toujours été heureuses ; nous y comptons bien des revers, et Baraguay d'Hilliers aussi bien que Changarnier en savent quelque chose.

L'Empereur, dit-on, commanderait cette expédition, et dans cette intention il prépare la formation d'un Conseil de Régence.

Le prince Napoléon est toujours très irrité de la naissance du Prince Impérial.

Les Polonais sont furieux de la paix, ils auraient voulu la restauration de la Pologne.

Les Italiens se plaignent aussi de l'oubli dans lequel on les laisse ; ce peuple ou ces peuples usés voudraient la proclamation de l'unité italienne.

MERCREDI 2 AVRIL.

La revue d'hier a été magnifique et favorisée par le plus beau temps du monde. Le soir les habitants de Paris jusque dans les quartiers les plus pauvres ont illuminé leurs maisons. Depuis bien des années je n'avais pas vu un enthousiasme pareil.

En rentrant au Louvre, vers une heure du matin, je rencontrai sur les boulevards et dans les rues des bandes d'ouvriers porteurs de torches et criant : « Vive l'Empereur et vive la paix ! » A une heure du matin la place du Carousel était couverte de monde et les cris de Vive l'Empereur partaient de tous côtés.

J'ai dîné au Cercle Impérial avec les officiers de la suite du comte Orloff, entre autres le comte Schouvaloff, petit-fils de Mme de Chelaincourt. Ces messieurs ont fort admiré notre armée, et avec autant de bon goût que de justice, ils nous ont dit ses hauts faits à la bataille de l'Alma à laquelle assistaient ces jeunes officiers.

L'Empereur doit être heureux et fier de la journée d'hier. La France était bien la grande nation, le pivot autour duquel tourne l'Europe.

Qui aurait reconnu la France de 1848 dans ces flots de peuple qui s'empressaient sur le passage de nos soldats, dans ces ouvriers qui applaudissaient les vainqueurs de Sébastopol, et saluaient respectueusement l'Empereur, de leurs acclamations.

Qui se serait imaginé que la France de 1848, mise au ban des nations, pourrait si peu d'années après, se placer à leur tête comme leur conductrice et prendre sous sa tutelle les intérêts européens?

C'est pourtant le même pays, ce sont les mêmes hommes, mais nous ne sommes plus livrés aux bavards sous prétexte de liberté et la licence n'a plus droit de cité et la populace droit d'émeute.

La France jouit du repos, elle a conquis la considération. Dieu veuille nous conserver longtemps sous la tutelle de Louis Napoléon.

Nous sommes un peuple vaniteux et bavard, le premier charlatan qui nous flatte capte notre confiance. Pendant dix-huit ans nous nous sommes haïs, injuriés, battus pour Thiers ou Guizot. La France était absorbée en eux! Et il s'est trouvé le 24 février 1848 que ces deux grands hommes avaient conduit leur pays entre les mains des socialistes!

Il faut laisser s'éteindre peu à peu les divisions des partis, ce sera long, car j'étudie le bourgeois, le marchand parisien, et le bourgeois comme le marchand crieraient encore: « Vive la réforme! comme en 1848. »

L'amour propre les a fait crétins et les conserve crétins.

JEUDI 3 AVRIL.

Le parti légitimiste fait acte d'existence. Il y avait hier grand bal costumé chez la comtesse Pozzo di Borgo. Le faubourg Saint-Germain s'était mis en frais de costumes, rien n'aura été plus magnifique.

Feuillet de Conches, le collectionneur d'autographes, l'introducteur des ambassadeurs, le chef du protocole, plaqué de tous les ordres connus, a annoncé dans les journaux d'avant-hier, qu'il avait arraché lui-même la plume qui a servi à tous les plénipotentiaires pour la signature du traité de paix, de l'aile de l'aigle du jardin des plantes ! Voyez un peu le courage, qu'on dise qu'il n'y a plus de héros !

Le *Moniteur* récompense ce matin cette action hardie. Feuillet est élevé au grade de commandeur dans la légion d'honneur.

A l'heure qu'il est, l'académie française reçoit M. le duc de Broglie. Nisard répond à son discours.

Depuis un mois une grave question préoccupe cet homme politique; dans la prévision de sa présentation à l'Empereur il se demanda s'il fera mettre sur sa plaque de la légion d'honneur l'effigie de Napoléon ou s'il y laissera celle de Henri V entourée de drapeaux tricolores. La société du duc de Broglie est fort perplexe en attendant la décision du duc.

Le congrès s'assemble encore. Dieu veuille qu'il trouve un moyen de faire quelque chose pour l'Italie et d'en extirper l'assassinat politique qui est à l'ordre du jour.

Mazzini pousse les assassins qui ne se contentent pas d'ensanglanter leur pays, témoin Pianori, et ce que l'on sait moins, les quatre sicaires arrêtés l'année dernière au moment où ils se disposaient à venir en France, et qui ont avoué avec audace qu'ils avaient la mission de tuer Napoléon III. Ces Mazziniens étaient bien pourvus d'argent et porteurs de correspondances et proclamations Mazziniennes.

JEUDI 3 AVRIL.

Lord Howden, ambassadeur anglais à Madrid, s'est abstenu de complimenter M. de Turgot à propos de la naissance du Prince Impérial.

Ce Monsieur connu jadis sous le nom de Caradoc a longtemps occupé la société de ses bonnes fortunes ; il a épousé cette vieille bougie oubliée dans une armoire qu'on nomme la princesse Bagration, et il se pose en Orléaniste forcené. Nos bons alliés sont singulièrement représentés.

Je ne pense pas qu'après cette impertinence du vieux beau, l'Angleterre puisse le conserver dans une ambassade.

Si le congrès veut faire quelque chose d'utile pour le repos de l'Europe, il devra s'occuper de la question des réfugiés. Eloigner de l'Europe qu'ils troublent par leurs déclamations et excitations des hommes tels que Mazzini, Runge, Ledru Rollin, etc., est une affaire de première nécessité. Peut-on admettre que l'Angleterre donne asile sur son territoire à des enragés qui ordonnent des assassinats . . . . . .

Un assassin ordinaire est livré aux tribunaux de son pays par la nation qui le découvre chez elle ; mais ce qui peint notre époque, l'assassin politique, celui dont le crime a les conséquences les plus funestes, est protégé par les gouvernements étrangers.

Livrer un assassin politique ! . . . fi donc ! . . .

MARDI 8 AVRIL.

Hier, il y a eu un très beau bal chez S. A. I. la Princesse Mathilde. L'Empereur a causé longtemps avec M. de Manteuffel.

Un événement que j'attendais sans l'espérer s'accomplira aujourd'hui, la Princesse renvoie Mme Desprez et sa fille; la décision est irrévocable. Cette mauvaise créature ou mieux, ces deux mauvaises créatures, ont si bien fait, ont tant bavardé, tant calomnié, tant débité de méchancetés, que la Princesse et toutes les personnes de sa maison ont enfin ouvert les yeux. L'insolence de ces deux pécores dépassait toute limite; c'est par elles que tout ce qui se disait rue de Courcelles était rapporté envenimé aux Tuileries.

La Princesse a fait part de sa détermination à l'Empereur et à l'Impératrice qui lui ont dit:

« Depuis longtemps nous hésitions à vous parler du « tort que ces deux femmes font à votre maison, mais « nous sommes très satisfaits de les voir expulsées. »

On donne à la Desprez un petit emploi en province; la Princesse y ajoute une petite pension. Elles tombent enfin ces deux ignobles femelles et personne ne les plaindra. On ne peut se figurer le fiel et les mauvaises passions qui agitent deux créatures qui se sont suicidées par leur méchanceté et leur orgueil.

Il est possible que la Desprez et sa fille tombent tout à fait dans le ruisseau; leur colère en recevant congé peut les emporter à de tels excès, qu'on leur retire ce qu'un dernier mouvement de bienveillance veut bien leur accorder.

Il faudra maintenant remercier ce faux bon homme placé comme secrétaire par la Desprez chez la Princesse.

MERCREDI 23 AVRIL.

J'ai passé hier la soirée chez la Princesse Mathilde, après avoir dîné chez la comtesse Bolognini avec le prince Porcia et le comte et la comtesse Litta.

La comtesse Litta a été présentée le soir à la Princesse ; c'est une fort belle personne qui a dix-huit ans et ne manque pas d'esprit.

La Desprez avait reçu l'ordre de ne pas se présenter dans les salons de la Princesse, elle part samedi pour Poitiers où elle sera fort surveillée.

Le prince Napoléon est venu chez sa sœur ; après son départ, lorsqu'il ne restait plus personne que le général Bougenel, Ratomski et sa femme, la Princesse a longtemps causé de son père, de son frère et des sales tripotages du Palais Royal. L'Empereur n'a pas voulu envoyer son cousin à St-Pétersbourg comme ambassadeur extraordinaire pour assister au sacre de l'empereur Alexandre.

« Qu'il fasse des bêtises à Paris, » a-t-il dit, « mais je « ne veux pas qu'il les fasse ni qu'il en dise à St-Péters- « bourg, pour nous discréditer aux yeux de la Russie. »

L'Empereur a montré à la Princesse la correspondance du prince Napoléon, datée du camp devant Sébastopol. Il est impossible, m'a dit la Princesse, de lire des lettres plus obséquieuses et plus humbles. Le prince avoue en toutes lettres qu'il doit tout à l'Empereur, que sans lui il ne serait rien, qu'il tient tout de sa générosité, etc. etc.

MERCREDI 23 AVRIL.

Quant au Palais Royal, la sultane qui y règne comme favorite du vieux roi Jérôme, est Madame de Plancy, femme du premier écuyer, maigre et délurée, pas jolie, mais très effrontée. Pendant la maladie du roi elle couchait dans sa chambre, et son mari disait, il y a trois jours, chez Mᵐᵉ Lehon : « Le prince va mieux, ma femme est rentrée « depuis deux jours chez elle, elle ne couche plus au Palais « Royal. »

Cette délurée affiche une grossesse dont elle fait semblant de gémir, et le roi Jérôme lui dit avec des airs de finesse :

« Pourquoi vous y exposiez vous, Madame ? »

Ce pauvre vieux mauvais sujet est entouré de bâtards, il en a de tous les côtés. Il mariait une fille, il y a peu de temps, une autre de ses filles qui le soignait pendant sa maladie est une des supérieures du couvent des Oiseaux.

Le prince Napoléon dit pis que pendre des dignitaires de l'Empire, qui jouent à la Bourse, et lui vient d'y gagner 800,000 francs !

J'oubliais de dire que Morny représentera la France au sacre de l'empereur Alexandre.

JEUDI 24 AVRIL.

Le général Trochu sort d'ici, et pendant deux heures il m'a vivement intéressé et ému du récit de sa campagne devant Sébastopol. Il traîne encore sa jambe dont le mollet a été emporté par un boulet de canon. Quand il reçut cette blessure à l'attaque du grand rédan, il tomba d'abord, puis se releva et s'appuya sur un Arabe qui se trouvait près de lui. Lorsqu'il fallut se retirer, la retraite était lente comme on peut le comprendre ; toute la fusillade des Russes était dirigée sur le général revêtu de son grand uniforme. Malgré tout, malgré les ordres du blessé lui-même, l'Arabe ne voulut jamais consentir à abandonner son général et à se servir plus vivement de ses deux bonnes jambes.

« Non, » disait-il, « non, mon général, je ne vous lais-
« serai pas blessé et seul, eh bien, s'il faut être tués, nous
« le serons. »

Le général Trochu ne tarit pas en éloges sur le courage, l'abnégation et la bonté du soldat ; on peut tout lui demander, on peut tout lui faire faire, il s'agit seulement de le comprendre.

La veille de l'attaque du grand rédan, attaque que l'on savait ne pouvoir aboutir et n'être opérée qu'en vue de faire une diversion, le général Trochu massa sa brigade, et s'étant placé au centre, il lui dit :

« Eh bien, j'ai une grande nouvelle à vous annoncer ;
« à demain l'assaut ; je ne dois pas vous dissimuler qu'il
« sera rude et les soldats qui serviront de tête de colonne
« ne verront qu'en petit nombre la fin de cette rude affaire.
« Ils y resteront presque tous, je ne peux même pas pro-
« mettre que les survivants seront tous récompensés ; cepen-
« dant il me faut deux cents volontaires pour former la
« tête de ma colonne d'attaque ; j'ai compté sur vous, sol-
« dats, vous savez que je serai avec vous. »

Les soldats répondirent : « oui ! oui ! mon général, » et il se présenta cinq cents volontaires parmi lesquels on prit deux cents hommes dont *quarante survécurent !*

Sur quinze cents hommes qui attaquèrent le grand rédan huit cents soldats et soixante-quatorze officiers y restèrent morts.

Le général Trochu me disait qu'en Crimée à toutes les affaires le soldat marchait au feu en criant tout le temps « Vive l'Empereur » comme les anciens et les sauvages entonnaient leurs chants de guerre. A l'Alma, en reformant ses files emportées par les boulets russes, le soldat gravissait les rudes escarpements des collines au cri de « Vive l'Empereur » que criait aussi notre infanterie arabe d'Alger.

Le général Trochu est jeune (41 ans), intelligent, brave, c'est un vrai soldat. Il adore l'armée et il est rempli d'admiration pour nos braves fantassins qui meurent héroïquement et qui sont si doux à qui sait les aimer et les traiter comme ils doivent être aimés et traités.

L'expédition de Kabylie est abandonnée pour cette année.

La Villetreux sort de mon cabinet, il est cinq heures, et voici ce qu'il m'a dit :

Après la première revue de Satory il était allé faire une visite à Carey, aide de camp de Changarnier ; le général arrive de la revue, entre dans le cabinet de Carey, jette violemment son épée sur un canapé et prononce les paroles suivantes :

« *Ce bougre de président n'a pas de c....... au c.., il*
« *refuse l'Empire !* »

LUNDI 28 AVRIL.

L'Impératrice se remet lentement de ses couches, elle souffre, dit-on, dans les os du bassin, elle n'est pas d'une santé vigoureuse et a besoin de beaucoup de ménagements.

Le prince Napoléon va partir pour un voyage dans le Nord, en Suède, en Laponie, etc.; il emmène avec lui Ch. Giraud, Arago, Saulcy, etc.

J'ai dîné hier chez la Princesse Mathilde avec Benedetti, rien d'important.

Le traité de paix sera demain au *Moniteur*.

MARDI 6 MAI.

Le traité de paix, inséré au *Moniteur* ces jours derniers, donne, je le crois, de sérieuses garanties à l'Europe contre les tendances envahissantes de la Russie. La solution de la question orientale, due en grande partie à l'Empereur Napoléon, place la France à la tête des nations; jamais peut-être elle n'a joui d'une telle importance.

La Sardaigne s'efforce de se grandir en lançant de nouveaux brandons sur l'Europe; affranchir l'Italie, tel est le mot d'ordre; attaques contre les gouvernements italiens, tels que Naples, Parme, les Etats de l'Eglise, contre l'occupation française, l'occupation autrichienne, etc. etc.

Enfin le Piémont veut devenir un grand état en s'emparant de toute l'Italie.

Les gouvernements représentés au congrès de Paris, ont eu le tort de laisser publier les délibérations du congrès, de rouvrir une tribune politique, de lancer dans le public des attaques plus ou moins fondées contre des puissances qui n'étaient pas représentées. Un autre tort, très grand selon moi, est de prêter les mains à l'ambition de la Maison de Savoie.

Le roi de Piémont sait aussi bien que personne ce que valent les déclamations italiennes et le patriotisme d'un peuple divisé en dix peuples; l'Italie serait après-demain soulevée contre lui, s'il était demain nommé roi d'Italie. On verrait recommencer le spectacle qu'a offert le moyen-âge, ces luttes de ville à ville, ces rivalités particulières, ces jalousies de provinces.

Peut-on prétendre sérieusement que Rome, Naples, Venise et Milan soient habitées par le même peuple, par les mêmes races ? A quelle époque ces villes ont-elles été réunies sous le même gouvernement?

Toutes les discussions publiques, surtout celle qui va s'ouvrir dans les Chambres piémontaises à propos des notes et protestations émanées *du grand* Cavour sont ridicules d'un côté, odieuses de l'autre.

En pleine paix le Piémont va attaquer l'existence des gouvernements italiens, va agiter l'Italie par un moyen révolutionnaire et nous le laissons faire, nous à qui il doit de n'avoir pas été dévoré par l'Autriche.

Les grands seigneurs italiens que je vois ici sont des gascons de vantardise, gens pour la plupart incapables, que Mazzini ferait pendre si nous le laissions maître d'agir. Les basses classes sont gangrenées de socialisme, et le Piémont qui malgré le bruit fait à dessein autour des

Cavour et des La Marmora est incapable de constituer une unité italienne qui n'a jamais existé.

D'ailleurs si vingt-cinq millions d'habitants voulaient réellement l'unité, ils n'auraient besoin de personne pour la conquérir.

L'Angleterre s'unissant aux révolutionnaires piémontais pour demander la séparation des légations de la ville de Rome, me semble aussi sortir des bornes de la politique juste.

L'Angleterre est protestante, chez elle les puritains très nombreux ne rêvent que l'abaissement et la destruction de la papauté. Ecoutez tous les Brofferio, tous les Cavour et tous ceux qui leur ressemblent, le pape peut se passer de pouvoir temporel! Les niais de tous les pays seraient disposés à les croire.

La France et l'Autriche doivent regarder de plus près; le jour où le pape disparaît comme souverain temporel, son indépendance est détruite, il n'est plus qu'un instrument, la papauté est perdue et la catholicité souffre une grave atteinte.

C'est à la France et à l'Autriche de voir si elles peuvent abandonner au protestantisme et au socialisme la question de la catholicité.

J'ai reçu hier au Louvre en l'absence de Nieuwerkerke le roi de Wurtemberg; il m'a paru spirituel et connaisseur en beaux arts, il est resté quatre heures au Louvre et s'est montré fort aimable. Nous parlions de l'Italie, du gangrénement de ses populations que le roi déplorait.

« Qu'y faire? » disait-il.

D'un ton sérieux je lui ai répondu : « Je ne connais « qu'un moyen, Sire, un dernier, héroïque et qui seul peut

« calmer l'Italie, malheureusement n'ayant pas fait partie
« du congrès, je n'ai pu le faire prévaloir. »

« Lequel ? » m'a demandé le roi.

« Transporter les Italiens en Laponie et les Lapons
« en Italie, » ai-je répondu.

Les Italiens, faux titre, il y a des Romains, des Lombards, des Napolitains, des Vénitiens, mais j'ignore ce qu'on entend par Italiens. Il y a Mazzini et ses assassins de Parme, ses fusilleurs de prêtres à Rome, ses soldats allemands, polonais, français, qui représentaient en 1848 la nationalité guerrière de l'Italie, les assassins de Rossi, etc. etc. Est-ce la nationalité italienne ? L'Italie est la terre où tous les révolutionnaires se sont donnés rendez-vous ; la Pologne a fait son temps, je ne désespère pas d'y voir d'ici à quelques années Mazzini, Runge, Ledru Rollin, Victor Hugo, y former un gouvernement national, car les révolutionnaires qui prennent si chaudement le parti des nationalités tant qu'il s'agit de rois, n'en reconnaissent plus devant la démagogie triomphante.

VENDREDI 9 MAI.

Depuis quelque temps l'Empereur se gendarme contre les faiseurs d'affaires et le *Moniteur* a parlé contre les gens qui se prétendent influents.

Une société d'émigration a fait insérer au *Journal des Débats* son prospectus avec les noms des membres de son conseil de surveillance.

Un certain baron de Mortemart-Boisse, qui n'est ni Mortemart ni Boisse, mais un intrigant remuant, a rédigé cette annonce dans laquelle il dit que la société compte des protecteurs *jusque sur les marches du trône !*

Au nombre des membres du conseil il énumère :

M. Blanchard, frère du colonel des grenadiers de la garde, blessé à l'assaut de Sébastopol.

Le prince de Montléar !!

Le général Ricard, premier aide de camp du prince Jérôme.

Cette annonce a été montrée à l'Empereur par les gens de son entourage. L'Empereur s'est fâché ; il a écrit une lettre un peu vive au prince Jérôme et le résultat de tout cela a été la démission du général de ses fonctions d'aide de camp.

Tout cela est fort bien, mais on remarque que cette sévérité n'est inspirée à l'Empereur que depuis qu'il n'est plus possible d'ajouter au gorgement de ses familiers les plus intimes,

Morny, les Fould, Poniatowski, Heckeren, etc., n'ont plus d'appétit, les autres ne doivent plus avoir faim.

De quoi se mêle le Palais Royal : de vouloir marcher sur les brisées des Tuileries ?

VENDREDI 16 MAI.

Le roi de Wurtemberg m'a nommé chevalier de son ordre de la couronne.

Hier, j'ai dîné chez la Princesse Mathilde où la duchesse d'Albuféra est venue le soir en visite. Cette caillette a raconté à la Princesse la découverte recemment faite des amours de la Princesse d'Essling, grande maîtresse de la maison de l'Impératrice, avec Pajol (fils du général Pajol).

On vend le 2 juin une collection d'autographes dont le catalogue m'a été remis avant-hier ; en le parcourant j'ai trouvé une lettre du prince Michel Gortchakoff au prince Jablanowski qui mérite d'être citée.

« Votre réputation de fileur de cartes ne me permet
« pas d'accepter votre invitation pour le coupe gorge que
« vous préparez ce soir... demain je me rendrai chez
« vous, mais vous ne me rendrez pas victime de votre
« adresse, et je compte que vous m'admettrez à partager
« le gain que vous ferez en plumant les niais contre les-
« quels vous jouez. »

Le ministre de l'Intérieur et le préfet de police redoublent de circulaires contre les faiseurs d'affaires et les malavisés qui escomptent leur influence. Il paraît que les grands intrigants se sont plaint du tort que leur faisaient les petits intrigants.

L'Impératrice demande encore des tableaux de la galerie du Louvre pour le palais de Saint-Cloud.

On a déjà pris un Murillo, cela fait sur le public un effet détestable.

Le frère de l'Empereur d'Autriche est arrivé hier. Il habite Saint-Cloud où l'Empereur et l'Impératrice sont établis pour l'été depuis deux jours.

La question italienne est toujours agitée ; la Sardaigne appuyée par l'Angleterre voudrait fort prendre la haute main en Italie, et le comte Cavour par ses discours et ses notes livrés à la publicité fait tout au monde pour recommencer en ce pays une agitation générale. La Sardaigne prétend dicter ses réformes à tous les Etats italiens et enlever au pape ses Etats sous prétexte de sécularisation. C'est la première fois que des Etats réunis en congrès mettent en accusation devant le public, des gouvernements amis. La Sardaigne, qui ouvre son pays à tous les ennemis du pape et de l'Autriche, se plaint des précautions défensives que prennent ces deux puissances !

La France aurait tort de favoriser l'ambition du roi de Piémont; le jour où ce souverain réunirait l'Italie sous sa domination, l'Angleterre pourrait se dégager de notre alliance et former avec la péninsule italique une ligne qui nous gênerait beaucoup.

L'Angleterre, très bien avec le roi de Sardaigne, tiendrait ainsi en échec l'Autriche et la France ; elle augmenterait son influence dans la Méditerranée et serait assise à nos portes.

Pour parvenir à ce but, il faut détruire le pouvoir temporel du pape; le Piémont a mis en avant un projet peu voilé, un commencement d'exécution qui demande seulement une vice royauté séparée pour les légations.

Lord Palmerston a osé avancer devant le gouvernement anglais que Rome n'a jamais été mieux gouvernée que par le parti révolutionnaire de 1848. Cette petite phrase est tout bonnement la condamnation de la politique française dont l'Angleterre et son allié le roi de Piémont minent sourdement l'influence.

Toutes les proclamations incendiaires répandues en Sicile, à Naples, en Lombardie et à Rome depuis quelques années, partent de Malte sous la protection de l'Angleterre et sont répandues, par ses agents dans toute l'Italie.

Le marquis de Coislin a reçu à ce sujet les confidences d'un capitaine de vaisseau anglais, zélé tory cependant, qui déplorait le rôle auquel on l'assujétissait.

L'Angleterre, toute notre amie qu'elle paraît l'être aujourd'hui, prend ses précautions pour l'avenir; elle caresse le Piémont qu'elle veut attacher à notre flanc comme un boulet. Le protestantisme anglais joue son rôle dans cette grave affaire; il tient en réserve une petite collection de révolutionnaires qu'il peut déchaîner quand il le voudra; il pleure des larmes de commisération sur le sort des Italiens soumis au despotisme clérical, et il tient les catholiques irlandais dans un servage plus dur, et il interdit aux Anglais les délassements du dimanche, etc. etc.

SAMEDI 17 MAI.

Le comte Orloff auquel le catalogue des autographes qui doivent être vendus le 2 juin, a été remis, déclare que la lettre du général Gortchakoff est fausse. Il connaît pour très honorables le général et son correspondant; et laissant même de côté leur honorabilité, il les sait trop spirituels pour s'écrire de pareilles choses. Dans la même collection existe une lettre du comte Orloff, fort insignifiante d'ailleurs et que le comte dit fausse de tous points. La vente sera arrêtée, les lettres saisies.

Le sénat vient de faire acte d'indépendance au sujet d'un projet de loi qui proposait un impôt sur les voitures de luxe, il s'oppose à la publication et à l'adoption de cette loi !

Les omnibus, les fiacres, les chemins de fer, les diligences, tous les moyens de transport en commun autrement dit, *de la petite propriéte,* sont grevés d'un droit assez élevé. MM. les sénateurs qui touchent 30,000 francs par an ne veulent pas que leurs voitures soient imposées; ils combattaient *pro aris et focis,* ils ont été superbes !

DIMANCHE 18 MAI.

Hier, l'archiduc Maximilien, frère de l'Empereur d'Autriche, est venu visiter le Louvre vers 2 heures. Nieuwerkerke n'étant rentré qu'à 3 heures, j'ai reçu le prince. Il est aimable, poli et instruit. Il s'entend fort bien aux beaux arts, mais il est loin d'être beau, l'exagération de sa lèvre autrichienne le dépare. Il reviendra plusieurs fois au musée qu'il veut visiter en détail.

SAMEDI 24 MAI.

Il est bon d'inscrire sur les pages de ce livre tout ce qui peut donner quelque enseignement sur les hommes et les choses de notre époque.

Le deshabillé de l'artiste comme celui de l'homme d'Etat est curieux à connaître. Les biographes accommodent trop souvent en héros ou en martyrs de très mauvais drôles. Vue à distance la vie privée de l'artiste reçoit le reflet de son talent, est illuminée par un rayon de la gloire du poète, du sculpteur ou du peintre. L'homme est sanctifié ; ses fautes, ses bassesses, ses crimes disparaissent et la société de son temps a tort contre lui, devant le tribunal de la postérité.

Dans un siècle on nous fera un crime de n'avoir pas adoré ce *bonhomme* de Béranger qui est le plus mauvais chien de la chrétienté ; de n'avoir pas adouci les souffrances de Musset, fou d'orgueil et de boisson ; de n'avoir pas fait monter en diamant M. Ingres qui se dresse à lui-même des pyramides et qui s'y enferme, se plaignant toujours, recevant de toutes mains et ne se croyant pas tenu à la moindre délicatesse dans les marchés qu'il fait.

M. Thiers s'étonne que la France ne se nomme pas la Thiéreïde, et M. Guizot qu'elle ne porte pas le nom de Guizotine !

J'ai rarement vu un grand homme supportable, ils devraient naître morts, et je suis assez de l'avis du paysan qui proscrivait Aristide parce qu'il assommait le monde de son temps, de son surnom *de Juste*.

Aristide devait être un intrigant de vertu.

Chateaubriand était intolérable ; on connaît sa carrière politique, sa vie privée était une éternelle parade.

Lamartine, mendiant aujourd'hui, a touché depuis 1848 dix-huit cent mille francs de ses éditeurs. Maintenant il joue le Bélisaire et tend son chapeau.

Parlons un peu de Paul Delaroche, le grand peintre, l'homme d'opposition, digne et sévère, l'Achille enfermé dans sa tente. Paul Delaroche est un commerçant, plus habile comédien qu'habile peintre.

SAMEDI 24 MAI.

M. Benoit Fould, conduit par Scheffer, va le visiter dans son atelier, le loue, le cajole, voit ses esquisses, et convient avec lui de l'acquisition d'un tableau des Girondins, grand comme la mort du duc de Guise, moyennant la bagatelle de trente mille francs.

Le tableau se trouvait ainsi largement payé, très largement même, mais passons.

Un mois après cette convention, Jalabert, le factotum de Delaroche se présente chez M. Benoit Fould et lui dit qu'au prix de trente mille francs il n'y a véritablement pas d'eau à boire pour l'artiste ; tous les Girondins pour trente mille francs c'est donné ! puis il sollicite un supplément de cinq mille francs.

Benoit Fould quoique étonné de la demande n'élève pas de difficulté, les Girondins seront payés trente-cinq mille francs.

Le tableau est achevé, quelques amis l'ont vu dans l'atelier ; Benoit Fould est pressé de l'accrocher dans son salon, mais le grand Jalabert revient et lui annonce que la maison Delaroche ne laisse pas sortir un tableau de ses magasins sans paiement préalable !

Fould hausse les épaules et paie.

SAMEDI 31 MAI.

La brouille entre l'Angleterre et l'Amérique se dessine de plus en plus, de l'aigreur dans les relations, on passe aux démentis formels.

D'un autre côté le président des Etats Unis va reconnaître par un message le gouvernement nouveau du Nicaragua dans la personne du flibustier Walker dont il a déjà accueilli l'envoyé. L'Angleterre envoie des régiments au Canada et se tient prête à tout événement. Les journaux anglais commencent à prévoir la guerre avec les Etats Unis, et ils adoucissent leur polémique à propos de l'Italie, ils répudient leurs imprudentes provocations d'il y a quelques jours, mais je crains bien que le mal ne soit déja fait et que l'Italie ne recommence avant peu ses agitations révolutionnaires. Mazzini a quitté Londres, ce quartier général des agitateurs.

On sait quelle part l'Angleterre a prise en 1847 et 1848 aux troubles de l'Italie. Son projet était de créer une royauté sicilienne dont elle aurait placé la couronne sur le front du duc de Gênes.

L'Angleterre a surexcité le Piémont, et la petite cour de Turin est en ce moment fort belliqueuse; elle rêve pour le Piémont la royauté de toute l'Italie, elle tend la main aux agitateurs, elle les choye, les protège et lâche de grosses menaces pour épouvanter l'Autriche.

Le comte de Cavour, plus révolutionnaire qu'homme d'Etat, ambitieux de bruit et de renommée, voudrait attacher son nom à cette utopie qu'on nomme la fusion italienne.

Pendant son séjour à Paris, le comte Cavour n'a vu que les réfugiés italiens; il a ramené à l'unité italienne le vénitien Manin qui en avait été le plus rude adversaire. C'est avec le concours des réfugiés italiens qu'il a rédigé cet acte exhorbitant d'accusation contre les gouvernements italiens.

SAMEDI 31 MAI.

Pour n'avoir pas dit *amen* à tous les beaux projets de MM. les Italiens nous sommes à l'heure qu'il est fort décriés en Italie, car les Italiens s'étaient mis en tête que nous devions leur sacrifier, le repos de l'Europe.

JEUDI 5 JUIN.

J'ai reçu ce matin par l'entremise de l'ambassadeur d'Autriche une tabatière en or qui m'est donnée par S. A. I. et R. l'archiduc Maximilien.

L'Empereur qui était parti dimanche pour visiter les effroyables inondations du Rhône et de la Loire, est arrivé ce matin à Paris. Il a été accueilli à Lyon, à Arles, à Avignon avec enthousiasme. J'ai entendu de la bouche même des témoins oculaires : « que rien ne peut donner « une idée de l'effet qu'il a produit. » Seul à cheval, à Lyon, au milieu de 60,000 ouvriers, de leurs femmes et de leurs enfants, tous victimes du terrible fléau, l'Empereur ému jusqu'aux larmes, pâle d'émotion, puisait sans compter dans deux sacoches pleines d'or attachées à l'arçon de sa selle, et distribuait les premiers secours avec une bonté qui allait au cœur de tous, il avait des paroles pour toutes ces infortunes.

C'est là certes un magnifique tableau, que personne ne fera parce que je ne sais aucun artiste capable de le faire.

Les malheurs causés par les inondations sont immenses, beaucoup de gens ont péri.

JEUDI 5 JUIN.

Les désastres du mois de mai et du commencement de Juin nous ferons une déplorable année. Depuis deux jours nous avions du beau temps, la pluie a repris ce matin, il est près de trois heures, il pleut encore.

Partout se forment des listes de souscriptions, la charité ne saurait cependant s'élever au niveau des pertes.

JEUDI 12 JUIN.

Hier a eu lieu le mariage de Mlle Lehon et du prince Poniatowski, fils de l'ex-ambassadeur de Toscane, aujourd'hui sénateur.

Ce tout jeune homme m'a l'air d'un niais usé sans avoir vécu ; il ne parle pas et n'a pas grand chose à dire, il ne paraît pas non plus s'intéresser à rien de ce qui se passe, pas même à sa femme qui le mériterait vraiment, car c'est une fort agréable et spirituelle personne. Il y aura du grabuge dans ce ménage avant peu d'années.

Samedi prochain aura lieu le baptême du Prince Impérial, dont le cérémonial arrêté par je ne sais qui, soulève beaucoup de susceptibilités.

Le prince Jérôme n'y veut pas paraître parce qu'on le met sur le même rang que le prince Oscar de Suède et que la grande duchesse douairière de Bade, avec le prince Napoléon ils occuperont une voiture.

La Princesse Mathilde est mécontente de se voir réléguée dans une seconde voiture avec la duchesse d'Hamilton qui n'est ni Altesse Impériale, ni parente au même degré. En cela elle a raison et MM. des cérémonies ont tort.

SAMEDI 14 JUIN.

C'est aujourd'hui qu'en grande cérémonie le Prince Impérial est baptisé. Il y a beaucoup d'invitations pour voir passer le cortège des fenêtres du Louvre qui donnent sur la rue de Rivoli.

L'Impératrice est de nouveau grosse.

Les Italiens prétendent que le cardinal Patrizzi, légat envoyé pour représenter le pape, est un *jettatore*, c'est-à-dire un mauvais augure.

Il a fait de l'orage cette nuit, il a plu ce matin, il est midi moins vingt minutes, le soleil est revenu.

MARDI 24 JUIN.

Hier, S. A. R. le prince régent de Bade est venu visiter le Louvre, je l'ai reçu en l'absence de Nieuwerkerke.

Ce prince est jeune, intelligent, amateur des arts et d'une politesse parfaite, la visite de nos galeries a paru l'intéresser.

J'ai dîné au Cercle Impérial avec Toulongeon, officier d'ordonnance de l'Empereur, et je tiens de lui que le duc de Brabant, lors de son séjour à Paris l'année dernière, recherchait avec avidité dans les résidences impériales tous les souvenirs de son enfance. L'Empereur et lui en causaient amicalement, et l'Empereur cherchait lui aussi dans sa mémoire les souvenirs antérieurs à 1848.

Toulongeon, placé près du duc de Brabant, causait intimement de toutes choses. Le duc voulut savoir quelle était son opinion sur Changarnier et les autres généraux tels que Bedeau et Lamoricière..

Toulongeon lui raconta alors la rouerie de Changarnier qui cherchait à jouer tous les partis, et comment il prodiguait les assurances de dévouement à l'Empereur ; comment il lui proposa plusieurs fois le coup d'Etat, enfin tout ce que j'ai écrit dans mes livres, et que les Orléanistes et les légitimistes d'aujourd'hui ne voudraient pas croire.

Le duc de Brabant fut fort intéressé par ces narrations et Toulongeon lui dit en dernière analyse qu'aucun des généraux qui ont laissé faire la révolution de 1848 ou qui se sont séparés de l'armée au 2 décembre, n'ont d'influence sur elle, leur rôle est fini.

La Princesse Mathilde est depuis huit jours à sa maison de campagne à Saint-Gratien.

La gazette officielle de Milan annonçait, il y a quelques jours, dans sa correspondance parisienne le mariage de Mlle Lehon, et voici dans quels termes :

« Hier a été célébré le mariage de Mlle la comtesse
« Lehon, fille de Mme la comtesse Lehon et de M. le comte
« de Morny, avec le fils du prince Poniatowski ! »

La presse parisienne commence à s'insurger contre la mendicité de M. de Lamartine, aujourd'hui classé parmi les pauvres non honteux.

Quant à Victor Hugo, c'est un enragé conspué par presque toute la presse, ses deux volumes de poésies *les Contemplations* servent de juste assommoir contre un tel homme.

L'Angleterre ne veut pas s'engager dans une guerre contre les Etats Unis à propos de l'affaire des enrôlements et du renvoi de M. Crampton, mais peut-être les affaires de l'Amérique centrale la forceront-elle à une lutte dans laquelle la France ne pourra pas rester indifférente.

La question russe prend ici le nom de question américaine, car laisser l'Amérique du Nord s'emparer de l'Amérique Méridionale, préparerait pour l'avenir à l'Europe les plus grands embarras.

L'Europe sait ce que l'indifférence du XVIIIe siècle lors de l'envahissement de la Pologne par la Turquie, lui coûte à l'heure qu'il est.

MERCREDI 25 JUIN.

Dubois, l'accoucheur de l'Impératrice, affirmait hier chez la comtesse Litta que l'Impératrice n'est pas grosse.

Le manifeste de M. le comte de Paris court partout. Le prince déclare qu'il n'accepte pas la *fusion*, qu'il ne reconnaît pas M. le comte de Chambord, et qu'il se considère comme le représentant de la pensée politique de Louis Philippe. Il n'entreprendra rien, dit-il, pour faire valoir ses droits, mais le jour où la France voudra revoir les beaux temps parlementaires, on le trouvera prêt. Il finit en remerciant sa mère de l'éducation qu'elle lui a donnée, etc. etc.

Enfin M. le comte de Paris pose sa candidature future sur des promesses de retour à l'ordre de choses, détruit par la révolution de 1848. Il sait bien que la France n'est pas enthousiaste en ce moment du régime parlementaire qui lui a valu deux révolutions, mais il espère qu'elle reviendra de son erreur !

Ce manifeste contente les Philippistes et réjouit les légitimistes qui sont charmés d'être débarrassés de la Princesse d'Orléans et de ses fils.

Voilà où en sont les choses.

VENDREDI 27 JUIN.

Je suis revenu d'une petite visite chez la Princesse Mathilde à Saint-Gratien où j'ai toujours mon appartement.

La Princesse a été fort aimable pour moi, elle m'a témoigné le plaisir qu'elle éprouvait à me voir, et pendant le dîner comme je lui disais qu'il était bon de ne se fier qu'à très peu de gens, elle m'a répondu :

« Vous avez raison, mais je me fie à vous et je crois
« que je ne place pas mal ma confiance, car il faut vous
« laisser fronder et dire toutes choses, mais vous avez
« du bon. »

Le soir La Guéronnière est venu ; l'abbé Coquereau avait dîné avec nous. Il a été fort question de l'étiquette de la cour impériale à propos des cérémonies du baptême et de la réception du cardinal légat.

J'ai dit à ce sujet qu'en fait d'étiquette, personne à la cour n'y entendait rien et que la raison en était toute naturelle ; qu'on ne saurait faire un crime aux archibourgeois qui composent le service des cérémonies, d'ignorer les convenances qu'ils ne doivent connaître ni par les traditions ni par l'habitude.

M. Cambacérès est un bourgeois assez nul qu'il est permis à l'Empereur de dorer sur toutes les coutures, mais dont il ne fera jamais un grand seigneur.

Tel est le grand maître des cérémonies.

M. Feuillet dit de Conches parce que sa mère ou sa première femme était de Conches et qu'on qualifie de baron, j'ignore pour quel motif, est un très sale bourgeois qui est arrivé à être chef du protocole aux Affaires étrangères et qu'on a naturellement nommé introducteur des ambassadeurs. C'est lui qui est consulté dans toutes les questions d'étiquette et Dieu sait quels soufflets il donne à Madame l'étiquette.

MM. de Châteaubourg, de la Jus et Le Cocq valent à peine l'honneur d'être nommés et concourent avec M. le duc de Cambacérès et le baron Feuillet de Conches à la restauration de l'étiquette en France.

Le pape se faisant représenter comme parrain du Prince Impérial par un cardinal légat à latere, MM. des cérémonies ont inventé le cérémonial suivant pour sa réception.

M. Feuillet de Conches a été envoyé au devant du légat jusqu'à Marseilles, là il a reçu le cardinal Patrizzi au nom de l'Empereur et avait écrit dans ses instructions que lui haut et puissant seigneur Feuillet dit de Conches, amateur de décorations et d'autographes, ne devait céder le pas à personne, pas même aux maréchaux !

Ainsi l'Empereur se trouvait représenté par un introducteur des ambassadeurs, ainsi ce bas officier de la maison impériale prenait le pas sur tous les grands dignitaires et pour faire honneur à un cardinal représentant le pape parrain du Prince Impérial, on lui dépêche... quoi... moins que rien... Monsieur Feuillet.

Le cérémonial observé pendant la cérémonie du baptême a été de la même force. S. A. I. Mme la Princesse Mathilde placée sur le même rang que la duchesse d'Hamilton. Aux spectacles de la cour, les meilleures places occupées par les chambellans et les dames du palais que leur service ne place pas dans la loge de l'Empereur, etc. etc.

La Guéronnière vise au sénat, il n'est pas satisfait de sa position de conseiller d'Etat ! C'est un homme que de journaliste j'ai poussé à la place qu'il occupe ; au 2 décembre il a été au moment de se fourvoyer avec Mirès.

L'Empereur part lundi pour Plombières où il prendra les eaux, puis il reviendra dans les premiers jours du mois d'août chercher l'Impératrice pour la conduire à Biarritz.

Les Italiens et les Piémontais se donnent beaucoup de mal pour fabriquer un mouvement en Italie et les Anglais les y excitent dans l'espoir de donner le coup de grâce à la papauté et de mettre ensuite un pied protecteur en Italie ! Il ne faut pas oublier qu'aux portes de la France l'Italie possède un beau littoral, les ports de Naples, de Venise et la Sicile.

L'affaire anglo-américaine se complique. A la dernière réception de la reine Victoria, un monsieur de la légation américaine, s'est présenté en redingote et cravate noire, l'entrée du salon de la reine lui a été refusée.

M. Dundas, l'envoyé des Etats-Unis, a pris parti pour cet homme mal élevé, il a aussitôt quitté le palais avec tout le personnel de sa légation, non sans témoigner sa fureur. Aux Tuileries aussi, MM. de la légation des Etats-Unis avaient émis la prétention de se présenter à la cour en frac, on leur a répondu qu'on se passerait d'eux ; depuis ce temps, le ministre américain revêt pour faire sa cour à l'Empereur un habit bleu, brodé d'argent.

Un petit journal, *La Pénéloppe*, vient de publier sur Jules Lecomte un article consacré à la divulgation des méfaits de ce drôle! l'article est rude, mais vrai. Justice, serait-elle enfin faite de ce faussaire?

Je disais, mardi dernier, que *les Contemplations* de Victor Hugo étaient conspuées par toute la presse; je me trompais : Jules Janin, dans le *Journal des Débats* d'hier, épuise toutes les formules de l'admiration et de la flatterie envers le livre et son auteur. Il ne faut pas oublier que Victor Hugo eut jadis le courage de faire les paroles d'un opéra de Mlle Bertin! Les Bertins devaient à Hugo la faveur d'un article de Janin!

MARDI 1er JUILLET.

Le cardinal Légat est venu hier visiter le Louvre, il était accompagné de sept ou huit prélats romains et escorté par Feuillet de Conches, maître des cérémonies.

Cette visite n'a rien offert de bien particulier.

S. E., Monseigneur Patrizzi, m'a paru fort ordinaire.

J'ai passé mon Dimanche à St-Gratien chez la Princesse Mathilde que j'ai trouvée assez irritée contre l'Impératrice et ses façons de traiter la famille impériale et les invités du château. Le bon plaisir préside à tout, et la volonté de l'Impératrice l'emporte sur tout.

Il a été fort question des hauts fonctionnaires qui s'engraissent d'or au service de l'Etat. La Princesse m'a dit que Baroche était le plus voleur de tous ; il tire profit de tout, et comme président du Conseil d'Etat appelé à donner son avis sur l'utilité des concessions il use de son crédit pour se faire remettre des actions de toutes les compagnies, pour se faire donner une large part d'intérêt dans toutes les affaires ; puis il place à l'étranger les bénéfices réalisés.

Dans la nuit de vendredi à samedi dernier, je me suis relevé à deux heures après minuit pour interroger un homme qu'une ronde de gardiens venait d'arrêter dans la grande galerie du Louvre où il avait pénétré, en escaladant les échafaudages qui touchent le balcon du pavillon Lesdiguière. Cet homme, sans émotion lorsqu'il fut arrêté, déclara se nommer Paul Petit-Jean, être tailleur, natif de Lyon.

Il allumait des allumettes chimiques pour se diriger dans la grande galerie.

Je l'ai remis au commandant du poste, et samedi il a été conduit au Parquet.

Le communisme s'est rué sur l'Espagne au cri de guerre à la propriété ; il a brulé des usines et des bateaux de grains.

Pauvre Espagne, il ne lui manque que cette plaie !

Le rapport de la commission des cortés contre la reine Christine a paru dans le *Siècle*, la mère de *l'innocente* Isabelle y est rudement traitée. Ce rapport est un fer rouge qu'on lui applique sur l'épaule ! en quoi cela sert-il la cause de l'ordre en Espagne, à quoi bon ? on voudrait renverser la royauté qu'on ne s'y prendrait pas mieux.

Je n'estime pas la reine Christine, je sais combien elle a pillé l'Espagne; mais il fallait se contenter de la tenir en exil.

Louis XIII, convaincu de la complicité de Marie de Medicis dans toutes les sortes de crimes et de complots, l'envoya mourir en exil, il ne la mit pas au bagne.

M. Espartero flétrit Isabelle en flétrissant Christine; c'est une manière indirecte d'attaquer la royauté.... toujours, même tactique des révolutionnaires et des ambitieux.

JEUDI 3 JUILLET.

La session du corps législatif a été close hier, après l'adoption à une majorité de 185 voix contre 36, de la loi sur les pensions des grands dignitaires et des ministres. Le rapport de la commission concluait au rejet par des motifs dont l'expression est une première tentative d'opposition au gouvernement impérial.

La commission, par l'organe de son rapporteur, faisait valoir des considérations qui révèlent chez quelques membres de la législature le désir de rentrer dans les errements des anciennes Chambres de députés. Quelques passages de ce rapport laissent percer des regrets du passé.

MM. de la commission prétendaient que la nation seule avait le droit d'apprécier les services des ministres et grands fonctionnaires. Nous ne sommes pas de l'avis de ces messieurs.

Les pensions dont il s'agit ne rentrent pas dans la catégorie des grandes récompenses nationales, et le pouvoir exécutif est plus apte que tout autre pouvoir à discerner les causes qui doivent faire attribuer les dites pensions. J'ai d'ailleurs toujours pensé que dans un Etat monarchique, le chef de l'Etat devait être le dispensateur des actes de justice qu'on nomme pensions, car mieux que personne, il sait les services rendus.

Les grandes récompenses nationales en dehors de toute prévision, accordées pour quelque grand et éclatant service rendu au pays, doivent être votées par les mandataires de la nation.

Il faut pour les recevoir une de ces illustrations qui n'apparaissent pas toujours deux fois dans un siècle. La souscription nationale en faveur des enfants du général Foy était plus un acte d'opposition que la reconnaissance de services éminents.

Les services rendus à l'*Etat* doivent être appréciés et récompensés par le souverain, surtout lorsque ce souverain est la délégation la plus complète de la nation qu'il gouverne.

Nous ne sommes plus, heureusement, au temps où les rois règnaient et ne gouvernaient pas et où cependant dans l'espace de vingt ans ils devenaient, malgré la constitution, deux fois responsables.

Cette opposition de 36 membres a réjoui les Orléanistes et les légitimistes, pauvres niais, qui ne forment encore un parti que par la grâce de l'Empereur qui les a sauvés des tendresses socialistes.

SAMEDI 5 JUILLET.

Le directeur de l'Opéra est tombé parce qu'il n'a pas voulu employer un Italien, ancien professeur de chant de l'Impératrice; je tiens ce fait du prince Poniatowski qui a été mêlé à toute cette affaire.

Dantzig vient d'être troublé par une émeute d'ouvriers; le sang a coulé, on n'a pas encore de détails.

La duchesse de Parme est en désaccord avec l'Autriche à propos des poursuites intentées contre les assassins révolutionnaires de Parme, un corps d'armée autrichien est rassemblé sur la frontière de cet État.

MARDI 8 JUILLET.

Depuis un an nous travaillons Calvet Rogniat et moi à faire triompher des oppositions et du mauvais vouloir de l'académie de médecine, une précieuse découverte due à M. Boulomié, chimiste.

Il s'agit d'un remplaçant du sulfate de quinine, composé de plantes qui poussent en Europe et abondamment en France; ce remplaçant de la quinine, plus efficace que la quinine, ainsi que le constatent quatre années d'expériences faites dans vingt hôpitaux et par cent médecins, n'affecte ni le cerveau ni le tube digestif, ni les entrailles; il coûte dix fois meilleur marché et ne craint ni les guerres maritimes, ni l'épuisement des arbres à quinquina ; mais il détrône le monopole des fabricants de sulfate de quinine, et puis il a contre lui les pharmaciens et les médecins qui trafiquent du sulfate, et surtout les pharmaciens militaires d'Afrique qui font un profit considérable en revendant à Marseilles les deux tiers du sulfate envoyé en Afrique pour les fiévreux, par le ministère de la guerre.

L'académie de médecine a pris parti pour le sulfate et elle s'oppose à notre découverte.

Les ministres n'osent pas doter la France de ce nouveau médicament dont les vertus sont reconnues par les rapports d'une foule de médecins, nous sommes donc dans l'obligation de le transporter en pays étrangers, de le faire adopter par nos voisins et cette découverte précieuse au point de vue de l'humanité nous reviendra dans quelques années de l'Allemagne ou de la Russie.

Demain Calvet Rogniat, Boulomié et moi, tenons conseil pour arrêter définitivement la marche qu'il nous conviendra de suivre.

Il est probable qu'à la fin du mois prochain je partirai avec Boulomié pour la Hollande où nous offrirons notre découverte au gouvernement ; il est probable aussi que Calvet Rogniat et Boulomié partiront de là pour la Russie où ils feront la même offre à l'Empereur Alexandre II.

Dites maintenant que les corps savants n'ont pas leur utilité et que l'académie de médecine n'est pas philantropique.

Une des plus inconcevables paroles de l'Impératrice est celle-ci :

« Enfin ce qui a poussé Orsini à l'assassinat, c'est « l'exaltation d'un sentiment généreux. Il aime la liberté « avec passion et il déteste non moins énergiquement les « oppresseurs de son pays. *Je me souviens très bien de* « *la haine, que nous avions en Espagne, contre les Fran-* « *çais après les guerres du premier Empire.*

11 h. du soir.

Le pourvoi des trois condamnés, Orsini, Pietri et de Rubbio est rejeté.

L'Impératrice disait lundi que ce qui l'intéresse à Orsini, *c'est qu'il est excellent patriote!*

DIMANCHE 14 MARS.

Orsini et Pieri ont été exécutés hier. La peine de mort contre Rubbio a été commuée en celle des travaux forcés à perpétuité.

Orsini a été fort silencieux et n'a cessé de recommander le calme à Pieri qui, surexcité, chantait le chant des girondins.

JEUDI 18 MARS.

Avant hier, jour anniversaire de la naissance du prince impérial, le prince Napoléon s'est abstenu de se présenter aux Tuileries où tous les membres de la famille impériale s'étaient réunis pour assister à une messe commémorative et d'actions de grâces.

DIMANCHE 28 MARS.

Le fameux Hume, l'homme à la seconde vue, l'Américain qui transportait les tables et tournait les têtes des Parisiens, qui évoquait les morts devant l'Empereur et l'Impératrice, a été mis à Mazas comme voleur et sodomiste, puis enfin chassé de France pour éviter les débats d'un procès scandaleux, où tant de personnes se seraient trouvées compromises. La position d'Ernest Baroche (Baroche, Fronsac) est curieuse, lui qui se vantait d'avoir couché avec le sorcier pour surprendre ses secrètes relations avec les esprits !

JEUDI 15 AVRIL.

La comtesse de Rougé, femme de mon collègue, le conservateur du Musée égyptien, vient de fournir un nouveau scandale aux annales de la société. Après avoir mené la conduite la plus dissolue et ruiné quelques amants, cette femme, au moment, où sa fille aînée est en âge d'être mariée, est contrainte d'avouer à son mari cent mille francs de dettes. Le mari, effrayé, sonde la position, alors elle lui est révélée dans toutes ses turpitudes. Ce n'est pas cent mille francs, c'est quatre cent mille francs, que Madame Rougé doit à des fournisseurs et à des usuriers. Il est impossible de dissimuler la chose qui est aujourd'hui connue de tout Paris.

Rougé a mis sa femme au couvent; il va se séparer et chercher le moyen de satisfaire les créanciers.

VENDREDI 16 AVRIL.

Le *Moniteur* annonçait hier la nomination d'un nommé Bertsh comme chevalier de la Légion d'honneur pour ses travaux photographiques sur les imperceptibles éléments de chaque règne de la nature. Ce M. Bertsh est un des deux drôles dont je parlais le 22 février qui dans un dîner discouraient au sujet de l'attentat du 14 janvier d'une si abominable façon contre l'Empereur et son gouvernement.

Ce Bertsh a un frère ou parent factotum de l'Evêque de Metz et fort recommandé par ce prélat. Il faut avouer que le Ministre de l'Instruction publique est bien renseigné et bien conseillé.

SAMEDI 17 AVRIL.

Je sors de chez Fleury, où j'ai appris qu'une dépêche de Londres, arrivée dans la soirée, annonçait l'acquittement de Bernard. Les jurés de la Cité n'ont pas voulu condamner un des complices de l'attentat du 14 janvier parce qu'ils auraient eu l'air de complaire à la France. On est fort exaspéré ici, et l'Empereur a le droit d'être peu satisfait. Cependant il se montrera fort calme, mais il n'oubliera pas; il attend et il amasse en silence jusqu'à ce que le vase déborde, nous dirons comme à Fontenoy: « Tirez, messieurs les Anglais ». Le moment viendra, où ce sera notre tour; ce jour-là, l'Empereur sera poussé contre l'Angleterre par le sentiment de la nation entière.

J'entends avec indignation des militaires, des hommes politiques, des marins, dire: *nous ne pouvons rien contre l'Angleterre.*

Comme on fait toujours des mots en France, on dit que Lamartine a échangé sa lyre contre une *tirelire.*

Lamartine prétend que l'Empereur l'a assommé avec une tuile vernissée il aurait dû dire: dorée.

MERCREDI 21 AVRIL.

L'Empereur au dernier bal de Madame Walewska a fait une cour très pressante à la jolie Madame Gréville.

Il a passé plus d'une heure à l'intriguer et enfin, avant de soulever la barbe de son masque, à lui faire comprendre qu'il était l'Empereur. Il lui a parlé de son portrait qui décore les salons du Ministère et comme elle émettait des doutes, il lui a dit :

« Voyez ce petit salon de repos, il n'y a que l'Em-« pereur et l'Impératrice qui puissent y entrer » et il y est entré.

Haussmann, le préfet de la Seine a eu une altercation chez le ministre de l'Intérieur avec Monsieur Javal, député, qui lui entendant dire qu'il n'y avait que des lâches et des sots qui puissent voter contre la proposition des soixante millions s'est retourné et lui a exprimé l'opinion qu'il serait de meilleur goût de ne pas qualifier ses adversaires de cette façon.

Haussmann, avec cette insolence de laquais parvenu qui le distingue a répondu : « Je ne vous connais pas, et « je ne sais pourquoi vous vous permettez de m'adresser « la parole. »

Alors Javal a répliqué :

« Je vous connais, moi, Monsieur le Préfet, et je m'é-« tonne de vous trouver si mal élevé. »

La conversation a continué sur ce ton d'aigreur, enfin Haussmann a dit : « Je me fiche des Députés et du Corps « législatif ! «

Là-dessus grande rumeur au Corps législatif, plainte à de Morny, enfin lettre d'Haussmann qu'on ne trouve pas suffisante, l'affaire en est là.

On parle pour remplacer Haussmann, de Veiss, préfet de Lyon, ou d'Ernest Leroy, préfet de Rouen. Cet Ernest Leroy avait un frère, préfet du Calvados, à moitié fou depuis longtemps. Sa dernière dépêche télégraphique parvenue à l'Empereur peu de temps après son mariage est la suivante :

Sire,

Vous tenez à avoir un héritier, faites moi avoir une entrevue avec l'Impératrice et je réponds de tout.

Le ministre comprit alors que le préfet du Calvados ne jouissait pas de la plénitude de sa raison.

VENDREDI 23 AVRIL.

Quelques députés prétendent aujourd'hui que Javal a voulu faire d'une discussion personnelle une affaire de Corps. D'autres renvoyent au préfet les invitations qu'ils en reçoivent. Il serait bon de savoir si le préfet a dit ou non qu'il se fichait du Corps législatif.

SAMEDI 24 AVRIL.

Il est question du remplacement du général Espinasse comme ministre de l'Intérieur ; la nomination d'un général à ce poste éminent cause dit-on de telles appréhensions que l'Empereur s'est décidé à ce sacrifice.

Quant un changement d'Haussmann l'Empereur ne veut pas en entendre parler ; il croit avoir besoin de cet homme que tout le monde méprise.

Je crois que l'Empereur s'abuse sur la valeur d'Haussmann. On peut demander à Montulé, chef de division au Ministère d'Etat ce qu'il en pense. Montulé, lors de l'organisation de la caisse de la boulangerie fut chargé de préparer un rapport sur la partie financière de cette affaire ; mais lorsqu'il eut terminé son travail, il refusa de le signer parce que le préfet de la Seine en avait altéré les chiffres.

La société des petites voitures sait ce que lui a coûté l'approbation de monsieur Haussmann et si la proposition de la Compagnie qui se présente pour la création du Boulevard du prince Eugène est acceptée, cette compagnie connaît dès à présent le taux du patronage de monsieur le préfet.

Le Conseil municipal n'adore pas ce personnage, on le supporte et c'est tout. L'Empereur saura un jour la vérité, mais la vérité est lente à parvenir jusqu'à lui, car les intéressés à la cacher font bonne garde et maintiennent autour de sa personne une triple ligne de douanes. Les familiers du château croient tout perdu, lorsque quelqu'un, qui n'est pas de la confrérie, arrive par un hasard de plus en plus rare à franchir leur cordon.

DIMANCHE 25 AVRIL.

Les membres de l'*United service club* (club de l'armée et de la marine) ont donné un grand dîner au duc de Malakof. Le duc de Cambridge présidait cette réunion. Il va sans dire que les toasts les plus amicaux ont été échangés.

Nous voilà donc de nouveau en tendresses avec l'Angleterre ; malgré cela et quoique fassent les agents officiels, l'entente cordiale est bien tendue ; en France elle est mal accueillie, et l'Empereur lui-même qui reçoit Veuillot quatre jours avant la publication d'un article de la *Gazette de France* contre l'Angleterre, me semble jouer un jeu double.

Dans la réponse du duc de Malakof au discours du duc de Cambridge on a remarqué le passage suivant :

« Monseigneur et Messieurs, je vous sais un gré infini
« des bienveillantes expressions que vous m'adressez et je
« vous en remercie en toute sincérité. En apparaissant au
« milieu de vous, j'ai la confiance de rappeler aux deux
« pays le souvenir le plus glorieux de leur alliance, et mon
« plus vif désir, croyez le bien, est d'être accueilli comme
« le symbole d'une politique loyale, digne et ferme (ap-
« plaudissements). Ma conduite sera toujours dégagée d'ar-
« rières-pensées, et je ne cesserai d'en puiser le mobile
« dans cette grande idée qu'après avoir eu tant d'occa-
« sions de s'estimer en face ou côte à côte, une alliance
« solide et durable entre deux grands peuples implique la
« condition nécessaire que l'honneur de l'une ne soit jamais
« sacrifié à l'honneur de l'autre » (applaudissements).

Tout cela est fort bien, mais jusqu'à présent nous avons toujours été sacrifiés à l'honneur de l'autre, et plus nous accepterons une telle situation, plus nous serons sacrifiés.

Lord Palmerston n'a pas caché qu'il ne voulait pas de l'ouverture du canal de Suez, parce que ce canal serait avantageux à la France.

DIMANCHE 25 AVRIL. 265

L'occupation de l'île Périm en violation des droits de la Turquie l'accepterons-nous ? Et si l'Angleterre renonce à Périm à condition de ne pouvoir ouvrir Suez accepterons-nous encore une telle condition ?

Accepterons-nous que l'Angleterre sous le futile prétexte de prisonniers non rendus aux Afghans par la Perse déclare de nouveau la guerre à cette puissance et qu'elle étende son influence en Orient ?

Accepterons-nous que l'Angleterre profite de notre expédition en Chine pour se faire consentir des augmentations de territoire, tandis que nous n'aurions que des avantages commerciaux illusoires ?

Accepterons-nous que les complots ourdis et préparés en Angleterre pour assassiner notre souverain, ne donnent lieu à aucune répression de la part de notre *alliée* et que lorsqu'un complot éclate et qu'il résulte de son exécution la mort de dix personnes et la mutilation de cent cinquante autres, les complices d'un aussi énorme attentat soient acquittés par un jury anglais aux applaudissements de la foule ?

Si un peuple n'a pas de loi contre les assassins et si au contraire il n'a de lois que pour les protéger, nous ne pouvons nommer ce peuple un bon et loyal allié.

JEUDI 29 AVRIL.

Proudhon a fait paraître, il y a une quinzaine de jours un ouvrage en trois volumes qui a pour titre : *De la justice dans la révolution et dans l'Eglise.*

Après quinze jours de libre distribution et lorsque l'éditeur a réalisé par la vente trente mille francs de bénéfice, l'ouvrage est saisi ; telle est la promptitude de surveillance du gouvernement.

Je n'ai jamais lu de livres plus dangereux que ces trois volumes, longue négation de l'idée religieuse, du pouvoir, de la propriété et de toutes nos institutions sociales ; ce n'est qu'un long appel à la révolte, une provocation aux plus mauvais instincts de la populace. Tout y est faux, mais ardemment coloré.

En terminant, Proudhon s'avoue le complice moral d'Orsini dont il raconte l'exécution à sa manière.

Ces trois volumes produiront un grand mal, ils fausseront encore plus les idées déjà faussées de la multitude sur le juste et l'injuste, sur le bien et le mal.

Il y a des gens qui me disent : Proudhon est fou ! Soit, mais on séquestre les fous. La direction de la librairie a manqué à tous ses devoirs, les volumes de Proudhon sont maintenant dans toutes les mains.

VENDREDI 30 AVRIL.

Vimercati m'a annoncé hier que le ministre de Sardaigne avait demandé pour moi à son souverain la croix de St-Maurice et Lazare. Nous avons eu ce matin chez le marquis de Quitry une réunion pour entendre le projet que nous devons présenter au ministre de l'Instruction publique, relativement à la fondation des bibliothèques communales.

DIMANCHE 2 MAI.

Le Corps législatif, dans la discussion du budget, a, par l'organe de quelques-uns de ses membres, discuté le mode d'établir la balance de ce budget en équilibre et il a aussi discuté l'opportunité d'une somme de soixante millions que l'Etat verserait pour sa part contributive dans le budget de la ville de Paris au chapitre des embellissements de notre capitale. Il avait même été question de faire subir à cette part contributive un retranchement de dix millions.

Le gouvernement s'est ému de ces tendances du Corps législatif, et les journaux ministériels dans des articles assez vifs, ont formellement dit que le gouvernement n'accepterait pas la décision du Corps législatif.

Ceci combiné avec le propos du préfet de la Seine est fâcheux; ce propos, *je me fiche des décisions du Corps législatif*, semble recevoir l'approbation de l'Empereur.

En France il n'est pas bon de montrer que la liberté n'est qu'un mot; restreignez-la tant que vous voudrez, mais ne la flétrissez point dans les institutions, où elle devrait exister, et surtout lorsqu'elle revêt l'apparence d'un grand intérêt public.

Il était fort question hier au Cercle impérial de la prochaine démission du général Espinasse comme ministre de l'Intérieur. On prétendait qu'Haussmann lui succéderait.

Cette nomination serait une énorme faute et tout le monde se récrierait contre ce choix. Beaumont de la Somme disait qu'il n'allait jamais chez un fripon de cette force ; le baron de Reinach, député, qu'il le connaissait depuis longues années comme un voleur ; Drouet, député, n'en parlait pas mieux, non plus que Couleau, député et maire de Strasbourg, etc. etc.

Messieurs les ministres, si libéraux sous la dernière monarchie, persuadent trop à l'Empereur, qu'il est possible de mettre un *mors secundo* à la France toute entière, on ne lui brise pas les barres comme à un cheval, mais il peut arriver qu'on la fasse cabrer, et alors le cavalier qui la montera court de grands dangers. Sous le premier Empereur elle ne se cabra pas précisément, mais elle était harassée et se coucha sous son cavalier.

JEUDI 6 MAI.

Lundi dernier, à la réception des Tuileries, l'Empereur, ayant vu Callet Saint-Pol parmi les députés présents, s'approcha vivement de lui et lui dit :

« Vous faites de l'opposition, monsieur, vous faites
« plus que de l'opposition, vous dépassez les limites de
« votre droit, vous sortez de la constitution. »

Callet Saint-Pol répondit :

« Je ne fais pas d'opposition, Sire, dans la mesure de
« mon droit et de mon devoir je discute ce qui ne me
« semble pas convenable, en un mot j'use de la liberté du
« contrôle que nous avons. »

JEUDI 6 MAI.

L'Empereur :

« Alors, monsieur, quand on veut agir ainsi, on ne « sollicite pas l'appui du gouvernement. »

Cette sortie de l'Empereur est malheureuse, car un député, parce qu'il est gouvernemental, n'est pas forcé de tout approuver.

Ce qu'il y a de plus difficile à supporter pour un pouvoir presque absolu, c'est le contrôle des hommes indépendants dans leur concours. Le budget est la partie faible de notre gouvernement, et il faut le dire, la moralité des agents ne rassure pas beaucoup. L'Empereur connaît mal les gens qu'il emploie et il connaît mal encore l'état de l'opinion publique. Il y a des limites de compression qu'il ne faut pas dépasser en France ; je souhaite que l'Empereur s'arrête à temps ; on commence trop à dire que le gouvernement français si absolu dans les affaires intérieures est mou et faible dans ses rapports avec l'Angleterre, cela est mauvais.

LUNDI 10 MAI.

Depuis trois jours la reine des Pays-Bas est à Paris.

La cour partira prochainement pour Fontainebleau.

Le journal Le Nord de Bruxelles reproche vivement au gouvernement français ses tergiversations et les obscurités de son langage dans la discussion à propos des principautés danubiennes.

Lord Canning, gouverneur général des Indes, a confisqué la propriété de tout le territoire d'Oude; personne n'est plus propriétaire en ce pays.

Le Ministère anglais blâme à la tribune du Parlement, mais c'est un fait accompli et l'Angleterre en profitera.

VENDREDI 14 MAI.

La reine des Pays-Bas a visité le Louvre mardi dernier, c'est une femme aimable, instruite qui aime à causer. Elle avait donné rendez-vous à Thiers dans les salles du Louvre; il nous a accompagnés tout le temps. La reine a une passion pour les émaux de Petitot.

Lundi nous avons soirée aux Tuileries.

SAMEDI 15 MAI.

La Princesse royale de Wurtemberg a visité hier le Louvre, accompagnée par Nieuwerkerke et moi.

On dit bien bas que nous avons envoyé des officiers dans l'Inde, j'ignore, si le fait est exact, mais je crois que nous nous préparons à une rupture avec l'Angleterre; elle ne sera pas prochaine, car nous jouons une savante partie d'échecs dont chaque coup demande de longues méditations. Sur les côtés de la Bretagne et de la Normandie, d'où Morel Fatio arrive en ce moment, l'animation est extrême, on ne s'entretient que de guerre avec l'Angleterre, de projet de descente, etc., etc.

Jamais, à aucune époque, l'irritation contre les Anglais n'a été aussi grande.

Les journaux étrangers parlent beaucoup, depuis quelque temps, de la vice royauté en Algérie du prince Napoléon. Voici ce qu'il y a de vrai à ce sujet.

Le prince sera lieutenant de l'Empereur avec quatre Directeurs généraux sous ses ordres, et un Ministre secrétaire d'Etat à Paris pour représenter les affaires de l'Algérie dans le conseil.

Tout ce projet a été préparé par le prince avec l'aide de messieurs Chaix d'Est Ange et Victor Fouché. L'Empereur s'y montre très favorable et doit le faire présenter au Conseil d'Etat. Victor Fouché sera ministre de l'Algérie. Le maréchal Vaillant et le général Daumas sont très opposés au projet, et je crois que ce serait un très bon moyen de perdre l'Algérie et de lui ôter ses chances de colonisation que de la confier au prince Napoléon, outre les autres inconvénients que j'y entrevois, comme de lui fournir une armée et de lui donner la possibilité d'ouvrir à ses amis Girardin, Proudhon, Gervais de Caen, Bixio et autres démocrates un vaste champ d'expérimentation. On pourrait être certain que l'armée de l'Algérie serait fort travaillée dans le sens démocratique, je n'en vois pas la nécessité.

Le ministère Derby est sous le coup d'un blâme qu'il sera proposé au gouvernement de lui infliger pour avoir donné de la publicité à la proclamation de Lord Canning et surtout à la désapprobation de cet acte.

Lord Ellenborough, président du *Board contrôle*, auteur de cette publication, a donné sa démission de ses fonctions, espérant conjurer l'orage dont est menacé le cabinet Tory, mais la motion de blâme n'en aura pas moins lieu lundi prochain.

MARDI 18 MAI.

J'ai déjeûné dimanche chez la reine des Pays-Bas aux Tuileries, j'étais placé près d'elle, et elle s'est montrée fort bonne et fort aimable.

Le conseil sur la lieutenance de l'Empereur en Algérie a eu lieu, toutes les mesures dont je parlais y ont été adoptées, sauf le Ministère de l'Algérie. Le prince Napoléon s'y est un peu chamaillé avec Fould. Le prince compte passer chaque année quatre mois à Paris, et ses amis prétendent que cette fantaisie de lieutenance de l'Empire lui passera bien vite. Ce qui ne passera pas vite, c'est le mal que causera à l'Algérie la fantaisie gouvernementale d'un prince tel que le prince Napoléon.

Hier soir nous avions un petit bal sans uniforme au château.

Un duel fait grand bruit en ce moment et cause une certaine irritation.

Monsieur de Penne, que je connais depuis son enfance et qui est un charmant garçon, marié à une fort jolie femme, a eu la malheureuse idée d'insérer dans un article du *Figaro* dont il est un des rédacteurs, sous le

MERCREDI 23 JUILLET.

J'ai interrogé des Piémontais sur la fortune du couple Castiglione ; il ne lui reste que 18,000 francs de rentes, et son train accuse une dépense de 60 à 80,000 francs. La comtesse Castiglione a été la maîtresse du roi de Piémont et je crois être certain que Nieuwerkerke a couché avec elle.

Elle veut louer pour cet hiver l'hôtel portant le numéro 17 rue de Matignon qu'occupent en ce moment mes amis le prince Porcia, la comtesse Bolognini, le comte et la comtesse Litta. Cet hôtel a un grand et étroit jardin qui à son extrémité du côté des Champs Elysées jouit d'une petite porte donnant accès dans un bosquet touffu et par conséquent très favorable à l'introduction d'un visiteur qui craint la publicité.

VENDREDI 25 JUILLET.

Victor Fouché, conseiller à la Cour de cassation, membre du conseil de la légion d'honneur, beau-frère de Victor Hugo, et frère de Paul Fouché, rédacteur du journal belge *L'Indépendance*, est un protecteur honteux de Jules Lecomte.

Au conseil de la légion d'honneur qui voulait répondre par un refus à l'autorisation demandée par Jules Lecomte de porter certaines croix étrangères, il a fait prévaloir la pensée de demander un rapport qui pût éclairer le conseil, au directeur de la sûreté publique.

Le directeur de la sûreté publique est Collet-Maigret, ami et protecteur de Jules Lecomte !

Aujourd'hui, Victor Fouché prétend qu'il a agi de la sorte pour enterrer l'affaire. Ce qui est vrai c'est que M. Victor Fouché est encore un de ces hommes sur lesquels il ne faut pas compter; il craint l'*Indépendance* et veut ménager les intérêts de son frère Paul. D'un autre côté Victor Fouché est assez avide d'honneurs et d'argent; il ne se trouve pas assez récompensé, il aurait voulu être sénateur! Il trouve que l'Empereur ne tient pas assez compte de son importance.

L'Empereur revient, dit-on, aujourd'hui.

La gravité des affaires d'Espagne le préoccupe.

Le *Moniteur* rapporte une dépêche donnant des nouvelles de Saragosse. Suivant cette dépêche, Falcon, général et chef du pronunciamiento, aurait sous ses ordres seize mille hommes de troupes.

Chaumont Quitry, chambellan, a vu lundi à Saint-Cloud l'Impératrice qui assistait dans la salle de spectacle du château à une répétition de *l'ours et le Pacha*, pièce qui doit être jouée par les officiers de la Maison en petit comité.

L'Impératrice a demandé à Quitry ce qu'on disait de la succession du ministre de l'Instruction publique.

Quitry, qui est un honnête et loyal garçon, ne lui a pas caché que l'opinion se préoccupait des noms mis en avant, et qu'elle jugeait favorablement la candidature de La Guéronnière, parce qu'avec lui on croyait être certain que la vérité sur les hommes et sur les choses, parviendrait du moins jusqu'à l'Empereur.

Quitry n'a pas célé non plus le peu de confiance qu'inspiraient la plupart des grands fonctionnaires.

L'Impératrice écoutait avec attention ; la conversation a duré plus de deux heures.

Le marquis de Chaumont Quitry est un homme jeune, à l'âme honnête et au cœur chaud, il est de mes amis, et comme *nous* il porte au ministère de l'Instruction publique, La Guéronnière.

Quitry est comme moi de cette association dans laquelle nous comptons le maréchal Bosquet, La Guéronnière, Latour-Dumoulin, Nieuwerkerke, etc. etc., association assez restreinte, qui dans l'intérêt de la chose publique marche d'un pas uniforme.

JEUDI 31 JUILLET.

J'ai déjeuné ce matin chez La Guéronnière qui m'a lu son portrait de Morny, nous le verrons paraître dans trois semaines.

La candidature de La Guéronnière se maintient, il n'est plus question de la division du ministère de l'Instruction.

Parrieux, appuyé par M. Salinis, évêque d'Amiens, est l'adversaire redoutable.

Le ministère s'occupe ici d'une brochure tirée en Belgique à trente exemplaires et envoyée à tous les hauts fonctionnaires ainsi qu'à l'Empereur. Cette brochure ou ce pamphlet dirigé contre Collet Maigret révèle un tas de saletés et de brocantages.

Elle est d'un nommé Meyer ancien condisciple de Collet, flétri comme escroc par trois ou quatre jugements.

Collet malgré tous les avertissements a conservé trop longtemps ce personnage dans son intimité ; enfin il a fallu le renvoyer, et Meyer se venge en révélant tout ce qu'il a surpris.

J'ai eu de Thouars (Bretagne) de mauvaises nouvelles ; la Marianne a cherché à faire des siennes ; des récoltes ont été incendiées, les troupes sont arrivées, et à l'heure qu'il est, on a sous la main beaucoup de prisonniers.

Il y a deux ans, le maire avait sévi contre les *Jacques*, mais il ne fut pas soutenu par le préfet d'Angers et donna sa démission. Le maire choisi pour le remplacer était le chef des *Jacques* de la commune !

Je vais ce soir à Saint-Gratien avec La Guéronnière pour parler un peu de tout cela.

Du côté de Tours la Marianne a fait commettre quelques incendies.

J'oubliais de signaler le motif de la faveur dont jouit Collet-Maigret : sa femme est la maîtresse de Billault.

L'Empereur revient définitivement vers le 6 août.

Je le redis encore ici comme je le dis hautement, Billault n'est pas l'homme qu'il faut pour diriger le ministère de l'Intérieur. Les fonctionnaires qu'il nomme sont ou incapables, ou mauvais, ennemis de l'Empire et de l'Empereur, en un mot, la France est administrée par des hommes plus que douteux.

VENDREDI 1ᵉʳ AOUT.

Voici la lettre dont j'ai parlé, écrite par La Guéronnière au général Fleury, et communiquée à l'Empereur.

« Mon cher général,

« Tout autre que vous se tromperait peut-être sur la
« communication que je viens vous faire, et que je ne vous
« ferais pas, si vous n'étiez pas ce que vous êtes par le
« cœur et par le caractère. Mais avec votre manière de
« sentir et de juger, vous n'y verrez rien de vulgaire, j'en
« suis sûr, et vous apprécierez le sentiment auquel j'obéis
« en vous écrivant.

« Vous savez que bien souvent depuis trois ans l'opi-
« nion publique m'élevant plus haut que mon ambition,
« m'a donné le ministère de l'Instruction publique et des
« cultes. Ce bruit qui n'a jamais été fondé, m'a toujours
« été pénible chaque fois qu'il s'est produit.

« M. Fortoul remplissait très utilement sa haute mis-
« sion ; ayant l'honneur d'être son ami, je n'aurais pu
« avoir la pensée d'être son concurrent.

« Une mort aussi imprévue que douloureuse vient
« d'ouvrir cette succession. Malgré la réserve qui m'est
« habituelle et qui me fait répugner à toute apparence de
« compétition, mon nom est déjà répété par tous les échos
« de l'opinion. Vainement me suis-je isolé, effacé, enfermé
« dans le travail, je n'ai pu étouffer ce bruit même en le
« démentant, et je suis candidat au portefeuille de l'Instruc-

« tion publique sans avoir eu jusqu'à présent la prétention
« de le recueillir.

« Vous comprenez, cher général, tout ce qu'il y a de
« pénible pour un homme de cœur dans une telle situa-
« tion. Moi qui de ma vie n'ai rien demandé, qui n'ai
« jamais approché l'Empereur dans un but d'intérêt per-
« sonnel, passer pour un compétiteur de portefeuille, pour
« un ambitieux peut-être; jouer cette partie suprême sans
« l'avoir engagée! voir mon nom livré à toutes les jalou-
« sies qui s'apprêtent à me faire subir le discrédit d'un
« échec quand je n'ai pas même cherché la chance d'une
« lutte! en vérité cela est sérieux; il peut en résulter
« pour moi un amoindrissement que je n'ai pas mérité et
« qu'il est de mon devoir de prévenir s'il est possible.

« Il y a des situations si hautes qu'elles ne se deman-
« dent pas. Je ne demanderai jamais d'être ministre. Des
« amis dévoués et considérables m'avaient engagé à aller
« à Plombières; j'ai résisté à cet avis, et je n'ai pas voulu
« prendre une initiative qui aurait faussé mon rôle et dé-
« naturé mon caractère. Mais je viens vous dire franche-
« ment ma crainte; mon nom qui est agité à Paris peut
« arriver à Plombières. Comment y arrivera-t-il? Mon
« expérience personnelle me fait redouter les intermédi-
« aires qui ne sont pas toujours désintéressés. Eh bien,
« j'attache plus de prix à ne pas être dénaturé qu'à être
« choisi. Si l'Empereur doit arrêter un seul instant sa
« pensée sur moi, je voudrais que dans cette question il
« me vît tel que je suis, et non peut-être tel qu'on me
« fait. En un mot, incapable d'attirer sur moi sa haute
« faveur, je serais heureux de soumettre mes idées à son
« jugement.

« Je crois en effet avoir des idées utiles et sérieuses
« sur toutes les questions qui se rattachent à la direction
« du ministère de l'Instruction publique.

« Questions religieuses, questions d'instruction publi-
« que, d'éducation du peuple, du mouvement intellectuel
« de notre temps. Il n'en est pas de plus importantes,
« de plus vitales, qui intéressent davantage l'avenir de ce
« règne. Il faut que l'Empire français ait autant de gloire
« littéraire qu'il a eu de gloire militaire. On peut vous
« dire cela à vous, car vous êtes homme à comprendre.
« Je vous assure, cher général, que j'ai une plus haute
« ambition que celle d'être ministre, c'est de travailler à
« ce résultat, c'est de faire passer dans les idées, dans les
« intelligences, dans la littérature de notre époque le carac-
« tère si élevé du génie de l'Empereur. Un souverain
« comme lui, qui a façonné les institutions, réformé les
« mœurs publiques, refait en quelque sorte une France
« nouvelle dans l'ordre politique et administratif, doit aussi
« faire une France intellectuelle à son image. C'est la
« mission que Dieu lui a donnée et que son nom et son
« caractère lui imposent le devoir d'accomplir.

« On parle ici de diverses modifications du ministère
de l'Instruction publique et des cultes qui à mes yeux
« ont des inconvénients immenses et qui compromettraient
« ce grand résultat. Il serait trop long de vous les énu-
« mérer dans cette lettre déjà trop étendue, mais si l'Em-
« pereur qui m'a donné des témoignages d'une confiance
« dont je crois avoir été toujours digne, croyait utile que
« je lui expose une situation que je connais, sur laquelle
« j'ai beaucoup réfléchi ; je me tiendrais comme plus ho-
« noré de cette marque de confiance que de toute autre chose.

« Selon moi, pour un homme politique, ce qu'il y a
« de plus désirable, ce n'est pas d'être puissant, mais d'être
« utile.

« Agréez, mon cher général, l'expression de mes senti-
« ments particulièrement dévoués. » —

L'Empereur a gardé cette lettre quatre jours, écrit
Fleury dans une lettre arrivée hier, puis il a dit au
général :

« *Je suis content de la lettre de La Guéronnière, ne*
« *m'engagez pas, mais répondez lui d'une manière très*
« *aimable.* »

Fleury ajoute : M. de La Guéronnière peut écrire
maintenant à l'Empereur.

J'ai lu hier une lettre de Morny à La Guéronnière
pour lui témoigner toute sa satisfaction de l'article qui
m'avait été lu ce matin ; il demande seulement qu'on annonce bien qu'avant de quitter Paris il s'est retiré de
toutes les affaires industrielles et qu'on dise en même
temps que si la politique agissante lui plaît, il déteste
celle qui oblige aux cérémonies, aux protocoles sans fin,
et qu'on peut le voir subitement se retirer des affaires
politiques comme il s'est retiré des affaires industrielles.

Morny ne veut pas être démonétisé ni usé, il se réserve.

La Guéronnière et moi sommes allés le soir à Saint-
Gratien tout raconter à la Princesse Mathilde ; elle est
toujours bien disposée et elle verra l'Empereur lundi soir.

Encore un livre rempli de bonnes et de mauvaises
choses. Je suis attristé de la direction administrative de
la France, de l'incurie de la faiblesse ou de la nullité des
agents gouvernementaux.

Nous sommes en présence de sociétés secrètes les plus sauvages, les plus ennemies de toute civilisation et de tout progrès. Les révolutionnaires en chef désespérant de réussir par des appels ordinaires ont promis à leurs sauvages adeptes de leur abandonner la France comme une ville prise d'assaut.

Les incendiaires, les voleurs, les assassins et les pillards sont prêts, tous ces gens se nomment
La Marianne.
Dieu sauve l'Empereur !

DIMANCHE 10 AOUT.

J'arrive de Saint-Gratien, où j'ai dîné avec l'envoyé de Russie, le ministre des travaux publics et Benedetti.

La Princesse Mathilde était allée le matin voir l'Empereur à Saint-Cloud, elle l'a trouvé charmé de son voyage et bien portant. Il s'est plaint de trouver à son retour l'Impératrice changée et plus souffrante. Cette pauvre femme est dans un triste état de santé ; deux fois par semaine au moins, ses médecins la brûlent, car elle a une de ces maladies de femmes qui altèrent profondément la constitution. Cet état a aussi pour résultat d'éloigner l'Empereur, de le rendre beaucoup moins désireux des relations intimes.

L'Empereur a dit à la Princesse Mathilde que les *Bonaparte Patterson* quittaient la France, parce que l'Empereur ne leur a permis de porter le nom de Bonaparte qu'en l'accompagnant de celui de Patterson. Le fils a donné sa démission d'officier de cavalerie et elle est acceptée.

MERCREDI 13 AOUT.

Nous avons beaucoup causé ce soir au Cercle Impérial entre quatre personnes dont trois sénateurs, de la France, de la situation des partis et du personnel administratif qui gouverne.

Billault soulève toutes les indignations par les choix qu'il fait et par les tendances qu'il imprime.

La Bretagne, le Poitou, le Périgord et la grande majorité des départements du midi sont acquis à la *Marianne;* les autorités y sont ou molles ou malveillantes, quelquefois même elles sont choisies parmi ce qu'il y a de plus mauvais. Bon nombre de Mariannistes le sont et ils ne s'en cachent pas, parce que les hommes sages ne sont pas protégés.

Le mouvement de Thouars a eu une certaine gravité; les autorités étaient mauvaises. Si cela continue nous aurons dans un avenir peu éloigné des barbares plus barbares que ne l'étaient les hordes asiatiques qui se ruèrent sur les Gaules au VIe siècle. Les sauvages sont plus qu'à nos portes, ils sont dans nos murs.

Le général Sauboul qui était allé en visite chez le ministre de la guerre y a appris les nominations suivantes:

Le maréchal Pélissier, duc de Malakoff, avec cent mille francs de traitement.

Roulland, avocat général, ministre de l'Instruction publique.

Je suis fâché de ce dernier choix qui est dû à l'influence des ministres.

Pauvre France!... pauvres nous!...

JEUDI 14 AOUT.

Le *Moniteur* annonce ce matin les deux nouvelles que j'inscrivais hier. Quelle cause amène M. Roulland, qui est ce qu'on est convenu de décorer du titre d'honnête homme?

Les ministres ont fait tomber le choix de l'Empereur sur ce procureur général pour deux raisons: la première, c'est qu'il ignore l'université et l'église, deux antagonismes difficiles à manier, et qu'arrivant sans préparation entre les deux, il aura besoin d'appui et de conseil et sera plus facile à diriger. M. Roulland ne connaît ni l'état politique, ni l'état social de la France.

Deuxièmement: M. Roulland, sans fortune, a besoin de tout ce qui en nécessite une. Il envie la puissance de la fortune, il appartient alors à ce concert de grands filous qui trafiquent de tout, et font litière de tout, malgré les tartines du *Moniteur* contre les influences, ce sont gens qui crient *au voleur!* alors qu'ils ont les poches pleines et que le champ n'est plus occupé que par des glaneurs.

M. Roulland a marié son fils à la fille de Giroux le peintre de paysages, frère d'Alphonse Giroux papetier et marchand de tableaux. Nous allons avoir la dynastie des Giroux à opposer à celle des Baroche; ce seront les Montmorency et les la Trémouille de ce ruisseau qu'on nomme le XIX⁰ siècle et qui charrie tant d'immondices.

Qui créera donc d'assez vastes égouts pour enfouir toutes ces saletés ?

SAMEDI 16 AOUT.

J'ai vu La Guéronnière qui est venu me donner la clef de l'intrigue par suite de laquelle Roulland est arrivé au ministère.

Lundi dernier, Fould avait dit à La Guéronnière : « Vous êtes pour ainsi dire notre collègue, car vous êtes accepté par l'Empereur et le conseil, votre nomination n'est plus qu'une formalité à remplir. »

Cependant Fould qui pouvait comme ministre d'Etat abréger la formalité et présenter sans retard la nomination à la signature, ne se pressait pas, car il espérait encore démembrer du ministère de l'Instruction publique toute la partie littéraire pour en enrichir le ministère d'Etat. Billault et Abbatucci restent à Saint-Cloud, ils circonviennent l'Empereur, ils le pressent, et Roulland est nommé presque en cachette. Quelques ministres, entre autres M. Magne, ont su la nouvelle par le *Moniteur*.

L'Empereur se fait une fausse idée de l'état des partis ; il recommence la marche funeste de la restauration qui elle aussi voulait faire de l'ordre avec les éléments du désordre, de la royauté avec des républicains ; qui trouvait les royalistes trop royalistes et daignait amnistier les Vendéens sous la signature d'un ministre régicide. La restauration rêvait la conciliation en fortifiant les républicains au détriment des royalistes. Quinze ans se passèrent à ridiculiser la fidélité dont on pensait n'avoir plus besoin, et à fortifier les partis hostiles.

Aujourd'hui l'Empereur croit gagner les républicains et amadouer les socialistes en maintenant au pouvoir M. Billault; nous ne craignons pas de dire qu'il se trompe, il indispose ce qu'il y a d'honnête dans les partis gouvernementaux, il ne rallie personne, parce qu'on ne rallie jamais les énergumènes et par l'entremise de Billault, il leur donne de la force.

Le ministère de l'Intérieur aux mains de Billault, la Sûreté publique dirigée par Collet Maigret sont plus que deux fautes.

Comme tous les souverains, l'Empereur croit qu'en voyageant il peut juger de l'état des populations, qu'avec des agents nommés par le ministre il pourra se procurer des rapports fidèles, qu'avec Mocquard pour secrétaire il aura de l'honnêteté près de lui !

L'Empereur se trompe, et il est trompé. Fleury est un loyal garçon qui lui parle vrai, mais Fleury, quoiqu'intelligent, n'est pas dans un milieu à tout voir et à tout savoir.

Il est malheureux que l'Empereur ait composé sa cour mi partie de sots et d'intrigants sans vergogne. L'Empereur veut gouverner avec ses ennemis, et il en est encore à cette ridicule et immorale maxime empruntée au vocabulaire des révolutions :

Tout pour le peuple !

On sait ce que veut dire *le peuple !* C'est : « tout pour le pays » qu'il faudrait dire et surtout qu'il faudrait faire comprendre. C'est avec l'intelligence et l'honnêteté qu'il faut régner. Il ne faut pas prendre un voleur sous sa protection, il ne faut surtout pas lui donner de l'autorité pour se concilier la classe estimable des voleurs.

Le Christ chassait du temple les vendeurs, il n'y laissait que les prêtres et les fidèles, et il ne disait pas : je ferai de la conciliation en souffrant que la maison de mon père devienne une caverne de brigands.

Je viens de voir Nieuwerkerke, on est persuadé chez la Princesse Mathilde que l'entrée de Roulland à l'Instruction publique n'est qu'une étape pour arriver au ministère de l'Intérieur et que c'est la crainte d'être remplacé par lui qui a poussé Billault à le faire nommer en remplacement de Fortoul. C'est toujours un mal, quand cela serait vrai, on ne pactise pas avec le mal et lorsqu'on le reconnaît, on cautérise sans ajournement ; prolonger une telle situation augmente l'inquiétude, et laisser grandir l'inquiétude, c'est ébranler son propre pouvoir.

Ne laissez jamais une nation intelligente douter de votre propre intelligence ou de votre connaissance des hommes. Faites moins de circulaires contre les boursiers et les faiseurs d'affaires, mais nettoyez vos propres écuries. C'est lorsque Fould est ministre d'Etat, Mocquard chef du cabinet et que les poches de tous les intimes sont pleines, que l'on prétend prouver au pays que le pouvoir veut de l'honnêteté.

LUNDI 18 AOUT.

J'arrive de Saint-Gratien où La Guéronnière et l'abbé Coquereau sont venus passer la soirée hier. La Guéronnière et la Princesse Mathilde prétendent que la nomination de Roulland est due à Abbatucci seul, et que Billault en a été désagréablement surpris, car il voit en lui un remplaçant.

L'Empereur a dit à la Princesse : « *Roulland n'est pas encore tout à fait à sa place.* »

Enfin on espère un peu le renvoi de Billault.

La Rochejaquelein a reçu de Billault une lettre qui le pressait de retirer la démission qu'il vient de donner de ses fonctions de conseiller général et qui l'engageait à venir causer de cette affaire au ministère de l'Intérieur.

Avec cette superbe qu'on lui connaît, La Rochejaquelein a répondu qu'il ne retirerait pas sa démission, parce qu'il ne voulait laisser amoindrir par personne son individualité, ni insulter en lui la dignité de sénateur; qu'il refusait l'entrevue proposée parce qu'il n'avait aucune confiance dans le ministre, et qu'arrivant de parcourir le midi de la France, il y avait trouvé dans la situation de tels motifs d'accusation contre le ministre, qu'il déclinait tous rapports avec lui; que du reste il allait envoyer copie de la lettre qu'il lui écrivait à l'Empereur et au président du sénat.

Puis, La Rochejaquelein a demandé une audience à l'Empereur; il est fort douteux qu'il l'obtienne, car l'Empereur est dans un de ses moments de claustration; il est fort difficile de le voir, et peut-être n'attache-t-il pas grande importance à toute cette affaire. A quelque point que la vanité personnelle s'y trouve mêlée, l'Empereur ne devrait pas refuser d'écouter la partie lésée.

Fould a dit à La Guéronnière:

« *Votre position est excellente, vous êtes maintenant par* « *la force des choses partie nécessaire de toutes les combi-* « *naisons ministérielles.* »

Il me faut malheureusement citer deux nouveaux faits de favoritisme qui font énormément crier.

Deux tout jeunes gens (à peine 21 ans) au mépris des droits acquis, des arrêtés sur l'avancement et de toute pudeur, viennent d'être nommés receveurs particuliers des finances; l'un de ces deux jeunes gens se nomme Baroche, l'autre Magne!

M. Baroche le père a une propriété dans l'arrondissement de Mantes, et il lui a fallu son fils comme administrateur des finances dans ses états; alors on a déplacé le receveur particulier qui ne demandait qu'à conserver sa place et on l'a envoyé au loin pour installer le jeune et intéressant Baroche, frère du paillasse qui est maître des Requêtes.

Même déplacement pour le jeune Magne.

Parlez de l'ancien régime à ces gens là, ils tonneront contre l'abus des faveurs royales! Au lieu de grands seigneurs bien élevés, remarquables par leur tact et leurs bonnes façons, nous avons des goujats qui portaient hier encore la robe de l'avocat, race avide, bourgeoise, chicannière, sans énergie et sans courage, âpre à la curée et peu fidèle dans ses engagements.

L'Empereur, dans ses anciennes publications, a toujours flétri le gouvernement des avocats et pourtant jamais gouvernement n'a été plus que le sien, emporté par la gent avocassière.

Certainement sous Louis-Philippe les avocats occupaient une grande partie des avenues du pouvoir, mais les ministères se nommaient Broglie, Molé, Guizot ou Thiers.

Aujourd'hui nous sommes plus bas ; Rouher avocat, Billault avocat, Magne avocat, Baroche avocat, Troplong avocat, Abbatucci avocat, etc. etc. On n'a pas pu trouver un avocat pour être ministre de la guerre. Le ministre des Affaires étrangères est un Polonais bâtard de Napoléon 1er et le ministre d'Etat est un juif banqueroutier qui par son fils a la main dans toutes les grandes affaires de crédit.

L'Empereur se réveillera un jour, il faut l'espérer pour la France et pour lui.

MERCREDI 20 AOUT.

Hier, l'Empereur et l'Impératrice sont partis pour Biarritz.

L'Angleterre continue son agitation italienne et les journaux l'y aident puissamment.

Les Piémontais se frottent les mains, et le roi de Piémont se voit déjà roi d'Italie ayant l'Angleterre pour alliée, inquiétant la France, détruisant la Papauté à la joie des bons protestants, et bafouant l'Autriche.

Le jour où les menées de l'Angleterre réussiront, ce jour-là sera un jour malheureux ; il n'y a en Italie que des éléments de trouble.

Mazzini profitera du jeu de l'Angleterre et du Piémont, et la France si elle ne veut abandonner la grande affaire de la catholicité, l'œuvre de son empereur Charlemagne, sera obligée d'intervenir.

Le roi de Naples a répondu aux notes et aux insultes de l'Angleterre, qu'il ne lui reconnaissait pas plus le droit de se mêler des Etats des Deux Siciles, que l'Angleterre elle-même ne lui reconnaîtrait le droit d'intervenir dans les affaires de l'Irlande ou de l'Inde ; que d'ailleurs la prétention d'agir par contrainte ou par intimidation envers lui, était chose incroyable au moment où la France et l'Angleterre sortaient d'une guerre énorme, entreprise dans le but de s'opposer à la contrainte exercée par un puissant empire sur un état plus faible.

Les Italiens se plaignent beaucoup, mais il faut dire qu'ils conspirent contre tout gouvernement et que les meilleurs d'entre eux avec une imprévoyance superbe travaillent pour les socialistes.

Les étudiants piémontais avaient adressé un remerciement aux journaux anglais qui travaillent au soulèvement de l'Italie. Deux cents prétendus étudiants français, recrutés à la Chaumière ou à l'estaminet, imitent leur exemple et remercient les quatre bons journaux français, *le Siècle, la Presse, l'Estafette* et *la Revue de Paris*, qui ont reproduit le factum des étudiants piémontais.

Voici un léger échantillon du style de ces bons petits Mazziniens :

MERCREDI 20 AOUT.

« Nous venons donc répondre à nos frères de Turin
« qui n'ont pas voulu faire une manifestation monarchique
« et piémontaise, mais un acte national et italien.

« Il est facile de tendre la main au-dessus du Mont-
« Cenis à une nation d'un long et glorieux passé, qui n'a
« peut-être perdu son indépendance que pour s'être trop
« inquiétée des destinées universelles, et qui ne demande
« à la recouvrer que pour travailler avec nous à l'alliance
« des peuples européens. »

Tel est le langage légèrement voilé de ces jeunes socialistes qui viennent de quitter l'école et leur famille pour étudier la médecine ou le droit et qui s'érigent en conducteurs du monde.

Que voilà une respectable autorité que celle de deux cents étudiants !

Les républicains universalistes de New-York viennent de décider à la date du 6 août qu'une réunion aurait lieu le dimanche 10 pour aviser au prompt départ de ceux de ses membres qui veulent se rendre au pays où sonnera le premier tocsin de l'insurrection.

Ce n'est pas mal, et MM. les étudiants devraient bien envoyer une adresse à ces bons républicains, bataillon mobile qui crie sans cesse :

« *Anne, ma sœur Anne, n'entends-tu rien sonner ?* »

Tout cela réjouit l'Angleterre qui commence à trouver la France trop vigoureuse ; il faut donc mettre le feu à l'Italie, cela l'occupera, la troublera et contentera le parti puritain de la vieille Angleterre qui demande l'expropriation du pape pour cause d'utilité publique.

MERCREDI 3 SEPTEMBRE.

Je viens d'être fort souffrant, et mon livre noir s'en est ressenti. Je me trouve mieux, je reviens causer avec lui, car j'ai un petit scandale à enrégistrer sur ses pages.

Mme de Silveyra (Mlle de Menneval), femme d'un Portugais de l'ambassade, joueur, d'une fortune problématique, estimé tout juste pour n'être pas mis à la porte de la société, s'est fait enlever par un jeune M. de Louvencourt.

Mme de Silveyra était une lionne de la fashion, fort coquette et un peu femme entretenue, elle disait avec la seule naïveté que je lui connusse *« je n'estime que l'or ! »*

Mme de Silveyra est sœur de Mme Murat qui vit publiquement depuis longtemps avec le prince de la Moskowa ; son frère est le petit baron de Menneval, officier d'ordonnance de l'Empereur.

On m'assure que la Moskowa, qui a déjà eu trois attaques d'apoplexie, est condamné par les médecins.

M. Bonaparte Patterson m'a pris hier à part au Cercle Impérial pour m'affirmer que contrairement à l'assertion de la Princesse Mathilde, il n'est pas exact que son fils ait donné sa démission d'officier de cavalerie dans l'armée française.

Pourquoi cette histoire ?... que veulent dire ces tripotages ?... je l'ignore.

DIMANCHE 7 SEPTEMBRE.

Il y a disette de nouvelles, soit politiques, soit mondaines. Paris ou plutôt ce qui reste de Parisiens s'occupe d'une sale histoire d'acteurs, pris les uns en débauche avec des petites filles de douze ans, les autres avec des petits... parmi les premiers se trouve Dupont l'ancien chanteur de l'Opéra, aujourd'hui chef du chœur de l'église Saint-Roch, parmi les seconds Hervé des Délassements Comiques et le violoniste Hermann.

Les ouvriers des villes de la Normandie et de la Picardie sont violemment surexcités par la question de l'abaissement des tarifs douaniers et peut-être ne serait-il pas sans dangers en ce moment de toucher au tarif protecteur.

Cette grave question a été présentée aux délibérations des conseils généraux. Un manufacturier de Colmar, membre du conseil général, possesseur d'une grande fortune honorablement acquise dans l'industrie où il débuta par le rang de simple ouvrier, a répondu au préfet qui lui demandait son avis sur l'abaissement des tarifs :

Le gouvernement a raison de vouloir établir le système protecteur, car c'est lui qui empêche le progrès des industries ; je sais bien que nous en souffrirons d'abord et moi tout le premier, mais le pays y gagnera et nous parviendrons à soutenir la concurrence contre l'étranger. Nous dormons, l'industrie s'encroûte, il faut l'éveiller et nous réveiller.

JEUDI 11 SEPTEMBRE.

Bon nombre de gens s'endorment. Après chaque crise révolutionnaire, considérant que tout est terminé et qu'il n'y a plus rien à redouter, l'expérience ne peut guérir de leur folle confiance ces dormeurs intrépides.

Les partis, un moment terrifiés, se rassurent et reprennent leur lutte; ceux qui se nommaient *les gens d'ordre*, se disent : c'est au pouvoir à sauver la société, et le jour où ils n'ont plus peur, *les gens d'ordre* se divisent et laissent le pouvoir presque seul devant les anarchistes qui eux ne se divisent pas.

Ont-ils eu assez peur, ont-ils assez sué dans leur peau en 1848 et au 2 décembre tous ces beaux messieurs qui aujourd'hui ont repris leurs intrigues légitimistes ou orléanistes; ces bourgeois qui sont toujours de l'opposition, ces vaniteux qui ne sont jamais satisfaits.

Une grosse intrigue contre le gouvernement se brasse depuis longtemps sous une apparence économiste, l'Orléanisme s'y attèle par son organe le *Journal des Débats* et tous les niais font chorus.

Il s'agit de l'abaissement des tarifs et la France est partagée en protectionnistes et en non protectionnistes. Une vive agitation est le produit de cette question mise à l'étude et soumise aux conseils généraux.

Si la protection de l'industrie française cessait, si la libre concurrence s'établissait, une crise effroyable aurait lieu, et les esprits des ouvriers sont montés à un tel point qu'une révolution serait possible, sans compter le mécontentement des fabricants.

La libre concurrence ferait baisser les salaires, et comme l'ouvrier a déjà grande peine à subsister au taux des salaires actuels, cela lui deviendrait tout à fait impossible. Partout où passent les chemins de fer la vie devient plus difficile, les denrées et les loyers augmentent, sans que les salaires jouissent de la même augmentation, de là, un malaise très grand qui frappe les conseils généraux, malaise qu'augmenterait le libre échange et qu'il transformerait en misère.

Un gouvernement qui se fonde et qui a besoin d'apaisement n'introduit pas une mesure aussi radicale dans son système économique.

On ne fume pas sur un baril de poudre.

MM. des Débats poussent par MM. Chevalier et Kœchlin à l'intrônisation du libre échange, ils consentiront à louer l'Empereur, à l'appuyer de toute leur influence s'il veut donner dans ce piège!... comme ils se frotteraient les mains, car ils ne rêvent que comte de Paris, puis cette bonne et zélée protestante la duchesse d'Orléans à laquelle ils immolent chaque jour en manière d'offrande deux ou trois bons prélats catholiques!

On crie bien haut... *vive le libre échange!* on ameute des aboyeurs et cela veut dire tout bonnement: *à nous les révolutions, c'est une crise salutaire et nous reposerons demain sous les rayons vivifiants du parlementarisme avec le comte de Paris, son auguste mère et les illustres ministres Thiers et Guizot.*

Vieux voltigeurs du parlementarisme, vous êtes absolument comme les ultra de 1815, vous n'avez rien appris et rien oublié, vous regrettez vos droits féodaux, ce beau temps où Bertin l'Ancien et Bertin le Superbe imposaient au ministre des Affaires étrangères, le marquis de la Valette, comme diplomate!

Il règne en France un symptôme inquiétant, il n'y a presque plus personne qui prenne souci de la chose publique, on se laisse aller, on est un peu comme ces Gaulois du Ve siècle qui faisaient des offrandes aux muses et s'enfermaient dans leurs *villas* au bruit qui chaque jour se rapprochait, des invasions de barbares.

Les fonctionnaires publics, timides ou mauvais sont insuffisants; la magistrature dirigée par Abbatucci est hostile. Dernièrement, l'avocat Crémieux est allé plaider à Limoges, la magistrature lui a fait une sorte d'ovation. Il a dîné chez le président avec les juges, et entre la poire et le fromage il a diverti ces bons messieurs du tribunal par quelques anecdotes du *meilleur goût* sur l'Empereur et sur l'Impératrice!... l'hilarité a été grande.

Crémieux a dit à un juge qui avait vu repousser ses sollicitations par Abbatucci :

« Pourquoi diable aussi vous faire recommander par
« M. le comte de La Guéronnière, un monsieur qui est
« comte et qui place un *de* devant son nom, Abbatucci, mon
« cher magistrat est un vrai républicain des bons jours, il
« déteste comme moi les nobles et les comtes, nous som-
« mes au mieux ensemble et si vous vous étiez adressé à
« moi, votre affaire serait faite. »

Ceci n'a pas besoin de commentaire!

LUNDI 22 SEPTEMBRE.

Une plainte a été envoyée à l'Empereur contre Lefuel et les travaux qu'il exécute au Louvre.

M. Fould qui sait combien je me suis plaint de l'architecte et de son œuvre veut me croire l'instigateur de cette plainte, et Nieuwerkerke est venu me trouver tout ébouriffé de la chose. Je lui ai simplement répondu : ce serait une insulte de m'accuser d'une plainte anonyme, je ne me cache ni pour me plaindre des gens, ni pour me plaindre aux gens eux-mêmes.

La politique de l'Angleterre l'emporte et je crains qu'il ne sorte quelque grave complication de la résolution prise par l'Angleterre et la France, de rompre toutes relations diplomatiques avec Naples, et d'envoyer devant cette capitale une escadre anglo-française.

Les rapports du Piémont et de la Toscane deviennent aigres. Enfin le comte de Cavour continue son système aujourd'hui protégé par la France et l'Angleterre d'agiter l'Italie.

Le Piémont recèle tous les agitateurs italiens, et il ouvre même en France une souscription pour se procurer des canons contre l'Autriche.

L'autorisation d'ouvrir cette souscription à Paris a d'abord été refusée à Manin, ancien Président de la république de Venise en 1848, puis trois jours après elle lui a été accordée.

J'ai dîné hier à Saint-Gratien chez la Princesse Mathilde avec le prince Jérôme.

VENDREDI 26 SEPTEMBRE.

Il nous arrive une ambassade de l'empereur des Birmans. L'ambassadeur, le général d'Orgoni, est probablement à Paris depuis ce matin.

D'Orgoni était avant 1830 sous officier dans les chasseurs à cheval de la garde ; il se nommait alors Giraudeau. En 1832 il guerroyait en Bretagne avec les bandes royalistes, puis il servit sous le maréchal de Bourmont dans l'armée de Don Miguel où il acquit le grade de capitaine. Don Miguel vaincu, Giraudeau, après avoir vécu quelque temps en Italie, s'embarqua pour l'île Bourbon. Il y établit d'abord un manège, puis il épousa la fille d'un vieux contre-amiral qui le laissa veuf après dix-huit mois de mariage. Un an après, il prit pour femme la seconde fille du contre-amiral, mais la fatalité s'attachait à ses mariages, cette jeune fille mourut bientôt ; alors à bout de ressources, en 1847 poursuivi par ses créanciers, Giraudeau quitta ce nom pour prendre celui d'Orgoni qui était aussi dans sa famille, et il s'embarqua pour l'Inde où après des fortunes diverses il est devenu général en chef de l'armée.

D'Orgoni déteste les Anglais et il est tout dévoué aux intérêts de la France.

SAMEDI 27 SEPTEMBRE.

Beaucoup de socialistes ont été arrêtés ces jours derniers ; ces gens là complotent toujours contre la vie de l'Empereur. Les sociétés secrètes ont fait des achats assez considérables de révolvers américains.

Tous les matins les faiseurs de nouvelles, légitimistes, orléanistes ou socialistes annoncent que l'Empereur est au plus mal à Biarritz, et le badaud parisien les croit.

LUNDI 29 SEPTEMBRE.

La Gazette de Cologne a publié ces jours derniers une circulaire de la chancellerie russe, répétée aujourd'hui par tous les journaux, et qui me semble fort importante. Cette dépêche est relative à la pression que les puissances, en tête desquelles marchent la France et l'Angleterre, veulent exercer sur les royaumes de Naples et de Grèce.

En principe, en stricte équité, la Russie a parfaitement raison, et dans un langage aussi digne que modéré, elle dit fort bien qu'elle ne comprend pas qu'après avoir proclamé et soutenu par une guerre le principe de l'égalité des souverains, le respect des États faibles par les États forts, on prétend aujourd'hui contraindre un État faible dans l'administration intérieure de son gouvernement à subir la pression étrangère. La Russie ajoute qu'elle ne peut s'allier à une telle politique et elle impose à ses agents le devoir de protester contre les actes qui en émaneraient.

La Russie a parfaitement raison, mais pour Naples seulement; quant à la Grèce, elle se trouve placée dans d'autres conditions.

Il ne faut pas oublier que la royauté grecque fabriquée par les États européens et constituée sous leur patronage, est comme en tutelle, qu'elle n'a vécu que soutenue par leur influence et par leur argent, qu'elle est encore débitrice de ces puissances qui peuvent peut être intervenir dans un pays qu'elles *commanditent*.

Mais à Naples, rien de pareil ; le roi ne doit rien aux puissances, il n'est pas leur débiteur, il a su sans elles tenir tête aux révolutionnaires de 1848 qu'encourageait l'Angleterre ainsi que je l'ai déjà prouvé précédemment.

L'envoi des escadres est un acte des plus attentoires à la souveraineté du roi de Naples et celui dont les révolutionnaires se réjouissent le plus.

L'adjonction de quelques bâtiments sardes est une monstruosité.

La Sardaigne est le foyer d'où partent toutes les agitations italiennes, où les réfugiés révolutionnaires de tous les points de l'Italie trouvent asile et protection. La Sardaigne, sous la direction de M. de Cavour, tend à s'emparer de toute l'Italie et la France consent à laisser la Sardaigne venir à l'ombre de son pavillon, parader dans le golfe de Naples !

L'Angleterre pousse la Sardaigne, elle veut la grandir de toute l'Italie parce qu'en agissant ainsi, elle affaiblit l'Autriche et qu'elle crée un embarras futur à la France dont elle ruine l'influence ; parce que, puissance protestante, elle pressent que la réussite de ce projet détrône la papauté dans un avenir plus ou moins éloigné.

Tout cela est fort grave, et dans de telles circonstances nous avons de bien maigres diplomates.

Persigny à Londres est une dérision.

Bourqueney à Vienne est un vieux fat de vaudeville.

La France s'engage dans une mauvaise voie entraînée par l'Angleterre qui certainement a quelques vues intéressées sur la Sicile; elle fait du Don Quichotisme au profit des révolutionnaires.

Sait-on qui se plaint à Naples? Une noblesse de polichinels et une bourgeoisie de ville comme toutes les bourgeoisies, vaniteuse et remuante. Tous ces gens protestent publiquement contre les exils qui les frappent, ils dénient les conspirations, les complots qu'on leur impute!... eh bien j'en ai connu beaucoup de ces beaux messieurs et en particulier, confidentiellement ils avouaient leurs complots et leurs conspirations.

Aujourd'hui, la France et l'Angleterre veulent forcer le roi de Naples à donner l'entrée de ses Etats à tous ces conspirateurs; le pays ne se révolutionne pas assez vite, et les exilés retrempés réconfortés soit à Londres soit à Paris par les propagandes révolutionnaires, ont besoin de liberté pour aller exercer leur apostolat mazziniste.

Une escadre combinée pour forcer le roi de Naples à accorder à ses ennemis la rentrée du royaume de Naples, et la Sardaigne qui monte sur des échasses pour prendre sa part de cette aberration du sens politique, qui vient menacer Naples en passant sa tête de roquet entre les jambes de la France et de l'Angleterre!

Je crois véritablement que la fin du monde approche, car gouvernements et peuples, tous deviennent fous.

Lorsque quelque part la révolution est triomphante, l'Angleterre s'écrie, quelque monstrueuse que soit cette révolution : pas d'intervention ! mais si c'est la royauté, aussitôt elle proclame la croisade révolutionnaire.

DIMANCHE 12 OCTOBRE.

On s'entretient d'une affaire malheureuse pour Walewski, et malheureuse à tous les points de vue. Walewski, quoique ministre des Affaires étrangères, a joué à la Bourse et il a perdu. Manuel, son agent de change, lui a réclamé des sommes assez importantes pour *différences*. Walewski a fait offrir comme liquidation une part seulement de sa dette. Manuel a refusé en disant : il doit ou il ne doit pas, je ne puis entrer en arrangement. Il me soldera le tout, ou il s'adressera aux tribunaux pour faire classer sa dette parmi les dettes de jeu.

Pour éviter le scandale, l'Empereur a payé.

Ceci se passait pendant la tenue du congrès de Paris ! ... Ainsi un ministre joue sur les fonds publics, pour ce fait il devrait être justiciable des tribunaux, il n'en est rien. Un decret lui confère la grande croix de la légion d'honneur !

L'affaire de Naples s'arrangera, dit-on, malgré le mauvais vouloir de l'Angleterre.

La Guéronnière me racontait hier, que causant dernièrement avec Fould de la crise financière qui amoindrissait tant de fortunes, et des malheurs inséparables de la fureur des spéculations, Fould s'était écrié : « *Tout ceci est une preuve de plus que le travail est la seule source d'une véritable fortune !* »

Risum teneatis !!!

Le *Journal des Débats* rapporte aujourd'hui *in extenso* un discours prononcé par M. Verhægen, un des chefs de l'université libre de Bruxelles, en réponse aux censures des évêques de Gand et de Bruges, et il va sans dire que le *Journal des Débats* prend parti contre les évêques.

Quant à moi qui ai vu de près l'université libre, je dois dire que l'enseignement qu'elle donne à ses élèves doit pour conséquence nécessaire amener l'incrédulité, qu'elle nie toute tradition religieuse et qu'elle repousse la foi.

Le discours de M. Verhægen ne lave l'université d'aucun des reproches qui lui ont été adressés, mais les confirme plutôt, c'est aux pères de famille à juger.

Voici quelques phrases de ce discours écrit tout entier comme un article du *Constitutionnel* de 1821 :

« Vous ne possédez », dit M. Verhægen aux catholiques, « que la vérité d'une église.

« .... L'université de Bruxelles est l'avant-garde du « libéralisme ; c'est là que sont élucidés, muris, discutés, « avec une patience infatigable, avec une méthode sévère, « sans engouement comme sans prévention, tous ces grands « principes qui appartiennent aux sciences politiques et « morales, qui sont la clef de voûte de la société, qui légi- « timent ou condamnent toutes les institutions humaines, » etc. etc.

M. Verhægen divague ainsi pendant quelques dizaines de feuilles : Les professeurs enseignent sans contrôle ce qu'ils jugent bon à enseigner, ils traduisent la foi au tribunal d'une jeunesse de dix-huit ans, ils sapent la tradition religieuse et renvoient dans les familles de bons petits incrédules qui prennent en pitié les croyances de leurs parents.

Voici comment termine le grand Verhægen après avoir, suivant les enseignements du vieux *Constitutionnel*, beaucoup parlé de l'escopette de Charles IX, inventée par Voltaire. Voici selon lui le devoir des universités libres :

« Nous répétons que l'examen, la discussion loyale et « indépendante de tout pouvoir spirituel ou temporel, est « non seulement un droit, mais un devoir du professorat « dans toutes les universités. »

Voyez vous le professorat appelé à juger devant la jeunesse les pouvoirs spirituels et temporels de la société. Un cuistre chargé du plus énorme contrôle qui se puisse inventer.

La péroraison vaut tout le discours, elle s'adresse aux jeunes gens qui pourraient subir des influences de famille.

« Prenez garde, vous avez en ce moment deux enne-« mis à craindre, la séduction d'autrui et votre propre « exaltation. »

Et voilà ce que le *Journal des Débats* approuve et trouve beau !

LUNDI 13 OCTOBRE.

J'arrive de Saint-Gratien où j'ai trouvé conciliabules et commérages. Cette petite cour de la Princesse Mathilde est curieuse, personne n'y peut vivre en bonne intelligence avec ses coassociés. La Princesse, très mobile dans ses affections amicales, change souvent de favorites et de favoris. Les Reiset et les deux Giraud règnent, Nieuwerkerke gouverne.

Mme de Serlay est devenue jalouse, elle a traité Mme Reiset du haut de sa grandeur, des demandes d'explications sont venues, la Princesse, le général Bougenel s'en sont mêlés, etc. etc., enfin c'est tout ce qu'il y a de plus portier au monde.

Les Reiset sont constamment auprès de la Princesse, ils ont raison, la Princesse se prononce en leur faveur, et elle prend Mlle Reiset avec elle pour le voyage de Compiègne.

L'Impératrice, Jérôme et son fils sont venus en visite à Saint-Gratien samedi; Nieuwerkerke et les Giraud avaient pris de l'air comme on dit en argot.

M. de Decker, ministre de l'Intérieur en Belgique, vient d'adresser aux universités de Gand et de Liège une lettre motivée par le discours de M. Verhægen, avec bien des précautions cependant, il leur recommande d'éviter la discussion religieuse dans leur enseignement.

Les ambassadeurs français et anglais sont rappelés de Naples. C'est une grosse et malheureuse affaire, où comme je l'ai déjà dit, pour complaire à l'Angleterre, nous avons complètement tort. Au milieu de la crise financière que nous éprouvons, ce rappel est une faute.

En raison de l'égalité des droits des souverains nous intervenons à Naples après avoir fait la guerre en Turquie parce que la Russie voulait s'immiscer dans les affaires intérieures de ce pays!

MARDI 14 OCTOBRE.

Il est arrivé hier d'Espagne une nouvelle très importante. Le maréchal O'Donnel et les ministres ont donné leur démission; le maréchal Narvaëz est chargé des affaires.

Depuis le commencement de la dernière révolution espagnole, j'ai constamment répété que le jour où Narvaëz mettrait le pied en Espagne il chasserait toutes les illustrations révolutionnaires telles que les O'Donnel, les duc de *la Victoire*, Prim, et autres héros *ejusdem farina*. Je le soutenais encore avant-hier au Cercle Impérial contre l'opinion du marquis de Benalua, ancien diplomate espagnol, très fin, et ordinairement très bon juge des situations ; mais il accordait en cette circonstance trop d'importance à O'Donnel et à Prim.

Maintenant comment cela va-t-il marcher? Je l'ignore et personne ne saurait le prévoir, je ne demande pas à connaître le programme de Narvaëz, je fais peu de cas des programmes. Je veux voir comment il agira et ce qu'il inventera pour débarrasser l'Espagne des Espartero, O'Donnel et Prim.

Rien de nouveau sur Naples.

Les grands seigneurs de la cour actuelle sont très occupés. L'Empereur a signifié que pendant le voyage de Compiègne les courtisans qui *ont le bouton* dîneraient en habits de chasse, en culottes blanches, bas de soie et souliers vernis.

Ce decret n'a soulevé aucune protestation des grandes puissances!!!...

Trois mariages extraordinaires.

E. de Girardin épouse la plus jolie personne que Paris ait admirée l'hiver dernier, Mlle de Tiffembach, ravissante, blonde, très élégante et très coquette, fille naturelle, dit-on, du duc de Nassau, toujours est-il que la mère Tiffembach a été maîtresse du dit duc.

Mme la duchesse de Mouchy épouse M. Pinel, ancien secrétaire général de la préfecture de police sous M. Delessert et allié de Noailles ou plutôt parent du côté gauche.

Enfin, Louis de Noailles, frère cadet du feu duc de Mouchy, épouse la fille d'un soldat invalide. Depuis longtemps il courtisait cette jeune personne, il buvait avec le père, faisait le soir son piquet et restait jusqu'à 9 heures $^1/_2$ chez la mère marchande de salades au Gros Caillou.

Les Noailles ont du malheur !

MARDI 21 OCTOBRE.

Une note insérée hier au *Moniteur* annonce la rupture des relations diplomatiques entre la France, l'Angleterre et le royaume de Naples.

Les ambassadeurs quittent Naples, cependant les flottes n'occuperont pas le Golfe. Il est dit dans cette note que le roi de Naples ne s'est point rendu aux représentations amicales de la France et de l'Angleterre, comme l'ont fait les royaumes de Belgique et de Grèce, et que le système de compression suivi par le roi de Naples étant un sujet permanent d'inquiétudes pour le repos de l'Europe, les hautes puissances alliées ont cru devoir recourir à la rupture des relations diplomatiques sans adopter un état d'hostilités.

L'Europe est loin en ce moment d'être dans un état normal et rassurant ; outre l'affaire de Naples et la crise financière, l'affaire des Principautés Danubiennes, la navigation du Danube, l'affaire de l'Angleterre et de la Perse préoccupent vivement,

La duchesse de Gênes engrossée par un capitaine de l'armée piémontaise, avait confié sa situation à son beau-frère le roi de Sardaigne, et il avait été résolu que toutes les précautions seraient prises pour ensevelir cette faute dans un profond secret ; mais on comptait sans l'évêque de Turin, confesseur de la duchesse. Ce prélat n'a pas voulu laisser perdre une occasion d'être désagréable au roi de Piémont. (L'irritation, comme on le sait, est extrême entre le parti politique et le parti religieux.)

Donc un matin, sans avertissement, sans aucune formalité de convenance, le roi apprend que sa belle-sœur vient d'être mariée par l'évêque au susdit capitaine.

La duchesse de Gênes, princesse de Saxe, est renvoyée dans son pays, la tutelle de ses enfants lui est ôtée, et son mari est rayé des contrôles de l'armée pour s'être marié sans le consentement du roi.

MERCREDI 22 OCTOBRE.

Après la revue des troupes, passée à Vincennes, il y a quelques jours, et lorsque l'Empereur rentrait dans Paris par le faubourg Saint-Antoine, des ouvriers se sont portés à sa rencontre en criant : « *Vive la République !* » Ils ont été arrêtés immédiatement.

Le mariage d'Emile de Girardin avec Mlle de Tiffembach est affiché.

Si j'avais eu besoin d'une preuve pour être certain que Paris est la ville la plus cancanière du monde, elle me serait maintenant acquise.

Je fais bâtir dans les terrains retranchés du bois de Boulogne et dans l'avenue qui conduit à la Porte des Princes une petite maison moitié pierres et moitié briques, style Louis XIII. L'emplacement qu'elle occupe, jardin compris est de 680 mètres ; terrain et bâtisse me coûteront 28,000 francs. J'ai pour meubler cette demeure une quantité de meubles anciens, de porcelaines, de Chinoiseries que j'amasse depuis longtemps, tout cela sera curieux, mais rien de plus.

Dans le monde, le bruit s'est répandu, j'ignore comment, que je faisais construire *un château* meublé somptueusement, que j'ai gagné dans d'heureuses spéculations des sommes folles, etc. etc. Combien je vais être estimé cet hiver !

La réunion de Compiègne est curieuse ; la cour est vraiment malheureuse dans ses choix. La littérature y est représentée par le comte Alfred de Vigny, espèce de Dorat musqué qui vise à la chevelure de Bernardin de Saint-Pierre, se pommade le visage, mouille ses lèvres pour les rendre plus roses et ressemble à une vieille femme habillée en homme contrairement aux règlements de police.

De Vigny a eu de l'esprit, il n'a plus que de l'affeterie, il madrigalise, pince les lèvres pour préparer un mot qui n'arrive plus, et débite des miévreries. Il a au plus haut degré l'adoration de sa personne, et se croit tellement important qu'en plein soleil il regarde son ombre pour se voir passer. Du reste il n'écrit plus de peur d'un insuccès.

Nous parlerons demain des autres convives de l'Empereur.

JEUDI 23 OCTOBRE.

Nous ne poursuivrons pas la biographie des hôtes de Compiègne, cela nous mènerait trop loin. Le prince de Beauvau, qui en fait partie, est un des plus ennuyeux hommes que je connaisse. Le prince de Bauffremont est une nullité cousue dans la peau d'un vieux beau. Le comte de Caumont La Force est un ex-viveur de mauvais ton dont la femme a été assassinée, il y a moins d'un an. Le marquis de Caulaincourt est un brave garçon éborgné à l'armée, mais fort nul. Le comte Frédéric de Lagrange joint à une mauvaise réputation, une grosse fatuité. Le baron Hallez Claparède est ennuyeux comme la pluie d'automne. Le baron de Rothschild divertira peut-être l'assemblée par des calculs financiers, tandis qu'Aubert et Meyerbeer parleront musique avec Verdi et qu'Horace Vernet et Isabey prodigueront leurs calembourgs.

Le marquis d'Herford est très spirituel. Ossuna, Sclafani, le prince de Croye sont des comparses.

Parmi les femmes, la maréchale Serrano est charmante et Mme la duchesse d'Istrie est une vieille p..... dont le mari est depuis peu dans le royaume des ombres.

Flanquez tout cela de MM. les ministres, des généraux, des personnages officiels, de Mesdames Magne, Hamelin, Roulland, Troplong, Baroche et Magnan, et si vous ne convenez pas que vous avez une bien jolie petite société fort choisie, vous serez vraiment par trop difficiles.

La *Presse* s'occupe avec ardeur de l'occupation des Principautés que l'Autriche refuse de faire cesser ; elle affirme que la Turquie et l'Angleterre sont d'accord avec l'Autriche ; l'affaire alors serait assez grave.

VENDREDI 24 OCTOBRE.

La note suivante, placée en tête de la partie non officielle du *Moniteur* d'aujourd'hui, n'est pas sans importance.

« *Paris le 23 octobre.*

« Depuis quelque temps, divers organes de la presse
« anglaise, s'attachent à répandre sur le gouvernement
« français des calomnies d'autant plus admises qu'elles se
« cachent sous le voile de l'anonyme et ne permettent pas
« de leur répondre autrement que par le dédain. Nous
« savons le respect qui entoure la liberté de la presse en
« Angleterre, aussi en signalant ses écarts nous nous bor-
« nons à faire appel au bon sens et à la loyauté du peuple
« anglais pour le prémunir contre les dangers d'un sys-
« tème qui en détruisant la confiance entre les deux gou-

« vernements tendrait à désunir deux nations dont l'alliance
« est la meilleure garantie de la paix du monde. »

L'alliance anglaise sera bientôt ce que j'ai toujours prévu qu'elle devait être, une alliance dont la durée est assurée en tant que tous les bénéfices seront au compte de l'Angleterre.

Cette nation nous pousse dans l'affaire napolitaine et nous trouve trop modérés ; elle veut la Sicile et les soufres napolitains lui sont nécessaires. Très louangeuse pour la France pendant la guerre de Crimée où son armée ne brillait pas, et pendant l'expédition de la Baltique que sa flotte ne parvenait pas à rendre anglaise, elle redevient arrogante. Nous aurons fait l'expédition de Crimée pour lui permettre l'expédition contre la Perse et par reconnaissance elle va bouleverser l'Italie et attacher à notre flanc, avec une puissance augmentée, son protégé et presque son vassal le roi de Piémont.

L'agrandissement du Piémont sera mauvais pour la France.

VENDREDI 31 OCTOBRE

Quelques journaux anglais approuvent la note du *Moniteur ;* les autres journaux continuent leur polémique agressive ; enfin nous ne sommes en complet accord avec l'Angleterre, ni sur la question des Principautés, ni sur la question napolitaine.

Tout ceci est assez tendu.

D'un autre côté, les Orléanistes et les socialistes cherchent l'agitation ; ils sont secondés par la cherté des vivres et des loyers, la difficulté des transactions commerciales, la situation financière et la position de la Bourse.

La cour est à Compiègne, elle ira à Fontainebleau, elle arrive de Biarritz, elle a passé un mois à Plombières, on trouve toutes ces *villégiatures* trop prolongées.

On se plaint aussi du rôle de notre diplomatie en Europe. Il est vrai que je ne connais rien de plus nul que les trois quarts de nos diplomates.

Il est temps que l'Empereur avise.

VENDREDI 7 NOVEMBRE.

La situation devient difficile; il paraît certain qu'il y a alliance entre l'Angleterre et l'Autriche dans les affaires turques. Ces deux puissances s'entendraient pour prolonger l'occupation de la mer Noire et des Principautés Danubiennes.

D'un autre côté, assure-t-on, l'Angleterre songerait à occuper militairement un point de la Sicile, se fondant pour cette occupation sur la présence des troupes françaises à Rome, et celle des troupes autrichiennes dans les légations.

L'Angleterre oublie que les Français et les Autrichiens ont été appelés par le gouvernement romain parce que la révolte se trouvait menaçante, disons mieux, plus forte que l'autorité légitime.

A Naples il n'en est point ainsi, le roi n'a pas réclamé le concours des étrangers pour vaincre des révoltés ; même en 1848, il a vaincu seul la révolution. Ce que personne n'ignore, c'est que dans la noblesse et la bourgeoisie des conspirations sont permanentes, suscitées par l'Angleterre qui veut mettre un pied en Italie, par le Piémont qui veut la coudre à sa petite royauté, et par Mazzini qui veut la révolutionner.

Depuis un mois le déchaînement de la presse anglaise contre le gouvernement de la France est des plus violents. Certes l'alliance est ébranlée, et le congrès qui devait ouvrir de nouvelles séances à Paris n'aura pas lieu, parce que disent les organes de la presse autrichienne, dans l'état de méfiance et d'irritation politique où se trouvent les différents cabinets de l'Europe, ce congrès serait plus funeste qu'utile. D'ailleurs ajoute la presse autrichienne, l'Angleterre saura défendre le traité de Paris.

Le ministère turc qui demandait l'évacuation des Principautés et le départ de la flotte anglaise a été renversé.

Notre diplomatie subit partout des défaites et se laisse battre sur tous les terrains ; il n'y a rien d'étonnant à cela, tous nos diplomates sont des gens plus que médiocres.

Pendant ce temps la cour est toujours à Compiègne au milieu des fêtes. Ce voyage coûte *trente-cinq mille francs* par jour.

L'ambassadeur d'Angleterre et le marquis d'Herford sont les deux seuls personnages invités pour toute la durée du séjour. Il y a quelques étrangers, les employés de la cour et leurs femmes et un troupeau d'ennuyeux.

Tout ce monde là joue au *grand seigneur* et quand on a mis un habit galonné, des bas de soie et des souliers à boucles, on se mire dans une glace et on se dit à soi-même : « *bonjour, mon cher Saint-Simon !* »

Il y a toujours dans les départements un grand travail du communisme Nous sommes minés sourdement, et il faudrait quarante ans d'inflexible autorité pour user la mauvaise génération d'aujourd'hui.

Les départements du midi sont des plus mauvais ; là le communisme a tout partagé d'avance et si les temps de 1848 revenaient, nous assisterions à d'horribles scènes ; le massacre, le viol, l'incendie et le pillage seraient mis partout en action.

Les révolutions passées sont les révolutions des amours-propres ; la révolution à venir sera celle des appétits brutaux. Cependant les purs du faubourg Saint-Germain évoquent la guerre civile qui leur ramènera Henri V. J'ai autrefois cru comme eux, qu'Henri V pouvait avec son principe de légitimité nous sauvegarder des révolutions à venir ; je reconnais mon erreur ; il reviendrait demain avec les d'Orléans, qu'après demain nous serions en plein parlementarisme, et que les révolutions reviendraient ensanglanter nos rues. Nous aurions en outre un débordement de niais et d'imprudents dont le communisme ferait bon marché.

Nous reverrions des voltigeurs de la restauration et de la monarchie de 1830, des voltigeurs des deux chambres comme en 1815 les voltigeurs de Coblentz.

Henri V, je le crains, n'est à la hauteur d'aucun rôle politique, s'il faut le juger par les hommes qu'il consulte et qui ont sa confiance.

Quant aux d'Orléans, j'en fais peu de cas. 1848 nous a appris à les connaître. Des jeunes princes qui se sauvent en laissant leurs femmes derrière eux, des jeunes princes qui offrent leurs services à la révolution, sont jugés.

VENDREDI 14 NOVEMBRE.

La réponse de l'Empereur au discours que lui a adressé le comte de Kisselef, ambassadeur de Russie, est le sujet de toutes les conversations. On la trouve très amicale pour la Russie, et on veut y voir la confirmation d'un rapprochement dont s'effarouche l'Angleterre.

Je ne crois pas, ainsi que le voudraient tous les ennemis de notre gouvernement que nous soyons brouillés, mais nous ne voyons pas en ce moment les choses de la même façon ; nous nous refusons surtout après avoir été les alliés de l'Angleterre dans une cause européenne à devenir ses comparses, dans une cause où son intérêt seul est engagé.

Nous ne voulons pas recommencer la guerre pour ajouter à sa prépondérance.

L'Angleterre se sépare de nous et s'allie à l'Autriche dans l'affaire des Principautés et de la mer Noire ; elle se lie avec l'Autriche et fonde une nouvelle alliance distincte de celle qui existait pour la guerre, rien de mieux si cela lui plaît ! Que ceci nous soit seulement une leçon et nous apprenne à nous tenir en garde contre les entraînements de l'amitié anglaise.

Nous avons eu certes raison de nous opposer de concert avec l'Angleterre aux vues ambitieuses de la Russie.

Aujourd'hui ne laissons pas à l'Angleterre le profit de son ambition. Elle nous a déjà fait commettre la faute de Naples, arrêtons nous. Elle voudrait avoir notre appui dans sa guerre contre la Perse, ce serait une nouvelle faute.

L'Angleterre voudrait nous mettre sur les bras quelque méchante affaire qui nous tint assez en haleine de difficultés pour lui permettre de peser à son gré et sans contrôle sur le monde. Elle invente en faveur du Piémont une Italie qui nous serait mauvaise; elle tient nos socialistes sur nos frontières et se targuant de la liberté de ses lois, elle nous laisse insulter par eux et par toute la presse anglaise chaque matin.

Notre mariage avec l'Angleterre était un mariage de raison; du moment où la raison n'en régit plus les conditions, le divorce peut être invoqué. La Russie et la Prusse se sont rapprochées de nous. L'Autriche fait des coquetteries à l'Angleterre, et l'ambassadeur anglais est, dit-on ce matin, le seul diplomate étranger que l'empereur d'Autriche ait invité à l'accompagner dans son voyage en Italie.

J'ai dîné avant-hier en tête à tête avec le maréchal Canrobert; c'est un très bon homme, un peu gonflé de sa dignité, non pas dans ses discours, mais seulement dans sa marche et son attitude. Il parle bien de la guerre et sans emphase.

Walewski quittera probablement le ministère et Billault serait, assure-t-on, remplacé par Roulland. Le renvoi du premier ne serait pas une perte, le renvoi du second serait une victoire pour l'Empereur.

LUNDI 17 NOVEMBRE.

L'alliance anglaise est toujours un peu ébranlée, et le journal le *Times* dit que si elle ne se raffermit pas avant l'ouverture du Parlement, elle court de gros risques.

L'Angleterre nous presse et veut nous effrayer avec l'intention de nous entraîner à sa suite dans sa politique agressive. Elle affiche la prétention de nous rendre solidaires de tous ses intérêts. Ainsi pour lui complaire il faudrait repousser l'ambassade que nous envoie la Perse et malmener le général d'Orgoni qui est venu proposer un traité de commerce avantageux au nom de l'empereur des Birmans.

On ne traite déjà que trop mal ce général d'Orgoni, on ne l'écoute guère, on lui répond moins bien encore, et Walewski le reçoit à peine.

Si l'alliance anglaise n'a pour toute conséquence que de nous ranger parmi les satellites de la Grande Bretagne, de nous faire en quelque sorte ses gendarmes, l'intérêt de la France nous en éloigne.

Il est contraire à notre saine politique de favoriser les vues ambitieuses de notre alliée sur la Sicile et de lui faciliter l'absorption complète de l'Inde; elle a crié bien fort *au voleur!* contre la Russie, pour pouvoir voler plus à son aise. Personne qu'elle n'a le droit de s'approcher de l'Inde, et pour défendre cette immense colonie, ces royaumes asservis et soumis au conseil des marchands de Londres, elle cherche à s'implanter dans quelque province de la Perse.

Il est à noter que la Perse n'attaque pas l'Inde, mais Hérat qui pourrait servir d'étape pour arriver dans l'Inde !

Ce que l'Angleterre fait dans l'Inde, elle voudrait le faire en Italie ; toute sa fantasmagorie d'attendrissement pour les pauvres Italiens n'est qu'un jeu ; elle a trouvé son compère dans le roi de Piémont ; il ne faut que la *laisser courre* et la France se réveillera un beau matin flanquée d'un beau petit royaume italien, fort ami de l'Angleterre et que la France sera obligée de surveiller parce qu'il lui sera un embarras si elle se brouillait avec l'Angleterre

Manin, qui est à Paris, disait, il y a trois jours :

« La France et l'Angleterre veulent jouer les Italiens,
« c'est pourquoi je ne me laisse pas prendre à tout ce beau
« tapage qu'elles font à propos de Naples. L'Angleterre
« veut dominer l'Italie par son onéreuse protection et s'in-
« féoder la Sicile ; la France veut jeter quelque Murat sur
« le trône des Deux-Siciles. Nous ne voulons pas, nous
« autres vrais Italiens, de tous ces tripotages ; nous vou-
« lons l'unité sous la forme d'un royaume ou d'une répu-
« blique, et après tout, nous préférons à leurs implantations
« de dynasties nouvelles, la race des Bourbons de Naples
« qui est devenue italienne et pour laquelle nous avons
« de l'estime. »

La *Presse* et l'*Indépendance* publiaient ces jours-ci une lettre du roi Louis-Philippe au roi de Naples, dans laquelle le roi de la révolution conseillait à son neveu le système des concessions et l'engageait à prendre pour exemple la politique française.

Le roi de Naples, dans sa réponse également publiée, dit qu'il ne veut subir le sort ni de Louis XVI ni de

Charles X; qu'il veut être roi seul jusqu'au bout, que c'est à lui à penser et à agir pour son peuple auquel il doit assurer le repos et une bonne et juste administration, qu'il n'entend point prendre pour exemple la politique qui a fait de la France, l'effroi et la perturbation de l'Europe.

Louis-Philippe est tombé avec son système de concessions ; le roi de Naples avec son système de compression est encore sur le trône, ce n'est pas la révolution qui l'en précipitera, mais peut-être la France et l'Angleterre prêtant main forte aux révolutions.

L'Angleterre ne s'est pas émue des massacres de prêtres qui ont eu lieu à Rome en 1848, elle était en bons termes avec les Ledru-Rollin et Louis Blanc, lorsqu'ils tentaient la ruine de la France et l'oppression de la plus saine partie de la population. Elle pactisera avec tous les révolutionnaires, et naturellement elle se déclare contre un roi qui se défend contre leurs entreprises.

Que diable! la France va-t-elle faire dans cette galère l'intérêt de Murat et de Chassiron son gendre !... ce serait là une excellente plaisanterie.

Notre cabinet oublie trop que pour être bien avec l'Angleterre, il faut s'en faire respecter, il faut la malmener ; elle est comme ces femmes qui adorent les maris qui les battent.

Voyez l'Amérique !... L'Amérique insulte l'Angleterre, la bafoue, chasse son ministre, viole ses traités ; l'Angleterre supporte tout, aucune douleur du *facies* ne trahit le mal que doivent lui causer les coups de pied au cul qu'elle reçoit. Si j'avais un conseil à donner à propos de l'alliance, je dirais :

« *N'allons pas plus avant, demeurons, chère Oenone.*
« *Je ne me soutiens plus, la force m'abandonne.*
« *Mes yeux sont éblouis du jour que j'entrevois.* »

JEUDI 4 DÉCEMBRE.

L'Angleterre est enfin parvenue à exciter des mouvements révolutionnaires en Sicile. On ignore encore quelle est leur gravité. On sait que l'armée napolitaine est très vivement travaillée par des proclamations révolutionnaires.

La flotte anglaise augmente le nombre de ses vaisseaux dans la mer Noire.

L'expédition dans le golfe Persique se prépare sur une grande échelle. L'Angleterre espère au moyen des affaires de Naples et de Neuchâtel aveugler l'Europe sur ses manœuvres en Orient.

Notre alliance avec l'Angleterre est compromise parce que nous ne voulons pas être ses complaisants satellites. Il n'est sorte d'injures que les journaux anglais ne vomissent contre nous, et je ne serais pas du tout surpris, si d'ici à peu de temps, nos réfugiés à l'abri de l'hospitalité anglaise, tentaient quelques troubles en France.

Walewski et Morny surtout sont accablés des plus grossières insultes par la presse anglaise et l'Empereur est menacé ; le *Times* lui dit : *que la restauration est tombée peu de mois après s'être mise en froid avec l'Angleterre à propos de l'expédition d'Alger. Louis-Philippe peu de temps après le différent causé par les mariages espagnols !*

C'est un petit avis amical et tout à la fois un document qui ne manque pas d'importance sur les causes de nos deux dernières révolutions.

L'académie des Beaux-arts vient d'être rappelée au jury des expositions. Après bien des essais on reconnait enfin que l'académie vaut mieux que les rapins pour juger le talent des artistes.

Le marquis de Chennevières, cet intrigant qui à force de souplesse et de courbettes a capté la confiance de Nieuwerkerke et qui s'est composé une petite coterie dont font partie Soulié, conservateur adjoint de Versailles, Barbet de Jouy, conservateur adjoint des antiques, Clément de Ris, mon attaché, Henriet, secrétaire du directeur général, est fort opposé au jury académique.

Il a écrit de Florence où il jouit de son cinquième mois de congé cette année, au directeur, pour le supplier de ne pas remettre le jury aux mains de l'Institut. Il lui propose un petit jury de sa façon dont il nomme les membres : Villot, Soulié, Longpérier, Barbet de Jouy, Lefuel, Mérimée.

Comme je suis la bête noire de la faction Chenneviéres, je me trouve tout naturellement exclus. Je connais tous ces pieds plats et ils voudraient bien me démolir. Ils s'aveuglent sur leur importance, et parce qu'ils ont monté à plat ventre quelques marches de l'escalier de la faveur, ils pensent pouvoir arriver au faîte.

Tous ces déclamateurs si féroces jadis contre les abus, si indignés contre les sinécures, amènent Nieuwerkerke aux abus qui leur sont favorables. Toute l'année, malgré le décret impérial ces messieurs sont en congé avec appointements. Pour eux la loi n'est point faite.

Un autre intrigant sort d'ici, c'est Martinet, agent secret des d'Orléans, propagateur de mauvaises nouvelles, colporteur de pamphlets contre l'Empereur. Nieuwerkerke qui ne voulait parmi les employés de l'Exposition que les employés du Louvre, n'avait donc pas désigné le susdit Martinet pour en faire partie. Ce matin, il est venu geindre et pleurer. Nieuwerkerke lui donne un emploi.

Quand je vois par ce coin de nos musées de quels subalternes on remplit les administrations, je ne m'étonne plus de tant de gouvernements trahis.

Il ne faut pas penser à éclairer les aveuglés, d'abord ils vous en veulent de leur prouver qu'ils se sont laissés aveugler et ils ne vous croient pas ; c'est toujours l'histoire de Cassandre.

MERCREDI 10 DÉCEMBRE.

Les nouvelles sur l'état de l'insurrection sicilienne sont contradictoires. Suivant les uns l'insurrection est comprimée et son chef est prisonnier ; suivant les autres (les journaux anglais surtout) l'insurrection fait des progrès.

L'Angleterre ne néglige rien pour mettre le feu aux quatre coins du royaume des Deux Siciles, et depuis deux jours elle laisse voir dans quel intérêt ses journaux parlent du point de départ des discussions avec le roi de Naples et reviennent sur la fameuse affaire des soufres.

L'Angleterre veut avoir un nouveau fief qui s'appelle Naples, elle s'entend avec la Sardaigne et elle espère ne pas manquer son coup comme en 1847. Le roi de Naples est poursuivi d'un côté par l'Angleterre assistée de la Sardaigne ; de l'autre par la conspiration des *Muratistes*.

Je déplore la situation que la France prend de gaîté de cœur dans cette affaire ; si l'Angleterre triomphe et qu'elle donne la Sicile à la Sardaigne, elle coud à nos flancs une puissance dangereuse, elle jette sur nos côtes une surveillance ennemie avec laquelle il faudra tôt ou tard compter. Nous n'avions de frontières à garder que vers le Nord, nous aurons, si le Piémont s'affranchit en Italie, une nouvelle frontière à surveiller, un séide de l'Angleterre à observer, un ennemi de plus à redouter.

Si au contraire les *Muratistes* triomphent, nous aurons contre nous l'Angleterre et le Piémont ainsi que le reste de l'Europe.

Je ne comprends donc pas la position de la France dans l'affaire napolitaine.

Sous prétexte de traiter, l'ambassadeur anglais arrête, dit-on, pour quelques mois à Constantinople l'envoyé Persan qui a mission de venir à Paris, et comme cette mission contrarie l'Angleterre, elle met tout en œuvre pour l'empêcher.

Nous avons en ce moment une bien pauvre diplomatie !

Mais en revanche nous avons un ensemble de ministère qui ne m'inspire aucune confiance.

MERCREDI 17 DÉCEMBRE.

L'assassin du roi de Naples a été pendu ces jours derniers, c'est un condamné politique déjà amnistié.

Le prince de Prusse sort d'ici, il a fait ce matin à 9 heures sa seconde visite au Musée.

Nieuwerkerke étant à la chasse, j'ai fait au prince les honneurs de la galerie des antiques.

Le prince est jeune, de tournure distinguée et de figure agréable ; il est poli, intelligent, fort ami des arts dont il parle en connaisseur éclairé.

Le *Moniteur* contient ce matin une très importante note sur les affaires de Neuchâtel.

Le gouvernement y dit que toute sa bonne volonté de conciliation a échoué devant l'obstination Suisse renforcée par des conseils démagogiques et que maintenant la Suisse ne peut s'en prendre qu'à elle-même si au lieu d'une transaction honorable, des mesures plus rigoureuses sont adoptées.

L'Angleterre souffle sur tous les commencements d'incendie pour n'être point gênée dans ses affaires de Perse. La Suisse, Naples lui sont des dérivatifs à l'attention de l'Europe et lorsque l'imbroglio continental sera débrouillé, elle espère pouvoir répondre à l'Europe : *le tour est fait !*

Autant je prêchais l'alliance anglaise pendant la guerre de Crimée, autant je la croyais nécessaire, autant aujourd'hui je la trouve pleine de périls. La France ne doit, je crois, s'inféoder à aucune alliance, nous avons trop souvent été dupes de notre chevaleresquerie. La France ne doit entrer que dans les alliances que lui dictera son intérêt.

L'Angleterre voudrait lui donner le rôle d'appoint, ce rôle ne nous convient pas.

Ce peuple d'égoïstes, cette contrée de l'égoïsme, nommée l'Angleterre, veut ériger en loi, que personne n'a le droit de s'occuper de l'Inde, des rois qu'elle y détrône, des empires qu'elle y renverse, des dynasties qu'elle supprime ; mais l'Angleterre veut avoir partout les yeux et la main ; elle crie haro sur la Russie qui cherche à s'étendre en Orient ; elle a tempêté contre la France à propos de l'expédition d'Alger ; l'Angleterre c'est la vieille Rome des empereurs, le reste de l'Europe et du monde se composerait de rois tributaires.

VENDREDI 19 DÉCEMBRE.

Il y a eu hier petit bal aux Tuileries ; une altesse égyptienne s'y trouvait.

Mercredi, j'ai dîné chez la Princesse Mathilde avec Vimercati, aide de camp du roi de Sardaigne, et La Guéronnière. Il y a été fort question des affaires d'Italie.

Benedetti est venu après dîner.

La Princesse, comme de coutume, a été fort révolutionnaire à propos de l'Italie, et elle a parlé du clergé d'une manière déplorable.

Vimercati, lui aussi, s'est lancé dans toutes les utopies à l'ordre du jour à Turin (la liberté de l'Italie au profit de la Sardaigne sous entendu) la papauté évincée de Rome, etc. etc., et puis toujours la même rengaine : *nous avons été les maîtres du monde.*

Je lui ai répondu :

« Vous n'êtes pas plus les anciens Romains, que les
« Turcs ne sont les anciens Grecs du Bas-Empire. Vous
« autres Longobards, vous êtes une race venue du Nord,

« vous vous êtes superposés, vous vous êtes imposés comme
« les Allemands s'imposent aujourd'hui, et enfin que pré-
« sente votre histoire pendant la durée du moyen-âge et
« jusqu'à nos jours? une succession de luttes intestines et
« de guerres pour savoir à quel prince étranger sera le
« duché de Milan? Si aujourd'hui on déclarait l'Italie
« libre, demain on s'égorgerait de ville en ville.

« Le pape Pie IX a essayé du gouvernement consti-
« tutionnel, comment en a-t-il été récompensé? On a mas-
« sacré son ministre, un homme remarquable, sur les
« marches du Palais de l'Assemblée Constituante, et l'as-
« semblée, prévenue de cet horrible meurtre, a déclaré
« qu'elle passait à l'ordre du jour. Le buste de l'assassin
« a été couronné et promené dans les cafés, puis le palais
« du pape a été attaqué à coups de fusils.

« Puis encore pendant le règne de la Convention ro-
« maine on a fusillé des prêtres à Saint-Firmin.

« L'Italie est un danger par les passions révolution-
« naires que la Sardaigne et l'Angleterre n'y fomentent
« que trop, et les honnêtes utopistes comme vous, mon
« cher Vimercati, seraient les premières victimes d'une
« révolution.

« Prétendre que l'Italie est homogène est une plaisan-
« terie, si le roi de Piémont devenait roi d'Italie, je ne lui
« donne pas six mois pour être mis au banc des prétendus
« patriotes, comme l'Empereur d'Autriche ou le roi de
« Naples. »

La vieille Europe est dans une crise qu'elle traver-
sera, je le crains, d'une manière fatale ; elle est pleine de
prétendus libéraux qui sous prétexte de liberté veulent
tout asservir à la loi de leur utopie. Ces gens là ne com-

prennent pas les guerres de religion et ils veulent des guerres de philosophie.

Le professeur Michelet est l'avant-garde de ces fous dangereux; dans son livre de *l'oiseau* il déclare l'oiseau supérieur à l'homme, et plus intéressant que lui pour l'humanité; les socialistes déclarent l'intelligence convaincue d'incivisme, ils veulent l'égalité dans l'ignorance, une nation de populace.

Michelet déclare l'homme inférieur aux oiseaux.
Pour qui donc est fait Charenton?

(Fin de l'année 1856.)

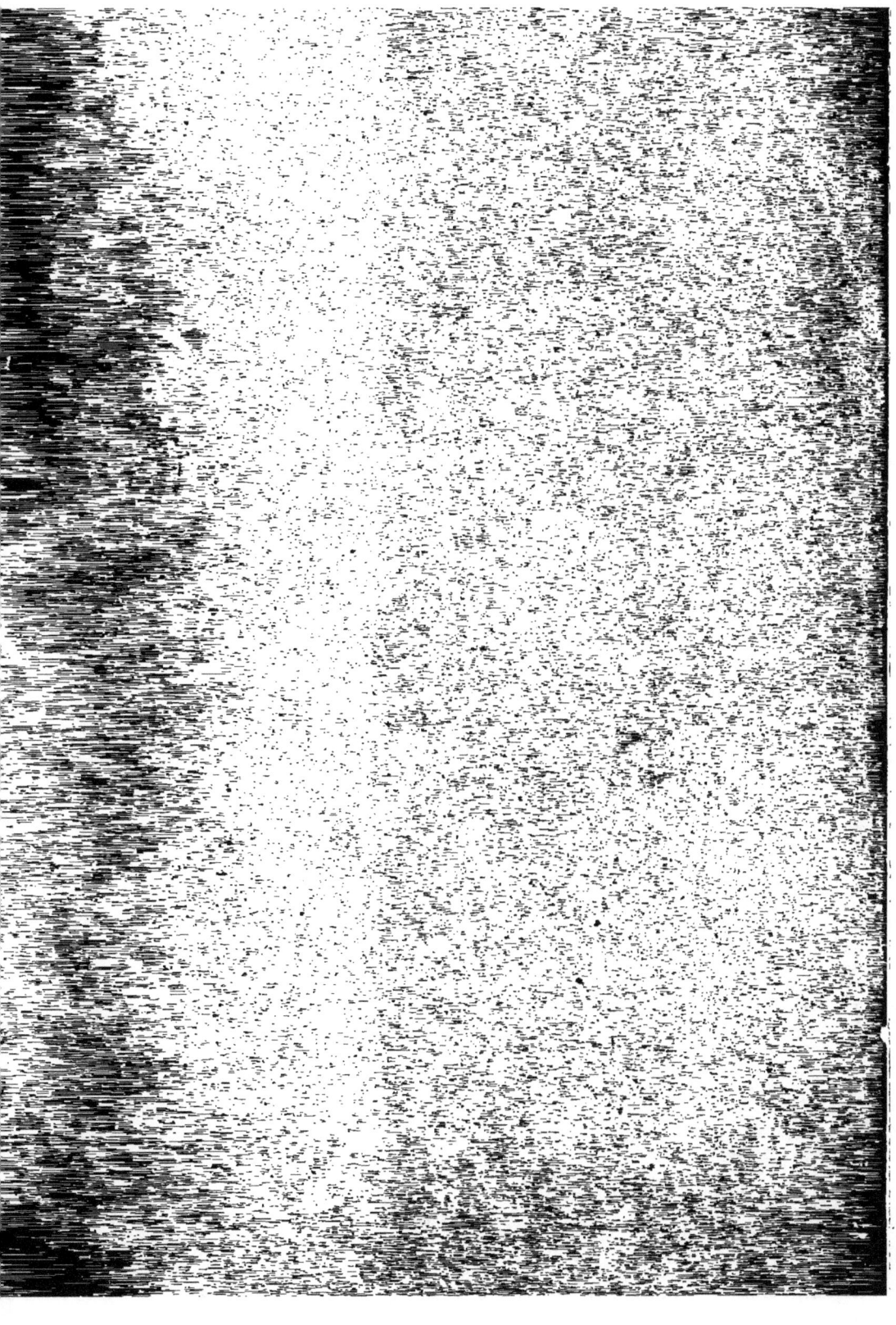

www.ingramcontent.com/pod-product-compliance
Lightning Source LLC
Chambersburg PA
CBHW050533170426
43201CB00011B/1410